한국 고소설 영역본으로의 초대

오 윤 선

지 문 당

머리말

외국에서 살다 온 학생들에게 교양 국어를 재미있게 가르치기 위해서 영어로 번역된 한국 고소설들을 소개하기 시작한 것이 지금까지의 공부로 이어지게 되었습니다. 우리 문학을 영어로 번역해서 다른 문화권에 소개하고 있는 작업들에 대해서는 잘 알지만, 영어로 번역된 한국 고소설들도 있다는 사실에 모두들 놀라고는 합니다.

사실 한 문화를 소개하는 데 있어서 그 기저가 되는 고전을 소개하는 것은 매우 큰 의미가 있습니다. 하지만 모두들 한국문학의 세계화를 이야기하면서도 막상 우리 고전을 번역해서 소개하는 일에는 소홀히 한 면이 없지 않습니다. 당장의 노벨문학상도 중요하지만, 우리 고전을 소개하는 작업이야말로 우리 문학의 뿌리를 알리는 소중한 작업이라 생각됩니다.

이러한 고소설의 영역작업은 무척 까다롭습니다. 여러 선생님들께서 영역하신 작품들을 읽고 있노라면 그 번역의 과정에서 겪었을 고뇌가 느껴집니다. 영역 고소설을 읽으면서 우리 선조들의 문학성에 감탄하고, 영역자들의 능력에 다시 한번 감탄하게 됩니다.

이렇게 많은 사람들이 공들인 작품인 영역 고소설을 제가 감히 왈가왈부하는 것 같아 부끄럽습니다. 하지만 이를 여러 가지로 분석해 보고 고민해 보는 작업이 앞으로의 고소설 영역에 미약하나마 도움이 될 수 있으리라 생각합니다. 최근에는 다행히 여러 지원사업이 출범하여 훌륭하신 학자들이 한국고전을 안정적으로 번역할 수 있는 기회가 생겼습니다. 이러한 작업에 이 책이 보탬이 되기를 바랍니다.

영어로 번역된 고소설은 한국 고소설 연구자들에게도 도움이 되리라 생각합니다. 고소설의 영역본을 읽으면서 새삼 알게 되는 고소설의 진가들이 많기 때문입니다. 고소설의 영역본을 읽기 시작해도 결국은 고소설 작품에 대한 연구로 회귀하는 것은 이 때문입니다.

이 책은 저의 박사논문이었습니다. 저의 게으름으로 이제야 책으로 보여드리게 됩니다. 고마운 분들이 너무나 많습니다. 학부 때부터 한결같이 지켜봐 주신 인권환 지도교수님, 이 공부에 들어설 때 격려해 주신 장효현 선생님, 논문심사 때 하나부터 열까지 꼼꼼하게 살펴주신 정하영 선생님, 학문에의 열정을 보여주신 박일용 선생님, 국문학자의 국제 감각을 강조하신 설중환 선생님 모두에게 감사드립니다.

그리고 출판을 흔쾌히 허락하신 임삼규 사장님과 이 책의 편집·교정을 위해 애써 주신 지문당 편집부의 최정미 씨에게도 감사한 마음을 전합니다. 아울러 항상 한없이 도와주는 가족들, 특히 바쁜 엄마를 이해하고 도와주는 우리 딸에게도 고마운 마음을 전합니다.

2008. 8. 1

오윤선

차 례

머리말 / 3

I. 서론 ······ 7

1. 연구의 배경 / 7
2. 연구의 대상과 방법 / 10

II. 고소설 영역의 시대적 특징 ······ 21

III. 고소설 영역본의 작품별 양상 ······ 33

1. 영역본의 서지적 검토 / 33
    1) 〈구운몽〉 / 33
    2) 〈홍길동전〉 / 45
    3) 〈임진록〉 / 46
    4) 〈황새결송〉 / 48
    5) 〈장끼전〉 / 49
    6) 〈심청전〉 / 50
    7) 〈춘향전〉 / 54
    8) 〈허생전〉 / 56
    9) 〈양반전〉 / 59
    10) 〈호질〉 / 59
    11) 〈열녀함양박씨전〉 / 60
    12) 〈이생규장전〉 / 60
    13) 〈한중록〉 / 61
    14) 〈인현왕후전〉 / 67
2. 영역 양상 / 68

1) 국문문장체 소설-〈구운몽〉, 〈홍길동전〉, 〈임진록〉, 〈황새결송〉, 〈장끼전〉 / 69
2) 판소리계 소설-〈심청전〉, 〈춘향전〉 / 75
3) 한문 소설-〈허생전〉, 〈양반전〉, 〈호질〉, 〈열녀함양박씨전〉, 〈이생규장전〉 / 81
4) 궁정서사류-〈한중록〉, 〈인현왕후전〉 / 86

Ⅳ. 고소설 영역본의 문제점과 의의 95

1. 영역 문제들의 유형별 고찰 / 95
1) 단어와 한자의 올바른 이해 / 96
2) 문맥의 이해 / 104
3) 속담・관용구의 표현 / 115
4) 고유문물과 생활풍습의 전달 / 123
5) 인명과 호칭의 표기 / 139
6) 고유명사의 표기 / 148
7) 원작 문체의 표현 / 169
2. 영역본의 의의 / 179

Ⅴ. 고소설 영역의 과제와 방향 183

1. 영역대상작의 선정문제 / 183
1) 영문으로 쓰인 한국문학 개론서의 한국 고소설에 대한 시각 / 183
2) 작품선정의 문제 / 188
2. 영역의 방식 / 191
3. 그 밖의 문제들 / 198

Ⅵ. 결 론 205

참고문헌 / 213
찾아보기 / 225

I. 서론

1. 연구의 배경

한국 고소설이 다른 언어로 번역되어 소개된 역사는 100년이 넘는다.[1] 여러 언어로 번역되어 소개되고 있는 한국 고소설 중에는 특히 영어로 번역된 사례가 가장 많은데, 그 판(version)으로는 59판, 소설의 가짓수로는 29종에 이른다.

이러한 한국 고소설 영역본들은 영어문화권의 독자들이 그 수용층으로, 한국에 대해서 깊이 알고 있지 못한 상태에서 작품을 읽는 이들이 많다. 따라서 작품들이 한국문화 전달의 전령사 역할을 하는 것이므로, 그 내용이 원작을 잘 반영하고 있는지, 혹은 한국문화를 잘 표현하고 있는지 여부를 점검해 볼 필요가 있다.

지금까지의 영역작업은 한국문학을 알거나 전공하는 외국인 또는 영문학을 전공한 한국인들에 의해 이루어져 왔다. 하지만 한국문학 특히 고전문학 영역작업의 경우는 한문과 古語, 그리고 역사와 철학적 배경에도 밝아야 하기 때문에 쉽지 않은 일이다. 그런데도 정작 한국문학을 전공하는 학자들은 번역작업에서 소외되어 왔으며, 참여할 역량을 가진 이들도 많지 않은 실정이다. 따라서 한국 고전문학 연구자들이 영역작업에 참여할 수 없는 현실을 인정한다 하더라도, 영역된 작품에 대해서

---

1) 〈홍부전〉, 〈춘향전〉, 〈심청전〉, 〈홍길동전〉 등을 영역한 Allen의 *Korean Tales*가 1889년에 소개되었다.
H. N. Allen, M. D., *Korean Tales*, New York & London: The Nickerbocker Press, 1889.

면밀하게 고찰할 의무는 학자들에게 있는 것이다.

현재까지 이와 같은 작업을 한 한국 고전문학자로서는 구자균[2], 정규복[3], 장효현[4]이 있다. 구자균은 알렌(Horace N. Allen)이 영역한 작품들을 언급하면서, 특히 〈춘향전〉의 영역인 "Chun Yang-The Faithful Dancing Girl Wife"와 〈춘향전〉 원전을 비교하였다. 그는 完板本이 아닌 京板本을 번역했음을 알 수 있지만, 알렌이 직접 읽을 실력은 안 되었을 것이고, 누군가가 이야기해 준 것을 영역한 것이리라 말하고 있다. 또 '直譯도 아니오, 意譯도 아닌 中庸을 얻은 훌륭한 名譯이라고 생각된다'고 했다. 물론 현재의 기준으로 볼 때는 원전을 훼손하였으므로 좋은 번역이라고 하기 어렵지만, "Chun Yang"이 영역된 시기를 고려할 때, 훌륭한 번역으로 평가할 수 있다. 후에 정규복은 게일(James S. Gale)이 영역한 *The Cloud Dream of the Nine*을 대상으로 원본과 오역에 대해서 이야기하고 있는데, 노존본과 을사본의 존재에 대해서 알지 못한 상태에서 나온 연구결과들이라 현재에는 유용하지 않다. 한편 장효현은 그의 논문에서 〈홍길동전〉, 〈구운몽〉과 연암소설인 〈호질〉, 〈허생〉, 〈양반전〉의 영역본을 살핀 후 그 문제점들을 지적하였다. 소설 전체를 꼼꼼히 살펴 誤譯과 문제점들을 바로잡고, 앞으로의 영역작업이 지향해야 할 바를 제시하고 있다. 앞선 두 연구는 한 가지 이본만을 대상으로 했지만, 장효현은 여러 작품들을 대상으로 연구하여 고소설 영역의 문제를 종합적으로 고찰했다는 점에서 의미가 있다. 이상의 세 연구들은 고전문학 연구자가 직접 고소설 영역본을 대상으로 이러한 작업을 했다는 점에서 큰 의의가 있는 논문들이다.

또 한국인은 아니지만 파우저(Robert J. Fouser)가 그의 번역 경험을

2) 具滋均, 「Korea: Fact and Fancy의 書評」, 『亞細亞硏究』 第六卷 第二號, 1963.

3) 정규복, 「구운몽 영역본고-Gale박사의 The Cloud Dream of the Nine」, 『국어국문학』 21호, 국어국문학회, 1959.

4) 張孝鉉, 「韓國 古典小說 英譯의 제문제」, 『韓國古典小說史硏究』, 고려대학교출판부, 2002.

바탕으로 한국고전문학 영역작업에서의 작품 선정과 문체에 대해서 쓴 영문논문[5]이 있다. 자신을 한국고전문학 英譯의 현황에 대해서 가장 잘 알고 있는 사람으로 소개하고 있는 그는, 영역작품의 이해나 영역작업에 매우 도움이 될 만한 구체적인 영역 사례들을 보기로 들어 상세히 다루어 주고 있다. 또 한국어 원어민이 알아차리기 힘든 영어표현 문제들을 영어 원어민으로서 꼼꼼히 지적해 주고 있다. 하지만 반대로 한국인이 아닌 외국인으로서의 한계도 보인다. 예를 들어, 〈제망매가〉의 번역에 대해 이야기하면서 '심지어 오늘날 한국인들이 가족 앞에 '나의'라는 말을 쓰지 않고 있는데도 번역에서 쓰고 있어 어색하다(영어적인 표현이라고)'[6]고 했지만, 오늘날 우리는 요즘도 '내 동생'이라는 말을 쓰고 있다. 이와 같은 몇 가지 한계에도 불구하고 전체적으로 영역작업에서의 중요한 문제들을 환기시켜 준 의미 있는 논문이었다.

이상 살펴본 바와 같이 출간된 고소설 영역본의 수에 비해 연구논문은 매우 적다. 그리고 연구논문 이전에 고소설 영역본의 목록정리도 제대로 안 되어 있는 실정이다. 김종길[7]에 의해 한국문학의 외국어 번역의 역사에 대해서 간략히 살펴진 바 있고, 외국어로 번역된 한국문학 작품의 목록이 나온 것은 몇 가지[8] 있다. 하지만 영어로 번역된 작품들만을 살펴본 결과 실려 있는 것보다 누락된 작품들의 수가 더 많았다. 따라서 본 논문에서는 한국문학 작품 중 고소설만, 또 번역 언어에 있어서

---

5) Robert J. Fouser, 「Selection and Stylistics in Translating Classical Korean Literature」, 『民族文化研究』 第31號, 高大民族文化研究院, 1998, pp. 325-357.

6) 'but sounds somewhat Anglicized because even today Koreans do not use the word "my" with family members.' Robert J. Fouser, 앞의 논문, p. 340.

7) 김종길, 「한국 문학 세계화의 현실」, 『한국문학의 외국어 번역』, 민음사, 1997, pp. 17-21.

8) 김흥규 편, 『한국문학 번역서지 목록』, 고려대 민족문화연구원, 1998.
The Korea Literature Translation Institute(한국문학번역원), *An Annotated Bibliography of Korean Literature in translation 1980-2002*, 2002.
설성경 외, 『세계 속의 한국문학－통일 한국문학의 진로와 세계화 방안－』, 새미, 2002, pp. 608-634.

는 영어에 한정해서 국내외의 모든 고소설 영역본들을 수집하여 영역의 양상과 그 의미에 대해 자세히 다루어 보고자 한다.

2. 연구의 대상과 방법

고소설의 영역작업은 국내외에서 진행되어 왔다. 또 영역자들의 국적 또한 한국인, 영국인, 미국인, 캐나다인들로 다양하다. 지금까지 영역된 한국 고소설을 보면 다음과 같다.

★ 국외 출판

▶ 〈허생전〉(허맥)[9] "The Story of Master Hŏ"

David R. McCann, *Early Korean Literature—Selections and Introductions,* Columbia University Press, 2000.

▶ 〈임진록〉(임리)

Peter H. Lee trans., *The Record of the Black Dragon Year,* Institute of Korean Culture · Korea University, Center for Korean Studies · University of Hawai'i, Aug. 2000.

▶ 〈한중록〉(한김)

JaHyun Kim Haboush, trans., *The Memoirs of Lady Hyegyŏng: The Autobiographical Writings of a Crown Princess of Eighteenth-Century Korea,* Berkeley: University of California Press, 1996.

▶ 〈열녀함양박씨전〉(열김) "The Life of Mrs. Pak of Hamyang, a Faithful Wife, With Comments"

Kim, Kichung, *An Introduction to Korean Literature—From*

9) 작품들마다 ( ) 안에 쓴 약어는 앞으로 본 논문 안에서 해당 영역본을 가리킬 때 쓸 기호이다.

Hyangga to P'ansori, M.E. Sharp Inc.: New York, 1996.

▶〈심청전〉(심필) "*The Song of Shim Ch'ŏng*"

Marshall R. Pihl, *The Korean Singer of Tales*, Harvard University Press, 1994.

▶〈이생규장전〉(이리) "Student Yi Peers Over the Wall"

*〈홍길동전〉(홍필리)[10] "The Tale of Hong Kiltong", trans. Marshall R. Pihl

*〈구운몽〉(구러리) "A Dream of Nine Cloulds", trans. Richard Rutt

〈허생전〉(허리) "The Story of Master Hŏ"〔*Hŏsaeng chŏn*〕

〈양반전〉(양리) "The Story of a Yangban"

〈장끼전〉(장리) "The Story of a Pheasant Cock"

〈한중록〉(한리) "from *A Record of Sorrowful Days*"

*〈춘향전〉(춘러리) "A Song of a Faithful Wife", trans. Richard Rutt

Peter H. Lee, *Anthology of Korean Literature*, Honolulu: University of Hawaii Press, 1981; 1990.

▶ *〈호질〉(호문) "'Hozil' or The Tiger's Admonition", trans. Moon Hi Kyung

*〈허생전〉(허문) "The Tale of Huh-saeng", trans. Moon Hi Kyung

*〈양반전〉(양문) "The Tale of Yangban", trans. Moon Hi Kyung

*〈황새결송〉(황스) "The Stork Decides a Case", trans. W. E. Skillend

*〈심청전〉(심스) "The Story of Sim Chung", trans. W. E. Skillend

Chung Chong-wha, *Korean Classical Literature: An Anthology*,

---

10) 피터 리는 다른 편집자들과 달리 작품에 직접 수정을 가했으므로, 그의 이름도 넣는다. 또 편자가 직접 영역한 것이 아닌 작품에는 별표(*)를 붙였다.

London: Kegan Paul International, 1989.

▶〈한중록〉(한최)

Choe Yang-hi, *Memoirs of a Korean Queen*, London & New York: Kegan Paul Int'l. Ltd., 1985.

▶〈한중록〉(한그)

Grant, Bruce K. & Kim Chin-man, *Han Joong Nok Reminiscences in Retirement*, New York: Larchwood Publications Ltd., 1980.

▶〈구운몽〉(구러) "A Nine Cloud Dream", trans. Richard Rutt

*〈인현왕후전〉(인김) "The True History of Queen Inhyŏn", trans. Kim Chong-un

〈춘향전〉(춘러) "The Song of a Faithful Wife, Ch'un-Hyang", trans. Richard Rutt

Rutt, Richard & Kim Chong-un, *Virtuous Women: Three masterpieces of traditional Korean fiction*, Seoul: Korean National Commission for UNESCO, 1974.

Rutt, Richard & Kim Chong-un, *Virtuous Women: Three Classic Korean Novels*, Seoul: The Kwang-myong Printing Co. Ltd., 1974.

Richard Rutt, *Virtuous Women: Three Classic Korean Novels*, Asian Humanities Press, Dec. 1980.

▶〈장화홍련전〉 "The Two Sisters, Rose and Lotus"

〈홍길동전〉 "The Story of Hong Gil-Dong"

〈전우치전〉 "The Legend of Zŏn U-Czi"

Zŏng In-Sŏb, *Folk Tales from Korea*(우리고담), London: Routledge & Kegan Paul Ltd., 1952.

▶〈구운몽〉(구게)

James S. Gale trans., *The Cloud Dream of the Nine*, London:

Daniel O'Connor, 1922.

Manjung Kim, *Kuunmong: The Cloud Dream of the Nine*, trans. James S. Gale, Kurodahan Press, Dec. 2003.

Kim Man-choong, *The Cloud Dream of the Nine*, Kessinger Publishing, June 2004.

Kim Man-choong, *The Cloud Dream of the Nine*, Wildside Press, July 2004.

▶ 〈심청전〉

Charles M. Taylor, *Winning Buddha's Smile: A Korean Legend*, Boston: Gorham Press, 1919.[11)]

▶ 〈흥부전〉 "HYUNG BO NAHL BO Or, The Swallo-King's Rewards"

〈춘향전〉 "CHUN YANG The Faithful Dancing-Girl Wife"

〈심청전〉 "SIM CHUNG The Dutiful Daughter"

〈홍길동전〉 "HONG KIL TONG Or, The Adventures of an Abused Boy"

H. N. Allen, M. D. *Korean Tales*, New York & London: The Nickerbocker Press, 1889.

Horace N. Allen, *Korean Tales*, Ams Pr; Reprint editon, January 1, 1992.

★ 국내 출판

▶ 〈흥부전〉

Rehashed and Recreated by Samuel Kimm, *The Story of Two Brothers: Nol-bu and Hŭng-bu—One Story of an Ancient Korean Trilogy*, IL JI SA Publishing House, 1998.

---

11) 김재현 지음, 『번역의 원리와 실제—우리 시의 영문 번역을 중심으로』, 한신문화사, 1995, p. 2에서 참고. 필자는 미확인.

▶ 〈춘향전〉

Rehashed and Recreated by Samuel Kimm, *The Pure Hearted Lady, Ch'un-Hyang Story－One Story of an Ancient Korean Trilogy*, IL JI SA Publishing House, 1998.

▶ 〈심청전〉

Rehashed and Recreated by Samuel Kimm, *The Filial Daughter, Shim Ch'ŏng Story－One Story of an Ancient Korean Trilogy*, IL JI SA Publishing House, 1998.

▶ 〈金剛誕游錄〉 安瑞羽 "The Fairy Joke", trans. Ryung Hoon K. Rhee

〈四劍僧傳〉 申光洙 "The Swordsman Priest", trans. Ryung Hoon K. Rhee

〈五臺劍俠傳〉 金祖淳 "A Swordsman's Artistry", trans. Ryung Hoon K. Rhee

〈蔣生傳〉 金鑢 "A Life of Sorrow and Regret", trans. Ryung Hoon K. Rhee

〈捕虎妻傳〉 李鈺 "The Charcoal Seller's Wife", trans. Ryung Hoon K. Rhee

Lee, Tae-Dong edited, *The Classical Novels of Korea*, Seoul: The Korean Culture & Arts Foundation, 1981.

▶ 〈콩쥐팥쥐전〉

Ewha Womans University English Language and Literature Department, *The Story of Kong Ji and Pat Ji－Korean folklore and classics*, Vol. 7, Ewha Womans University Press, 1978.

▶ 〈홍부전〉

Ewha Womans University English Language and Literature Department, *The Story of Hungboo－Korean folklore and classics*, Vol. 10, Ewha Womans University Press, 1977.

▶〈배비장전〉

Ewha Womans University English Language and Literature Department, *The Story of Bae Beejang—Korean folklore and classics*, Vol. 8, Ewha Womans University Press, 1976.

▶〈구운몽〉

Ewha Womans University English Language and Literature Department, *The Nine Cloud Dream—Korean folklore and classics*, Vol. 5, Ewha Womans University Press.

Kim Yu-mi 외, *A Korean Classic: The Nine Cloud Dream*, Seoul: Korea Herald Publishing Co., 1975.

▶〈운영전〉 "The Story of Woon Young's Rommance"

〈양반전〉 "The Story of a Yang Ban"

English Student Association, Department of English Language and Literature Ewha Womans University, *Woon Young's Romance and Other Stories—Korean folklore and classics*, Vol. 2, Ewha Womans University Press, 1970.

▶〈사씨남정기〉

The Story of Mrs. Sah's Journey to The South—Korean Forklore and Classics, Vol. 6.

▶〈심청전〉

Ewha Womans University English Language and Literature Department, *The Story of Shim Chung*—Korean folklore and classics, Vol. 4, Ewha Womans University Press.

▶〈춘향전〉

Chin In-sook translated with annotation, *A Classical Novel Chun-hyang*, Seoul: Korean Centre, International P.E.N. 1970.

▶〈춘향전〉 "Spring Fragrance"
〈콩쥐팥쥐전〉 "Kongjwi and Padjwi"
〈장화홍련전〉 "Janghwa and Hongnyun"
〈심청전〉 "Sim Chung, the Dutiful Daughter"
〈흥부전〉 "Nolbo and Heungbo"
〈토끼전〉 "The Hare Liver"
〈이춘풍전〉 "Mr. Springwind"
〈옹고집전〉 "Mr. Ong and His Double"
〈장끼전〉 "Mr. and Mrs. Pheasant"
Ha Tae-hung, *Folk Tales of Old Korea*, Seoul: Yonsei University Press, 1958.

▶〈춘향전〉
Chai Hong Sim, *The Waiting Wife*, The International Cultural Association of Korea, Seoul, Mar. 1950.
Chai Hong Sim(심재홍), *Fragrance of Spring*, Seoul: The International Publicity League Of Korea(국제보도연맹).

▶〈춘향전〉
Edward J. Urquhart, *The Fragrance of Spring*, 時兆社, 1929.

▶〈춘향전〉
James S. Gale, "Ch'unhyang", *Korea Magazine*, 1917-1918.

▶〈임경업전〉
Eli. Barr. Landis, "A Pioneer of Korean Independence", *The Imperial & Asiatic Quarterly Review* VI, 1898.

먼저 외국에서 출판된 작품들로는, 〈심청전〉(4)[12], 〈한중록〉(4), 〈허

12) 괄호 안의 숫자는 각기 다른 역자에 의해 영역된 판(version)의 개수다.

생전〉(3), 〈홍길동전〉(3), 〈구운몽〉(2), 〈양반전〉(2), 〈춘향전〉(2), 〈열녀함양박씨전〉, 〈이생규장전〉, 〈인현왕후전〉, 〈임진록〉, 〈장끼전〉, 〈장화홍련전〉, 〈전우치전〉, 〈호질〉, 〈황새결송〉, 〈흥부전〉 등이 있고, 이외에 한국에서 출판된 것으로는 〈춘향전〉(6), 〈심청전〉(3), 〈흥부전〉(3), 〈콩쥐팥쥐전〉(2), 〈구운몽〉, 〈배비장전〉, 〈토끼전〉, 〈사씨남정기〉, 〈양반전〉, 〈옹고집전〉, 〈운영전〉, 〈이춘풍전〉, 〈임경업전〉, 〈장끼전〉, 〈장화홍련전〉 등이 소개되어 있다. 그리고 傳 다섯 편이 고소설로서 영역되어 있다. 예상외로 많다고 느낄 수도 있지만, 이 중에서는 발행 후 활발히 유통되지 않은 작품이 많고, 작품 원전 전체를 모두 옮기지 못한 판들도 꽤 된다.

이들 영역작들이 영문 한국작품 앤솔러지(Anthology)에 실리는 횟수나 영문학술논문에 언급되는 빈도로 따져본다면, 국외에서 출판된 작품들만이 인용 또는 언급되고 있다. 여기에는 여러 가지 원인이 있겠지만, 일단은 외국에서 출판된 것이 유통에 있어서 외국독자를 만나는 데 절대적으로 유리하기 때문일 것이다.

따라서 본 논문에서는 국내외에서 출간된 모든 작품들을 대상으로 하고 있지만, 영역본 내 영역의 양상을 살피는 Ⅲ장과 Ⅳ장에서는 외국에서 출판된 작품으로 그 대상을 한정한다. 국내외 모든 영역본들을 원대본과 비교하는 상세 고찰의 대상으로 하기에는 그 작품 수가 너무 많고 또 앞에서도 언급했듯이 외국에서 출판된 영역본들만이 현재 학계에서 인용되고 있거나, 영어권의 도서시장에서 유통되고 있으면서 독자들과 만나고 있기 때문이다. 그리고 이 중에서 민담의 성격이 강하고 영역된 지 오래되어 연구자들이나 독자들에게 그리 읽히지 않고 있는 알렌과 정인섭의 영역본은 제외하고 나머지를 다루기로 한다. 본고에서 선정한 작품들과 최근에 나온 피터 리(Peter H. Lee)의 영문 한국문학사인 *A History of Korean Literature*[13]에서 다루고 있는 작품들을 비교한 결

---

13) Peter H. Lee ed., *A History of Korean Literature*, Cambridge University Press, 2003.

과 정확히 일치하고 있는 것을 알 수 있는데, 이는 작품의 선정이 객관적이고 합리적으로 이루어졌음을 보여주는 것이다.

작품들을 보기 전 막연한 생각은 한국 고소설 영역자들이 거의 대부분 외국인이니만큼 영역자의 가치관이나 영어문화권의 관습에 맞게 작품이 변개된 부분들이 많을 것 같아 이들을 중심으로 살펴볼 계획이었다. 하지만 실제 살펴본 작품들은 영역자들이 원작에 충실하게 번역하려는 노력이 보이는 것들이었다. 따라서 본고에서는 영역자들이 한국 고소설 연구자들이 아닌 이들이 대부분인 만큼 작품을 잘못 이해해 생긴 오역들이나, 효과적인 영역작업에 초점을 맞추어 고찰을 해 나갈 것이다. 앞에서도 언급했듯이 이러한 문제들은 영역자들의 고민으로 해결될 문제가 아니므로, 고소설 연구자들이 살펴야 할 것이다. 그리고 고소설의 영역본을 통해서 고소설을 읽는 새로운 시각을 발견할 수도 있다는 점에서 고소설 연구에도 기여할 수 있다.

본 논문은 다음과 같은 순서로 논의가 진행된다.

먼저 II장에서는 지금까지 이루어진 모든 한국 고소설 영역작들을 대상으로 사적인 고찰이 있을 것이다. 영역의 역사가 한 세기를 넘는 만큼 3기로 나누어 각 시기의 특징적인 면들을 짚어보고, 작품들에 대해서도 개략적으로 이야기할 것이다.

Ⅲ장에서는 외국에서 출판된 작품들을 대상으로 서지적인 문제와 작품의 영역 양상에 대해서 살필 것이다. 작품들을 국문문장체 소설, 판소리계 소설, 한문 소설, 궁정서사류 등의 네 부류로 분류하여, 작품이 원대본으로 하고 있는 이본이 무엇인지, 또 변개된 부분들은 어떤 것이 있는지 전반적인 특징에 대해 살펴볼 것이다.

다음 Ⅳ에서는 한국 고소설 영역본이 가지고 있는 의의에 대해서 살피고, Ⅲ장에서 대상으로 한 작품들을 통해 드러난 문제점들을 유형별로 볼 것이다. 오역과 함께 영역과정에서 주의해야 할 부분들을 논의할 것인데, 이는 앞으로 이루어질 영역작업에 실제적인 도움이 될 것이다.

Ⅴ장에서는 지금까지 살펴본 사항들을 바탕으로 한국 고소설 영역이 앞으로 나아가야 할 방향에 대해서 모색해 보겠다. 작품의 선정문제에 대해 생각해 보고, 영역의 방식 그리고 그 밖의 영역작업에 수반되는 문제들을 생각해 본다.

마지막으로 Ⅵ장에서는 논문 전체의 요약정리로 마친다. 그리고 참고문헌 항목은 논문에 참고했던 자료들과 논문들의 목록이라는 의미 외에도 한국 고소설 영역본들과 이에 관한 논문들을 한눈에 볼 수 있는 좋은 자료가 될 수 있을 것이다.

Ⅱ. 고소설 영역의 시대적 특징

한국문학이 처음으로 영역된 것은 1889년인데, 이때는 신소설이 나오기 이전이므로 설화와 고소설이 영역의 대상이었다. 이후로 꾸준히 나오고 있는 고소설의 영역작들은 시대마다 영역의 주체, 출판지, 영역의 양상이 달리 나타나고 있다.

한국 고소설의 英譯史는 크게 3기로 나뉠 수 있다. 먼저 1889년부터 1950년대까지를 1기로 볼 수 있는데, 이 시기에는 시작이지만 꽤 훌륭한 성과를 보이고 있다. 제일 먼저 1889년 알렌에 의해 *Korean Tales*[1]가 미국에서 출판되었다. 의사인 그는 선교사업을 하기 위해 1884년부터 1905년까지 한국에 머물면서, 외교관으로서의 활동도 하다가 본국으로 돌아간다. 그는 이 책에서 〈홍부전〉, 〈춘향전〉, 〈심청전〉, 〈홍길동전〉 등과 민담들을 번역해서 싣고 있다. 영역대본으로 삼은 원전이 선본은 아니지만 충실히 옮기느라 애를 썼고, 당시에 이 정도의 번역본이 있었다는 사실이 놀랍다. 살펴본 결과 원전이 모두 경판계임을 알 수 있으나, 정확한 원대본을 찾기 힘들었다. 그가 한국에 온 지 겨우 5년만에 이러한 민담과 고소설의 영역집을 냈다는 사실이 믿기 어려운데, 앞서 구자균도 추론했듯이 알렌이 원전을 제대로 읽고 영역했을 가능성은 거의 없다. 하지만 오역이라고 지적할 만한 곳이 거의 없다고 할[2] 정도로 무난한 번역을 했다. 이 영역본은 1904년 한국에서 그의 다른 저술과

---

1) H. N. Allen, M. D. *Korean Tales*, New York & London: The Nickerbocker Press, 1889.

2) 具滋均, 「Korea: Fact and Fancy의 書評」, 『亞細亞硏究』 第六卷 第二號, 1963. p. 233.

합본되어 Korea: Fact and Fancy[3])라는 이름으로 출간되었다. 그리고 백 년이 넘은 지금도 미국에서 다시 출판[4])되어 시장에 나와 있는데, 연구자료로서의 성격은 아니고 한국의 민담집으로 소개되고 있다. *Korean Tales*는 연구자들에 의해 언급된 적은 있지만, 원전을 충실히 옮긴 것이 아니라서인지 그동안 정당한 평가를 받지 못했다. 하지만 영역 당시의 시대적 한계를 고려해 볼 때, 최초의 한국 고소설 영역으로 이름 붙여도 좋을 것이다. 그동안 게일의 *The Cloud Dream of the Nine*[5])을 한국문학 영역의 효시로 잡는 이들이 있었는데[6]), 이제는 알렌의 *Korean Tales*로 바로잡아야 할 것이다. 이로부터 9년 후인 1898년에 의사인 랜디스(Eli. Barr. Landis)가 〈임경업전〉을 "A Pioneer of Korean Independence"란 이름으로 영역해 한국에서 발표한 것이 있다.[7]) 그 후 1919년 테일러(Charles M. Taylor)가 미국에서, *Winning Buddha's Smile: A Korean Legend*라는 제목으로 〈심청전〉의 영역본을 내놓았다.[8]) 그리고 1922년에 게일에 의해 *The Cloud Dream of the Nine*이 영국에서 나왔다. 게일 또한

---

3) Horace N. Allen, *Korea: Fact and Fancy*, 서울 Methodist Publishing House, 1904.

4) Horace N. Allen, *Korean Tales*, Ams Pr: Reprint edition, January 1, 1992.

5) James S. Gale trans, *The Cloud Dream of the Nine*, Daniel O'Connor: London, 1922.

6) '이것들은 대부분 번안이었을 뿐 본격적인 번역문학 작품은 아니었습니다. 다만 한국에 주재했던 영국인 선교사 제임스 게일(Jams S. Gale)이 김만중(金萬重)의 『구운몽(九雲夢)』을 1922년 영국에서 '*The Cloud Dream of Nine*'이라는 제목으로 출판한 것은 본격적인 한국문학 번역의 효시로 볼 수 있을 것입니다.' 김종길, 「한국 문학 세계화의 현실」, 『한국문학의 외국어 번역』, 민음사, 1997, p. 17.
'게일의 『구운몽』 출간이야말로 한국문학 작품의 번역과 서구 소개의 본격적 시작을 알리는 일로 평가할 수 있다.' 설성경·최유찬·김영민·양문규·심원섭 공저, 『세계 속의 한국문학』-통일 한국문학의 진로와 세계화 방안-, 새미, 2002, p. 420.
위에서 김종길이 게일은 영국인이라고 언급한 부분은 오류다. 게일은 캐나다인이다.

7) Eli. Barr. Landis, "A Pioneer of Korean Independence", *The Imperial & Asiatic Quarterly Review* Ⅵ, Seoul, 1898.

8) Charles M. Taylor, *Winning Buddha's Smile: A Korean Legend,* Boston: Gorham Press, 1919.
김재현 지음, 『번역의 원리와 실제-우리 시의 영문 번역을 중심으로-』, 한신문화사, 1995, p. 2에서 참고. 필자는 미확인.

선교사로 한국에 왔었고, 성경을 한국어로 번역한 역자 중 한 명이었다. 그가 한국에서 머물렀던 경험을 바탕으로 한국에 관한 책들을 출간[9]하기도 했으며, 1917년부터 1918년까지 "Ch'unhyang"을 *Korea Magazine*에 연재하기도 했었다.[10] 특히 〈구운몽〉은 비교적 긴 길이의 한문소설[11]로 이를 번역하는 데에는 웬만한 열의와 지식을 가지고서는 힘들다. 그러나 원전을 충실하게 옮겼으며, 초기의 영역으로서는 놀라운 성과라고 볼 수 있다. 이 영역본은 최근에 미국에서 다시 출판되었는데, 무려 3개의 출판사에서 각기 달리 출판하였다. 이들에 대해서는 Ⅲ장에서 자세히 논하겠다.[12] 그리고 얼마 후 1929년에 서울에서 저널리스트인 어쿼트(Edward J. Urquhart)의 번역으로 〈춘향전〉의 영역본 *The Fragrance of Spring*이 나왔다. 그는 *The Fragrance of Spring*이 〈춘향전〉의 원전과 가깝지만 그대로 번역한 것은 아니라고 밝히면서, 이는 동양의 생활방식이 낯선 사람들을 위해 약간의 수정을 가한 것이라고 했다. 책의 중간중간에 당시 한국의 사적 사진들이 실려 있으며, 질이 좋은 종이에 인쇄해 현재의 보존상태가 훌륭하다. 이상 1기에 나온 작품을 살펴보았는데, 이 시기는 초기이고 네 권의 영역집이 나왔을 뿐이지만, 고소설에 대한 학문적 연구도 제대로 되어 있지 않은 당시의 상황

---

9) J. S. 게일, 『전환기의 조선』, 신복룡 역주, 한말 외국인 기록 5, 집문당, 1999.
이 밖의 게일의 저서들에 대해서는 James S. Gale trans., *The Cloud Dream of the Nine*의 서문을 참조.

10) James S. Gale, "Ch'unhyang", *Korea Magazine*, 1917-1918.
Rutt, Richard & Kim Chong-un, *Virtuous Women: Three Masterpieces of Traditional Korean Fiction*, Seoul: Korean National Commission for UNESCO, 1974, p. 238.

11) 〈구운몽〉은 한문본과 한글본이 있으나, 게일은 한문본을 영역의 주 텍스트로 삼았다. 같은 책, p. 7.

12) Manjung Kim, *Kuunmong*, trans. by James S. Gale, Kurodahan Press, Dec. 2003.
Kim Man-choong, *The Cloud Dream of the Nine*, Kessinger Publishing, June 2004.
Kim Man-Choong, *The Cloud Dream of the Nine*, Wildside Press, July 2004.

을 고려해 볼 때, 뛰어난 성과를 거두었다고 평가할 수 있겠다.

다음 1950년부터 1979년까지를 2기로 볼 수 있겠다. 1기에는 거의 모든 영역작들이 국외에서 출판되었던 것과는 달리 이 시기에는 거의 모두 한국에서 출판되었으며, 일반독자나 학자들에게 많이 읽히지 않았다는 특징을 가지고 있다. 먼저 심재홍이 1950년에 낸 *The Waiting Wife*[13]가 있다. 이는 후에 *Fragrance of Spring*[14]으로도 발간되었는데, 〈춘향전〉의 번역이다. 2년 뒤인 1952년에 정인섭의 *Folk Tales from Korea*[15]가 영국 런던에서 발간되었다. 그는 일본 와세다 대학에서 영문학을 전공한 뒤 한국에서 가르치면서, 한국문학을 영어로 번역하여 소개하는 작업을 계속했다. 이 책도 이러한 작업들 중의 하나인데, 여기에는 99개의 이야기가 실려 있다. 마지막에 고소설을 소개하는 장(Old Novels)을 따로 두어 〈장화홍련전〉, 〈홍길동전〉, 〈전우치전〉 등 세 개의 소설작품을 영역하여 싣고 있다. 원본에 충실한 것은 아니지만, 원전에 대한 이해가 높은 한국인으로서의 장점을 살려 별 오역 없이 축약해서 잘 옮겼으며, 쉽고 재미있게 읽힐 수 있도록 영역한 것이 특징이다. 후에 1958년에 하태흥이 여러 편의 고소설이 담긴 영역본인 *Folk Tales of Old Korea*[16]를 내놓았지만, 그는 고소설도 민담으로 다루어 축약본을 싣고 있을 따름이다. 1970년에 진인숙이 또 다른 〈춘향전〉 *A Classical Novel Chun-hyang*[17]을 내놓았다. 그리고 1974년에 미국과

13) Chai Hong Sim, *The Waiting Wife*, The International Cultural Association of Korea, Seoul, Mar. 1950.

14) Chai Hong Sim(심재홍), *Fragrance of Spring*, Seoul: The International Publicity League Of Korea(국제보도연맹).

15) Zŏng In-Sŏb, *Folk Tales from Korea*, London: Routledge & Kegan Paul Ltd., 1952.

16) Ha, Tae-hung, *Folk Tales of Old Korea*, Seoul: Yonsei University Press, 1962. 〈춘향전〉, 〈콩쥐팥쥐전〉, 〈장화홍련전〉, 〈심청전〉, 〈홍부전〉, 〈토끼전〉, 〈이춘풍전〉, 〈옹고집전〉, 〈장끼전〉 등이 실려 있다.

17) Chin In-sook translated with annotation, *A Classical Novel Chun-hyang*, Seoul: Korean Centre, International P.E.N., 1970.

한국에서 발간된 작품집인 *Virtuous Women: Three masterpieces of traditional Korean fiction*[18]이 나왔다. 이는 처음에 한국에서 발간되었음에도, 학술논문에서 자주 언급되는 유일한 작품이다. 그 이유는 아마도 1980년에 미국에서 다시 발간[19]되어 서구에 유통되었고, 번역도 잘 되었기 때문일 것이다. 여기에는 러트(Richard Rutt)의 번역으로 〈구운몽〉의 영역인 "A Nine Cloud Dream", 〈춘향전〉의 영역인 "The Song of a Faithful Wife, Ch'un-Hyang", 그리고 김종운의 번역으로 〈인현왕후전〉의 영역 "The True History of Queen Inhyŏn"도 함께 실려 있는데, 이 시기에서 돋보이는 영역본이다. 한편 이즈음에 독특한 영역본들이 시리즈로 나온 것을 볼 수 있는데, 이화여자대학교 영문과 학부생들이 낸 한국고전문학 영역본들이 그것이다. 1970년대에 학생들의 스터디그룹을 통해서 영역해 낸 책들로, 당시에도 많은 부수를 찍은 것 같지는 않다. 국회도서관이나 국립중앙도서관, 고려대학교 도서관 등에서도 한두 권만이 발견될 뿐 시리즈 전체를 찾을 수 없었고, 그나마 가장 많은 양을 보유한 이화여자대학교 도서관에서도 일곱 권만을 찾을 수 있었다. The Story of Hungboo가 'No. 10'이라고 쓰여 있는 것으로 보아 최소 열 권의 책이 발간된 것으로 보이는데, 소설 여섯 권과 전설을 영역한 한 권을 합하면 모두 일곱 권의 책만이 남아 있을 뿐이다. 한국 고소설뿐 아니라 한국 고시가와 민담들도 영역했는데, 여기서 고소설만을 살펴보면, 모두 7권 총 8편의 영역본이 나왔다. 〈운영전〉[20],

---

18) Rutt, Richard & Kim Chong-un, *Virtuous Women: Three Masterpieces of Traditional Korean Fiction*, Seoul: Korean National Commission for UNESCO, 1974.

19) Richard Rutt, *Virtuous Women: Three Classic Korean Novels*, Asian Humanities Press, Dec. 1980.

20) English Student Association, Department of English Language and Literature Ewha Womans University, *Woon Young's Romance and Other Stories－Korean Folklore and Classics*, Vol. 2, Ewha Womans University Press, 1970.

〈양반전〉[21], 〈심청전〉[22], 〈구운몽〉[23], 〈사씨남정기〉[24], 〈콩쥐팥쥐전〉[25], 〈배비장전〉[26], 〈흥부전〉[27] 등이 그것인데, 원전을 충실히 번역했다. 하지만 학부생들의 번역이고, 많은 양을 출판하지 않아 독자들의 주목을 받지는 못했다. 이상 2기에는 1기에 비해 양적으로 많은 확대가 있었고, 대부분의 영역본이 한국에서 출판되었으며, 한국인 영역자들이 많이 나왔다. 이는 한국 내에서 고소설 영역에 대한 관심이 촉발되었고, 영역자들이 배출되기 시작했음을 의미한다. 하지만 국내출판과 한국인 영역자들의 한계 때문인지 많은 독자들에게 읽히거나 연구논문에 인용되거나 하지는 않았다. 또 한국문학 작품 영역에 대해 불러일으킨 이러한 관심이 고소설에 있어서는 지속되지 못했다.

마지막으로 1980년부터 현재까지를 3기라고 부를 수 있겠다. 3기에는 양도 많아졌지만, 특히 질적인 면에서 아주 비약적인 발전을 보였다. 먼저 〈한중록〉의 영역본이 3종이나 나왔다. 1980년에 그란트와 김진만(Grant, Bruce K. & Kim Chin-man)의 *Han Joong Nok–Reminiscences in Retirement*[28]가, 1985년에 최양희(Yang-hi Choe-Wall)의 *Memoirs*

---

21) 같은 책.

22) Ewha Womans University English Language and Literature Department, *The Story of Shim Chung–Korean Folklore and Classics*, Vol. 4, Ewha Womans University Press.

23) Ewha Womans University English Language and Literature Department, *The Nine Cloud Dream–Korean Folklore and Classics*, Vol. 5, Ewha Womans University Press.

24) Korean Forklore and Classics, Vol. 6, *A Korean Classic–The Story of Mrs. Sah's Journey to the South.*

25) Ewha Womans University English Language and Literature Department, *The Story of Kong Ji and Pat Ji–Korean Folklore and Classics*, Vol. 7, Ewha Womans University Press, 1978.

26) Ewha Womans University English Language and Literature Department, *The Story of Bae Beejang–Korean Folklore and Classics*, Vol. 8, Ewha Womans University Press, 1976.

27) Ewha Womans University English Language and Literature Department, *The Story of Hungboo–Korean Folklore and Classics*, Vol. 10, Ewha Womans University Press, 1977.

of a Korean Queen[29]이, 1996년엔 김자현(JaHyun Kim Haboush)의 *The Memoirs of Lady Hyegyŏng: The Autobiographical Writings of a Crown Princess of Eighteenth-Century Korea*[30]가 나왔다. 영역자들의 개성이 세 종류의 영역본에 잘 드러나 있는데, 모두 원전에 충실한 좋은 번역이다.

또 좋은 한국문학 앤솔러지(Anthology)가 다양하게 나온 것도 특징이다. 먼저 한국 외에서의 한국문학 연구의 대부(大父)인 피터 리의 *Anthology of Korean Literature*[31]가 나왔다. 이 책에선 시대별로 각 시대의 문학적 특징 설명과 함께 시가와 서사를 망라한 작품들을 보이고 있다. 고소설로는 자신의 번역인 〈이생규장전〉, 〈허생전〉, 〈양반전〉, 〈장끼전〉, 〈한중록〉, 마샬 필(Marshall R. Pihl) 번역의 〈홍길동전〉, 러트 번역의 〈구운몽〉, 〈춘향전〉이 담겨 있으며, 단편들은 작품 전체가 장편들은 작품의 일부가 실려 있다. 그는 작품 선정에 있어서, 한국의 문학 연구가들의 의견도 들었으며, 전통적인 문학의 규범과 새로운 서구문학의 이론을 어떻게 절충시키느냐 하는 문제에 대해 고민했었다고 다른 글[32]에서 밝히고 있다. 다음으로 정종화에 의해 *Korean Classical Literature: An Anthology*[33]가 나왔다. 많은 작품이 들어 있진 않지만 시가문학에선 시조, 서사문학에서는 민담 위주가 아닌 고소설들로만 이루어져 있고, 한국 고전문학에 대한 소논문들과 이인직의 〈혈의 누〉를

28) Grant, Bruce K. & Kim Chin-man, *Han Joong Nok Reminiscences in Retirement*, New York: Larchwood Publications Ltd., 1980.

29) Choe Yang-hi, *Memoirs of a Korean Queen*, London & New York: Kegan Paul Int'l. Ltd., 1985.

30) JaHyun Kim Haboush trans., *The Memoirs of Lady Hyegyŏng: The Autobiographical Writings of a Crown Princess of Eighteenth-Century Korea*, Berkeley: University of California Press, 1996.

31) Peter H. Lee, *Anthology of Korean Literature*, Honolulu: University of Hawaii Press, 1981; 1990.

32) 피터 리, 「세계문화 속에서의 한국문학」, 『문학사상』, 1996. 1, p. 63.

33) Chung Chong-wha, *Korean Classical Literature: An Anthology*, London: Kegan Paul International, 1989.

싣고 있다. 주로 편자 자신의 번역이 아닌 다른 사람들의 영역본을 수록하고 있는데, 문희경의 번역인 〈호질〉, 〈허생전〉, 〈양반전〉 등의 연암소설들과, 스킬렌드(W. E. Skillend) 번역으로 〈심청전〉, 『삼설기』의 일부인 〈황새결송〉이 실려 있다. 영국에서 출간된 작품집인 만큼 영국학자인 스킬렌드의 영역작들과 영국에서 성장한 문희경의 영역작들이 실린 것이 특징이며, 스킬렌드의 영역작들은 대영박물관 소장본들을 원대본으로 하고 있다. 그리고 김기청이 한국문학 개론서로서 낸 *An Introduction to Korean Literature－from Hyangga to P'ansori*[34]에 〈열녀함양박씨전〉을 자신의 영역으로 싣고 있다. 가장 최근에는 매칸(David R. McCann)의 *Early Korean Literature－Selections and Introductions*[35]가 나왔는데, 이 책에선 주로 시가 작품들과 이에 딸린 설화들이 실려 있다. 고소설로는 〈허생전〉이 실려 있는데, 원작에 충실하면서도 쉽게 읽히도록 번역한 것이 큰 특징이다.

그리고 마샬 필이 광대와 판소리에 관한 그의 논문과 함께 〈완판 심청가〉 영역을 묶어서 낸 *The Korean Singer of Tales*[36]가 있다. 그의 판소리에 대한 열정을 볼 수 있는 좋은 번역이다. 또 앞의 2기에 한국에서 발간된 영역본 *Virtuous Women*[37]이 1980년 미국에서도 출간되었다. 이는 좋은 영역작이 국내에만 머물러 있지 않고 외국에서 다시 출판되어 많은 이들에게 읽히게 된 아주 다행스러운 경우이다. 그리고 한국과 미국 두 나라에서 나온 피터 리의 〈임진록〉 영역본 *The Record of the Black Dragon Year*[38]가 있는데, 한국어 원전과 함께 실려 있다.

---

34) Kim, Kichung, *An Introduction to Korean Literature from Hyangga to P'ansori*, New York: M. E. Sharp Inc. 1996.

35) David R. McCann, *Early Korean Literature－Selections and Introductions*, Columbia University Press, 2000.

36) Marshall R. Pihl, *The Korean Singer of Tales*, Harvard-Yenching Institute Monography Series, Vol. 37, Harvard University Press, 1994.

37) Richard Rutt, *Virtuous Women: Three Classic Korean Novels*, Asian Humanities Press, Dec. 1980.

마지막으로 이 시기에 보기 드물게 한국에서 발간한 영역본들이 있다. 북한태생이지만 미국에서 한국문학을 영역한 사무엘 김(Samuel Kimm)의 *The Pure Hearted Lady*〈춘향전〉39), *The Filial Daughter*〈심청전〉40), *The Story of Two Brothers*〈흥부전〉41)이 있다. 사무엘 김의 번역은 원전과는 다르게 읽기 쉽게 다시 쓰여 있어 영어권 독자에게는 접근이 쉽지만, 학문적 연구의 대상으로서는 부적합하다. 또한 傳 다섯 편, 〈金剛誕游錄〉, 〈四劍僧傳〉, 〈五臺劍俠傳〉, 〈蔣生傳〉, 〈捕虎妻傳〉이 이병훈에 의해 영역42)되어 고소설로서 소개되고 있다.

이상 살펴본 결과, 1기에는 한국에 온 선교사들을 중심으로 고소설 영역이 이루어졌음을 알 수 있다. 이들은 선교사로서의 역할 이외에 외교관, 의사, 성경의 번역가, 사전의 편찬자, 저널리스트로서 다양하게 활동하면서 한국문화를 해외에 소개하기 위한 수단으로 한국의 고소설을 영역해 소개하고 있다. 의사이면서 선교사이자 외교관이었던 알렌은 *Korean Tales*의 서문에서 "이 책을 쓴 목적은 많은 사람들이 가지고 있는 한국인이 반미개한 민족이라는 잘못된 생각을 바로잡기 위해서"43)라

---

38) Peter H. Lee trans., *The Record of the Black Dragon Year*, Institute of Korean Culture·Korea University, Center for Korean Studies·University of Hawaii, Aug. 2000.

39) Rehashed and Recreated by Samuel Kimm, *The Pure Hearted Lady, Ch'un-Hyang Story—One Story of an Ancient Korean Trilogy*, IL JI SA Publishing House, 1998.

40) Rehashed and Recreated by Samuel Kimm, *The Filial Daughter, Shim Chŏng Story—One Story of an Ancient Korean Trilogy*, IL JI SA Publishing House, 1998.

41) Rehashed and Recreated by Samuel Kimm, *The Story of Two Brothers: Nol-bu and Hŭng-bu—One Story of an Ancient Korean Trilogy*, IL JI SA Publishing House, 1998.
사무엘 김의 책들은 미국시장에서 유통되고 있다. 미국 출판사에서 새로 출간한 것이 아니고, 일지사에서 출판한 책을 그대로 수출한 것이다.

42) Lee, Tae-Dong edited, *The Classical Novels of Korea*, Seoul: The Korean Culture & Arts Foundation, 1981.

43) 'My object in writing this book was to correct the erroneous impressions I have found somewhat prevalent—that the Korean were a semi-savage people.'

고 했다. 워싱턴에 있는 사람들은 한국이 지중해의 한 섬인지, 유럽에서 기차로 갈 수 있는지, 옷도 안 입고 살 수 있는 기후의 남태평양 어디에 있는 나라인지 그에게 물어온다고 했다. 따라서 작품의 앞부분에서 스물 세 페이지에 걸쳐 한국의 사회와 문화에 대한 소개를 상세하게 하고 있다. 한편 저널리스트였던 어쿼트도 *The Fragrance of Spring*의 서문에서 이 영역본이 독자들의 동양문화에 대한 이해를 돕고 동서양 간의 이해를 증진시키게 되길 바란다고 했다. 또한 동양문화에 익숙하지 않은 서구독자를 위해 원전에 수정을 가했다고 밝히고 있다. 이상 몇 가지 예에서도 볼 수 있듯이 이들은 고소설들을 문학작품의 소개라기보다는 한국문화 소개의 수단으로 이용하고 있는 측면이 강하다. 또한 한국문화를 소개한다는 목적을 효과적으로 이루기 위해서 1기의 거의 모든 작품들이 외국을 출판지로 선택하고 있는 것이 특징이다.

2기에 들어서는 많은 작품들이 영역되었는데, 러트를 제외한 모든 영역자들이 한국인이며, 거의 모든 영역본들이 한국에서 출판되었다. 1기에서 외국인들이 한국문화 소개 수단으로 고소설에 주목했다면, 2기에는 한국인들이 스스로 우리 것을 외국에 알려야겠다는 자각을 한 시기로 볼 수 있다. 영역자들이 배출되기 시작했지만, 이들 중 이후에도 한국 고소설 영역작업을 계속한 사람은 없다.44)

3기에는 영역작의 양도 급격히 많아지고, 영역의 경향도 원전을 충실히 번역하며 학문적인 해설을 함께 싣고 있는 경우가 대부분이다. 영역자들이 한국학을 전공하는 외국의 학자들이라 고소설 작품에의 접근 방법이 이전의 한국문화 소개 차원과는 다르게 나타나고 있는 것이다. 이들 영역자들 중에는 외국인인 경우와 한국태생이지만 외국에서 활동하는 학자들이 대부분이다. 외국에서 연구하는 학자들이니만큼 영역본 또

H. N. Allen, M. D. *Korean Tales*, New York & London: The Nickerbocker Press, 1889, p. 3.

44) 이후 김종운만이 현대문학작품의 영역작업을 해오고 있다.

한 거의 모두 한국 외에서 출판되고 있다. 이처럼 출판지(出版地)가 시기에 따라 외국에서 한국으로 또다시 외국으로 옮겨지고 있는 움직임이 흥미롭다.

이상 한국 고소설 영역작들을 살펴보았는데, 그 수는 많은 듯하지만 완역이 아닌 것들도 많고 중복된 번역작들이 많다. 특히 최근에는 새로운 영역본이 나오기보다는 과거의 영역본을 그대로 재출간하는 일이 잦아지고 있는데, 물론 재출간도 환영할 만한 일이지만 새로운 영역작업도 지속적으로 이루어져야겠다. 그리고 현재 한국 고소설의 영역작업은 현대문학의 영역작업에 비해 무척 침체되어 있다. 한국 고소설 영역작업의 중요성에 대해서는 뒷장에서 논한다.

Ⅲ. 고소설 영역본의 작품별 양상

1. 영역본의 서지적 검토

앞으로 상세하게 살펴볼 영역작들은 많이 읽혀진 작품들, 즉 한국 외에서 출판된 작품들이다. 출판사의 유통능력은 독자층 확보의 큰 요인이 되기 때문이다. 이는 모두 열 네 작품이며 스물 두 판에 이르는데, 특히 이 중에서 두 편 이상의 번역본을 가진 작품들이 더 깊이 있게 다루어질 것이다. 먼저 1절에서는 영역본의 대본이 된 원전 작품을 찾아내고, 영역자의 고소설에 대한 시각에 대해 다룰 것이다.

1) 〈구운몽〉

〈구운몽〉은 우리 고소설사에서 중요한 작품으로 후대의 소설에 큰 영향을 끼쳤고, 많은 아류작들을 낳았다. 또 작품성이 훌륭하며 논쟁거리도 많아, 무수한 연구논문들이 나왔다. 하지만 영역을 하기에는 만만치 않은 분량과 수시로 튀어나오는 종교적인 용어들, 많은 삽입시들, 典故들이 영역이 어려울 것임을 말해주고 있다. 하지만 다행히도 비교적 이른 시기에 두 편의 〈구운몽〉 영역본이 나왔고, 특히 게일의 영역본은 우리 문학 영역의 효시로 꼽을 정도다.[1] 1922년에 게일의 *The Cloud Dream of the Nine*[2]이 영국에서 나왔는데, 게일은 캐나다 출신의 선

---

1) 김종길, 「한국 문학 세계화의 현실」, 『한국문학의 외국어 번역』, 민음사, 1997, p. 17. 설성경 · 최유찬 · 김영민 · 양문규 · 심원섭 공저, 『세계 속의 한국문학』－통일 한국문학의 진로와 세계화 방안－, 새미, 2002, p. 420.

2) James S. Gale trans. *The Cloud Dream of the Nine*, London: Daniel O'Connor,

교사이다. 그는 성경번역 이외에도 한국어 문법책, *Korean-English Dictionary*와 같은 사전과, *Korea in Transition*[3])과 같은 한국견문기 등 많은 한국 관련 서적들을 출판한, 한국어와 한국문화에 있어서 깊이 있는 이해를 가지고 있던 인물이었다. 게일은 영어에서 한국어로, 또는 한국어에서 영어로 많은 번역서를 남겼다. 그는 이러한 경험을 바탕으로 번역에 대한 자신의 철학을 글로 쓰기도 했다.[4)] 그는 번역에 있어서 가장 중요한 것은 '생각(thought)'을 그대로 옮기는 것이라 했다. 하지만 두 개의 언어에서 서로 정확하게 대응되는 단어가 없는 경우가 많아, 번역가는 미로 속에서 길을 제대로 찾아야 한다고 말하고 있다.[5)] *The Cloud Dream of the Nine*의 본문 앞에는 스콧(Elspet Keith Robertson Scott)[6)]이 자세한 서문을 썼다.

이 게일의 영역본은 최근 3개의 출판사에서 다시 출간되었다. 먼저 첫 권은 제목을 달리해서 *Kuunmong－The Cloud Dream of the Nine*으로 2003년에 다시 출판되었다.[7)] 출판사의 말에 의하면 절판된 〈구운몽〉의 영역본을 새로 살린다는 의도로 만들었다고 한다. 이 책이 물론 미국에서 인쇄되기는 했지만, 왜 일본출판사에서 출판되었는가 의아하

1922.

3) J. S. 게일, 『전환기의 조선』, 신복룡 역주, 한말 외국인 기록 5, 집문당, 1999. James S. Gale, *Korea in Transition*, Cincinnati: Jenning & Graham, 1909.

4) J. S. Gale, "Language Study－The Question of Translation," *The Korea Magazine*, 1919. 1, pp. 20-21.

5) 그는 '사람'이 'man'을 뜻하기는 하지만, 영어에서처럼 '남성'만을 말하는 것은 아니고, '사나이'가 'male'을 뜻하기는 하지만 동물에서의 '수컷'의 의미는 없다고 하면서, 단어 간의 의미가 교차되고 겹쳐진다고 했다. 당시 그의 어려움은 현대 번역가들의 고민들과도 일치한다.
J. S. Gale, 같은 글, p. 21.

6) 영국 출신의 여성으로, 결혼 후 남편과 함께 일본에서 오래 거주했다. 이때 한국문학과 일본문학을 많이 접했으며, *Old Korea: The Land of Morning Calm*, Hutchinson, 1946을 내기도 했다. Manjung Kim, *Kuunmong－The Cloud Dream of the Nine*, trans. James S. Gale, Kurodahan Press, Dec. 2003, p. 228 참조.

7) Manjung Kim, *Kuunmong－The Cloud Dream of the Nine*, trans. James S. Gale, Kurodahan Press, Dec. 2003.

게 생각할 수도 있겠다. 이는 아마도 게일의 *The Cloud Dream of the Nine*에서의 서문을 일본에서 오래 거주했던 스콧이 썼기 때문일 것이다.[8] 원판의 원문뿐 아니라 서문과 주들, 삽화들을 모두 살려서 싣고 있으면서도, 페슬러(Susanna Fessler)가 새로 서문을 쓰고, 〈구운몽〉에 대한 연구를 계속해 온 프란시스카 조(Francisca Cho)가 작품의 문학적 분석을 했다.[9] 원본의 내용 그대로에 원래 후주였던 것을 각주로 바꾸어 달고, 스콧이 썼던 서문은 뒤에 붙였다. 또한 원영역본에 없던 등장인물의 목록(List of Principal Characters)을 작품 앞에 붙임으로써 독자의 이해를 도왔다.

페슬러는 서문(Introduction)에서 소설의 문학적, 철학적, 문화적, 역사적 배경에 대해서 설명하고 있다. 〈구운몽〉의 원전이 한문본인지 한글본인지에 대한 학계의 논란을 소개하고, 소설에서는 특정 종교적 배경과 관계없이 궁극적으로 '삶의 의미가 무엇인가?'라는 의문을 던지고 있다고 분석하고 있다. 또 '重婚'의 용인, 과도한 음주의 만연, 결혼 전 남녀 간의 교제에 있어서 作詩의 중요성, 유교적 예의의 중시라는 문화적 배경에 대해서도 밝혀놓고 있다. 또한 〈구운몽〉의 영역본이 게일의 것 말고도 러트의 것과 이화여대생들의 것이 나와 있고, 표준 중국어(Mandarin Chinese)판이 있는데, 이들은 현재 구하기 힘든 실정이라고 말해, 이번 재간(再刊)이 의미 있는 작업임을 강조하고 있다. 뿐만 아니라 게일의 번역이 시의 번역에 있어서 규칙을 지키지 않았고, 중국을 배경으로 하는 인물의 이름들을 한국어 발음으로 옮겼으며, 역자의 판단에 따라 몇몇의 짧은 문장들을 빼고 옮겼다고 밝히고 있다. 역서에 대한

8) 하지만 한국의 소설 영역본을 왜 한국계 출판사가 아닌 일본 후쿠오카의 출판사가 내도록 우리는 무엇을 했을까 하는 아쉬움이 크다. *Kuunmong－The Cloud Dream of the Nine*의 표지에는 일본 작가가 그린 일본화가 실려 있고, 그림에 대한 설명도 자세히 붙어 있는데, 한국소설의 표지에 일본인의 그림이 실리고 있다.

9) 페슬러는 현재 뉴욕 주립대학(The State University of New York at Albany)의 부교수(Associate Professor)이며, 프란시스카 조는 현재 조지타운 대학(Georgetown University)의 부교수(Associate Professor)로 있는 학자이다.

꼼꼼한 검토 후에 쓰인 서문이다.

또 프란시스카 조는 〈구운몽〉과 현대소설의 비교와 〈구운몽〉의 종교적·문학적 의미에 대해서 쓰고 있는데, 여기서 그는 서포의 생애와 〈구운몽〉과의 관계도 밝히고 있다. 그리고 마지막으로 '꿈 이야기(The Dream Tale)'라는 항목에서는 꿈 구조가 유럽이나 아랍에서도 발견되며, 형이상학적 사고를 반영하고 있다는 점에서는 〈홍루몽〉과 같은 유형이라고 밝히고 있다. 한편 작품의 해석에 관해서는 여러 가능성을 열어놓은 채 끝을 맺고 있다. 앞의 두 사람 모두 〈구운몽〉의 철학적 성격을 강조함으로써, 작품의 숨은 가치를 보여주는 동시에 독자들의 흥미를 불러일으키고 있다.

다음 해에 또 미국에서 게일의 영역본을 그대로 옮긴 *The Cloud Dream of the Nine*이 출간되었다.[10] 이 책을 다시 찍어낸 케싱어 출판사(Kessinger Publishing)는 절판되어 희귀한 책들의 재간(reprint)을 전문으로 하는 곳이다. 아마도 한 해 전인 2003년에 구로다한 출판사(Kurodahan Press)에서 게일의 영역본을 다시 찍어낸 것을 알지 못한 채 *The Cloud Dream of the Nine*을 출간한 듯하다. 물론 편집은 다시 했지만, 이전 1922년판을 그대로 옮겼다. 앞부분의 스콧의 서문도 그대로 넣고 심지어 후주도 그대로 두었다. 그런데 출판사의 무성의함은 곳곳에서 보인다. 먼저 게일의 후주를 그대로 옮기고 있는데, 본문은 편집을 거쳐 페이지수가 모두 바뀌었는데도 불구하고, 후주번호마다 표시된 본문의 페이지수가 1922년판 그대로다. 게다가 게일의 영역본에 실린 삽화(Illustrations)를 싣기 위해, 곳곳에 공간을 비워놓고 아래에 삽화 설명도 원영역본에서 옮겨놓았으면서도 정작 삽화들은 보이지 않는다. 하얀 백지로 남겨 놓은 것인데, 정상적인 출판사라면 이런 실수가 있을 수 없다. 한국 고소설을 긍정적으로 영어권 독자에게 알리기는커녕 한

10) Kim Man-choong, *The Cloud Dream of the Nine*, Kessinger Publishing, June 2004.

국 고소설이 싸구려라는 이미지를 갖게 하는 판(version)이 되었다. 하지만 다행히도 많은 부수가 판매되지는 않았다.

그리고 같은 해의 한 달 뒤인 2004년 7월에, 또다시 미국에서 게일의 영역본을 그대로 옮긴 *The Cloud Dream of the Nine*이 재간되었다.11) 이는 게일의 영역본을 그대로 글자크기까지 같게 찍어낸 것이며, 스콧이 쓴 소개문도 앞에 그대로 실었다. 다만 달라진 점은 원판의 후주를 각주로 바꾸어놓았고, 원판에 실렸던 삽화들이 빠져 있다는 점이다. 게일 영역본 원판의 삽화는 후에 러트의 구운몽 영역본에도 실릴 정도로 인기가 있었던 것인데, 여기서는 찾아볼 수 없다. 너무나 게일의 원판과 똑같아서, 후주를 각주로 바꾼 작업이 오히려 신기할 정도다. 이 책은 현재 전자책으로도 판매되고 있다. 한 해 전에 나온 구로다한 출판사의 *Kuunmong－The Cloud Dream of the Nine*이 영역본 원본을 살려내면서도, 새로운 연구성과를 담은 서문과 작품분석을 싣고 있는 것과 달리 와일드사이드 출판사(Wildside Press)의 책과 케싱어 출판사(Kessinger Publishing)의 책은 오히려 과거로 회귀한 느낌이다. 이와 같이 갑자기 미국에서 게일의 *The Cloud Dream of the Nine*이 주목받게 된 이유는 알 수 없지만, 세 가지 판 중에서 구로다한 출판사의 것만이 원본을 발전적으로 재간한 것이고, 나머지 두 출판사의 것은 오히려 원본만 못한 재간이 되고 말았다. 상업적인 목적만을 가진 출판사들의 결과물이 어떠한지를 보여주고 있다. 한 가지 덧붙이자면, 최근 미국의 대학에서 교재로 쓰이는 구운몽 교재는 후대의 번역인 러트의 것이 아닌 게일의 것이라고 한다.12)

---

11) Kim Man-Choong, *The Cloud Dream of the Nine*, Wildside Press, July 2004.

12) 'Albany에 소재한 뉴욕 주립대학의 East Asian Studies Department에서 개설한 "Sources of East Asian Civilizations" 과목에 『九雲夢』을 주 텍스트로 하여 한국문학 강의가 이루어지고 있으며, (중략) 강의에 사용하고 있는 『구운몽』 텍스트는 캐나다 출신의 선교사였던 James Gale이 번역한 *The Cloud Dream of the Nine*이다.' 정우봉, 「영어권 한국문학 교재 현황과 앞으로의 개발 방안－고전문학을 중심으로－」, 『Journal of Korean Culture』 Vol. 2, 고려대학교 민족문화연구원,

이후 1974년에 *Virtuous Women: Three Masterpieces of Traditional Korean Fiction*[13)]이 나왔다. 여기에는 러트의 번역으로 〈구운몽〉의 영역인 *A Nine Cloud Dream*이 실려 있다. 앞서 논자가 살펴본 한국 고소설 영역사에 있어서 2기에 거둔 가장 탁월한 성과였다. 앞선 게일의 번역보다는 시대적으로 뒤인 만큼 좀 더 다듬어진 번역을 보이고 있고,[14)] 번역대상작을 좀 더 학문적으로 접근하고 있는 것을 볼 수 있다. 러트는 1954년부터 1974년까지 한국에 거주한 영국출신 선교사이다. 그는 한국문화에 대한 이해가 깊어 이에 대한 많은 글을 썼으며, 특히 한국의 시조를 영역한 작품집 *The Bamboo Grove*[15)]는 한국문학 영역사에 있어서 지금도 읽히고 있는 중요한 책 중의 하나이다.

먼저 게일의 영역작에 대해서 살펴보자. 게일이 한국의 신앙에 대한 관심이 많은 것은 그가 선교사이기 때문일 것이다. 다양한 사상이 보여지고 있는 〈구운몽〉에 그가 흥미를 느낀 것은 당연한 이치일 것이다. 또 당시 서구인의 눈에는 한 남자가 여덟 명의 여자와 함께 사는 것이 무척 흥미로왔을 것이다. 이 책의 서문을 쓴 스콧은 〈구운몽〉을 제대로 즐기려면 도덕이란 개념은 잠시 접어두어야 한다고 말하면서, 〈구운몽〉은 가장 감동적인 重婚의 연애담이라고 평하고 있다.[16)] 또한 현실세계뿐 아닌 비현실계에 대한 동양인의 관념을 나타내고 있어, 극동아시아인을 이해하는 데 도움이 될 것이라 설명하고 있다. 사실 한국 등 극동아시아

2002, p. 3.

13) Rutt, Richard & Kim Chong-un, *Virtuous Women: Three Masterpieces of Traditional Korean Fiction*, Seoul: Korean National Commission for UNESCO, 1974.
이는 후에 미국에서 다시 출판되었다.
Richard Rutt, *Virtuous Women: Three Classic Korean Novels*, Asian Humanities Press, Dec. 1980.

14) 앞으로 살펴볼 〈한중록〉에서도 뒤에 나온 영역본일수록 좀 더 정돈된 모습을 보이고 있는 것을 볼 수 있다.

15) Richard Rutt, *The Bamboo Grove*, University of California Press, 1971.

16) James S. Gale trans. *The Cloud Dream of the Nine*, London: Daniel O'Connor, 1922, p. ix.

에서는 중혼이 합법적[17]이었으며, 많은 작품들에서 중혼이 그려지고 있다. 하지만 특히 기독교문화의 영향권이었던 국가들에서 중혼은 금지되었었고, 이러한 국가에서 〈구운몽〉은 불쾌한 작품이거나 혹은 남성의 입장에서는 꿈을 그리고 있는 작품일 것이다. 스콧에게 중혼은 서문에서 따로 '중혼제에서의 여성의 목소리(Woman's Voice in Polygamy)'[18]라는 장을 설정해서 자세히 다루고 있을 만큼 중요한 이슈였다. 그녀는 여기서 한국과 중국의 가족제도에서 중혼이 불공평하지만, 현실적인 것으로 받아들여졌다고 했다. 남자들은 이 제도를 통해서 모든 것을 다 얻고, 여자들은 전생의 죄로 여자로 태어나서 모든 것을 감수하고 살아야 한다고 믿었다고 했다. 하지만 〈구운몽〉 안에서 여자들은 나름대로 불만을 토로하고 있다고 여러 가지 예를 들고 있는데, 난양공주(Princess)가 정경패(Jewel)에게 남자들이 사방을 다니며 호연지기를 기르는 동안 여자들은 집에 갇혀서 무엇을 배우겠느냐고 불평한 것이 그중 하나다. 또 여자들은 단지 수놓기나 그림그리기뿐만 아니라 음악, 춤, 검술, 시짓기 등에 능해야 했었다는 것에서 남자들과의 대등함을 볼 수 있었고, 정경패(Jewel)가 충심에서 양소유를 공주에게 양보한다거나, 가춘운(Cloudelet)이 정경패(Jewel)에게 신의를 지키기 위해서 양소유에게 이별을 고하는 것들은 여성들 사이에서도 남성들만의 전유물 같았던 신의를 엿볼 수 있다고 했다. 또 주목하고 있는 것은 종교적인 면이다. 작품 전체에 유교와 불교, 도교가 섞여서 나타나지만, 모든 사람들은 천상계가 실제로 존재하는 것으로 믿고 이야기하고 있다는 점이다. 스콧은 중혼과 천상계, 이 두 가지를 통해서 극동아시아를 더 이해할 수 있을 것인데, 게일박사의 *The Cloud Dream of the Nine*이 이 역할을 했다고 평하고 있다.

러트는 영역본의 대본에 대해 자세히 밝히고 있지만, 게일 자신은 자

17) 1413년 이전까지 한국에서는 중혼이 합법적이었다.

18) James S. Gale trans., *The Cloud Dream of the Nine*, p. xxxiii.

신의 영역본의 대본에 대해서 전혀 언급한 바가 없다. 지금까지 게일의 영역본의 원본에 대해서는, 몇 명의 연구자들이 이야기한 바 있었다. 먼저 이가원이 〈구운몽〉의 이본들을 고찰하면서 '奇一博士(Dr. Gale)의 영역본은 漢文本을 대본으로 한 것'[19]이라고 언급하고 있지만, 구체적으로 어느 한문본인지는 밝히지 않고 있다. 또 마찬가지로 이명구도 '(게일의 영역본은) 漢文木版本을 그 底本으로 한 것으로 보이며, 漢文本을 充實히 번역한 것으로 본다. 間間 挿畵를 넣어 있는데, 어데서 가지고 온 것인지는 밝히지 못하였다'고 간략히 언급하고 있다.[20] 후에, 정규복은 영역본을 꼼꼼하게 살핀 뒤 '漢文本과 한글本의 長點을 取하여 綜合하는데 成功'[21]했다고 했다. 물론 정규복의 의견은 장효현도 언급[22]했듯이 을사본이나 노존본이 발견되기 이전의 것이므로 재고의 필요가 있다. 그리고 러트는 게일의 메모를 몬트리올에서 찾아냈는데, 게일은 〈구운몽〉 영역작업 때 국문본은 전혀 보지 않고 오직 한문본만을 가지고 번역했다고 한다. 따라서 그는 게일의 영역본에는 대각장면(awakening passage)이 들어 있으므로, 대각장면이 빠진 계해본(1803년)이 아닌 다른 한문본이 게일의 텍스트일 거라고 결론[23]내리고 있다. 가장 최근에는 장효현이 'Gale의 영역본은 노존B본 계통과는 전혀 연관이 없으며, 노존A본 및 그 계통에 놓여 있는 을사본과 맥이 닿아 있음을 알 수 있다. 노존A본과 을사본 계통의 이본 가운데 어떤 이본이 직접적으로 Gale 영역본에 영향을 주었는지는 앞으로의 고구가 필요하다'는 의견[24]

---

19) 李家源, 「九雲夢評攷」, 『九雲夢』, 연세대학교 출판부, 1970, p. 31.
원래 金萬重 著, 李家源 校注, 『九雲夢』, 德基出版社刊, 4288. 4가 초판이지만, 종이의 상태가 좋지 않아 연대출판부에서 새로 찍은 것으로 참조했다. 두 책은 같은 내용이다.

20) 李明九, 「九雲夢攷」(其一), 『成均學報』 第2輯, 成均館大學校, 1955, p. 178.

21) 정규복, 「구운몽 영역본고-Gale박사의 The Cloud Dream of the Nine」, 『국어국문학』 21호, 국어국문학회, 1959, p. 150.

22) 張孝鉉, 「韓國 古典小說 英譯의 제문제」, 『韓國古典小說史硏究』, 고려대학교출판부, 2002, p. 714.

23) Rutt, Richard & Kim Chong-un, *Virtuous Women*, p. 7.

을 내놓았다. 이상의 의견을 종합해 보면, 한문본이 대본이라는 네 가지 의견과 한문본과 한글본의 혼합이라는 한 가지 의견이 나온 셈이다.

먼저 정규복의 논의는 노존본이 발견되기 이전이라 재고해야 될 부분들이 발견된다. 그는 한문본의 잘못된 부분들을 게일이 '一一이 是正하여 놓은 데는 感歎치 않을 수 없다'[25]고 했다. 하지만 이들은 게일이 시정해 놓은 것들이 아니라, 본디 노존본에 쓰여 있는 대로 옮겨져 있는 것이다.[26]

예1) 蜀中(계해본), In our world of Cho(구게, p. 22), 我楚地(노존B, p. 37)
예2) 趙襄之妻(계해본), the wife of Cho-chi(구게, p. 199), 趙衰之妻(노존B, p. 225)
예3) 사녀(謝女)(구이, p. 236)[27], 사통온(謝通蘊)(박문본), Sa-do-on(구게, p. 200), 謝道蘊(노존B, p. 229)
예4) 賈夫人(계해본), Minister Ka(구게, p. 269), 賈大夫(노존B, p. 299)

이외에도, 결정적인 증거로 삼은 '대각장면'이나 '화산과 위수로 맹서' 하는 부분들은 서울대본뿐 아니라 노존본에도 있는 부분들이다.

그러면 게일이 한문본만을 대본으로 하였을까? 물론 그의 한국어 구사 수준은 『한영사전』을 냈을 만큼 탁월하다. 하지만 아무런 주석이나 한글본의 참조 없이 한문본만을 가지고 번역해 내는 것은 거의 불가능했다고 보인다. 이러한 의심을 뒷받침하는 예를 몇 가지 들어본다.

---

24) 장효현, 앞의 논문, p. 714.
25) 정규복, 앞의 논문, p. 151.
26) 본고에서는 '노존본 B'를 인용했지만, 필자가 게일의 *The Cloud Dream of the Nine*을 살펴본 결과, 장효현의 주장대로 게일의 대본은 '노존본B'와 계해본과는 친연성이 적고 '노존본A'와 을사본 계열인 듯하다. 이에 대한 상세한 논의는 장효현, 앞의 논문, p. 714를 참조.
27) (구이)는 〈구운몽〉의 이가원본을 뜻한다. 李家源, 「九雲夢評攷」, 『九雲夢』, 연세대학교출판부, 1970.

今日道君誕, 汝持香燭 往來觀紫淸觀, 領衣服之需及茶菓, 與杜鍊師.(노존B본)[28]

오늘이 도군탄일이니 네향촉을 가지고 즈쳥관의 가(서울대본)[29]

오늘은 영부도군의 탄일이니 네 향촉을 가지고 자청관에 가서 두련사에게 전하고 겸하여 의단(衣段) 다과(茶果)로 써 나의 연련불망(戀戀不忘)하는 뜻을 이루라.(구이, pp. 99-100)

Today is the anniversary of the great teacher No-ja. Take four candles and go to the Taoist temple and give them to the priestess Too-ryon. Take these cloth gifts as well and refreshments, and present them with my kindest greetings.(구게, p. 59)

위에서 영역본은 '네 개의 향초를 가지고 가라'고 되어 있다. 이는 아마도 '네 향촉을 가지고'라는 한글본을 영역한 결과일 것이다. '네'는 '너가'의 의미로 'you'로 번역되었어야 할 것인데, '네 개의'라는 의미의 'four'로 번역된 것이다. 또 '대순(大舜)의 남훈곡(南薰曲)'(이, p. 107)은 'Nam-hoon Palace of King Soon'(구게, p. 66)라고 영역되어 있지만, 한문본 '必帝舜南薰曲也'(노존B, p. 85)과 비교해 보면 '남훈곡'임을 금방 알 수 있다. 하지만 이와 같이 '남훈궁'으로 옮긴 것은 한글본에서 '남훈곡'으로 쓰여 있는 것을 '남훈궁'으로 읽었기 때문이라는 추측이 가능하다. 또 '楚襄'(노존B, p. 118) '초양왕'(서울대본, p. 169)은 초나라 양왕인데, 이를 'Yang Won of Cho'(구게, p. 97)처럼 '초나라 양원'이라는 고유명사로 잘못 옮겼다. 이도 '초양왕'을 '초양원'으로 잘못 읽은 것으로, 한문본이 아닌 한글본을 따르다가 빚어진 실수일 것이다. 따라서 게일은 한문본인 노존 A본이나 을사본뿐 아니라 한글본도 참고했을 것

28) 정규복・진경환 역주, 『구운몽』, 고려대학교 민족문화연구소, 1996, p. 77.
29) 『九雲夢-한글本』, 高麗書林, 1986, p. 100.

으로 보인다.

러트의 경우에는 *Virtuous Women*이라는 제목 아래에 〈구운몽〉, 〈인현왕후전〉, 〈춘향전〉을 묶었다.[30] 〈구운몽〉이 여성의 삶을 그리고 있다는 것이 의아하게 생각될 수도 있겠지만, 김만중이 여성인 노모를 위해 지었으며, 이야기의 중심의 흥미는 여성에게 있고, 여덟 명의 여인이 결국 한 명의 남자와 결혼했다는 점이 여성문학으로 분류하게 된 동기다. 게일의 *The Cloud Dream of the Nine*의 서문에서 스콧이 〈구운몽〉에서의 여성의 목소리, 중혼제 아래에서의 여성의 삶에 대해서 주목한 것이, 러트를 포함한 서구인들의 〈구운몽〉에 대한 시각을 고정시킨 것으로 생각된다. 러트는 여덟 명의 여성이 한 남성과 결혼하는 내용의 〈구운몽〉이 후처들과 첩들이라는 李朝 가족제도(Yi dynasty family life)의 중요문제를 귀류법적으로 풀고 있다고 했다. 이 책은 여성들끼리의 교제가 결혼만큼 중요한 것을 그리고 있는데, 이것은 여성들이 바라는 바의 꿈이었다고 했다. 그리고 여성들의 종교적인 관심이 〈구운몽〉의 종교적인 면을 즐겼을 것이며, 특히 삶이 고단했던 여성들에게 불교가 주는 위안이 중요했다고 말하고 있다. 그는 영역본의 초고에서 이가원본을 사용했고, 마지막에는 서울대본에 비추어서 수정과 보완을 해 나갔다. 노존본이 선본임을 알고 있으나 구할 수 없었던 관계로 그렇게 했으며, 한문본은 중국소설의 스타일대로 총 16장으로 이루어져 있는데[31] 이야기의 구조와 맞지 않아서 그것을 무시하고 러트가 나름대로 새로 장을 나누었다고 했다.[32] 러트는 〈구운몽〉이 '내용의 대부분은 꿈으로 이루어져 있는데, 꿈의 전반은 주인공이 여덟 여자를 만나는 과정이고, 꿈의 후반은 이들과 결혼하는 것이다. 전반은 역동적이며, 후반은 정적이고,

30) 이 세 작품을 묶어 번역하는 것은 The Asia Society's Literature Program의 director인 Mrs Bonnie Crown의 제안으로 이루어졌다고 한다.
Rutt, Richard & Kim Chong-un, 앞의 책, preface.

31) 이가원본도 16장으로 이루어져 있다.

32) 모두 7장으로 나누었다.

대화가 많다'고 평하고 있다. 러트는 한국문화와 문학에 대한 깊은 이해를 가지고 있어 작품의 특징, 작가, 원전에 대해서는 한국 고전문학 연구자의 연구 성과들을 제대로 소개하고 있다.

한편 영어권에서도 〈구운몽〉의 원전이 한문본인지 한글본인지가 논란이 되고 있다. 피터 리는 〈구운몽〉이 순한글로 쓰여 있다고 하면서,[33] 이가원본을 선본으로 이야기하고 있다. 하지만 그는 당시에 발견된 한 개의 한문본(1803)과 두 개의 국문본(1862, 1920)만을 대상으로 이야기하고 있어,[34] 수정이 필요하다. 그리고 김기청은 〈구운몽〉을 많은 학자들이 한문으로 쓰인 것이라고 믿고 있음에도 불구하고, 한글로 쓰인 가장 오래된 주요 소설로 말할 수 있다고 했다.[35] 또 그는 양소유가 16세 때 모든 것을 갖추게 되어 지적으로, 감성적으로, 사회적으로 더 이상 배울 것이 없었으며, 그 이후의 사건들은 '발전'이 아닌 '반복'일 뿐이라고 했다. 그리고 윤창식[36]의 말을 인용하면서 에덴동산의 아담과 이브가 죄를 지어서 세상으로 떨어졌듯이 양소유도 세상으로 떨어졌으나, 세상의 고통을 겪지는 않고 있고, 갑작스럽게 세상에서의 성공을 부정하는 것은 납득하기 힘들다고 했다. 그러면서 결론적으로 〈구운몽〉은 작품이 지어진 시기(17C)의 두 차례의 전란으로 인한 비극과 김만중 개인의 고난들이 반영되지 않은 도피문학이라고 평가하고 있다.

이상 한국에서도 논란 중인 문제들이 영어권에서도 그대로 반영되고 있음을 볼 수 있으며, 앞으로도 이와 같이 한국과 한국 외에서의 연구성과들이 활발하게 교류되어야 할 것이다.

---

33) Peter H. Lee, *Korean Literature: Topics and Themes*, The University of Arizona Press, 1965, p. 69.

34) 같은 책, p. 74, 주 7).

35) Kichung Kim, *An Introduction to Classical Korean Literature From Hyangga to P'ansori*, p. 159.

36) Chang Sik Yun, "The Structure of the *Kuun mong*[A Dream of nine clouds]", *Korean Studies*, Vol. 5, The Center for Korean Studies at U. of Hawaii, 1981, p. 32.

2) <홍길동전>

〈홍길동전〉의 영역인 "The Tale of Hong Kiltong"은 마샬 필의 번역으로 피터 리의 앤솔러지에 실려 있다. 이 책의 '모험소설'(*The Tale of Adventure*)이라는 장에는 이 한 작품만이 실려 있는데, 피터 리는 홍길동이 사회의 문제를 바로잡으려 했지만, 결국은 귀족계급, 지식계급의 일원으로 인정받고자 했다고 소개하고 있다. 또 그가 세운 이상향도 부모에게 제사를 지내는 등의 홍씨가문의 일원으로의 의무를 다하는 곳일 뿐이며, 결국 유교사회의 복사판인 것이었음을 지적하고 있으며, 1인칭으로 쓰이진 않았지만, 유사 자서전으로 볼 수 있다고 했다. "The Tale of Hong Kiltong"은 마샬 필이 번역한 것이지만, 무슨 이본을 원대본으로 하여 번역하였는지는 밝혀져 있지 않다. 다만 피터 리가 그의 앤솔러지의 뒷부분에 밝힌 참고문헌에 〈홍길동전〉에 관한 책으로 완판 홍길동전[37]과 장지영의 주석본[38]을 소개하고 있다. 여기서 완판 〈홍길동전〉을 영역본과 비교해 본 결과 영역본의 대본이 아니었고, 장지영의 주석본이 영역본과 일치하고 있다. 또 검토 결과 장지영의 주석본은 〈홍길동전〉 경판 24장본[39]과 일치했다.[40] 하지만 실제 마샬 필이 장지영 주석본을 대본으로 했는지는 확실하지 않다. 그리고 피터 리의 앤솔러지에 실린 마샬 필의 영역본이 그의 원영역본과 완전히 일치하지 않을 것이라는 것 또한 짐작할 수 있다. 피터 리가 그의 앤솔러지에 실은 다른 사람의 영역본들의 내용 중에 단위의 표기라든가 고유명사의 표기법을 자

37) Hŏ Kyun, *Hong Kiltong chŏn*, Photolithographic reprint of the Wanp'an woodblock edition, 1971.

38) Chang Chi-yŏng, ed., *Hong Kiltong chŏn, Sim Chŏng chŏn*, 1964.

39) 본고에서는 다음의 세 가지 자료를 참조하였고, 인용면수는 김동욱의 것을 따랐다.
金東旭 編, 「홍길동젼」, 『古小說板刻本全集』 三, 韓國學振興院, 1982.
張志暎 註釋, 『洪吉童傳·沈淸傳』, 正音社, 1964.
김일렬 역주, 『홍길동전·전우치전·서화담전』, 한국고전문학전집 4, 고려대학교 민족문화연구소, 1996.

40) 원대본에 대해서는 장효현도 京板 翰林書林 간행 24장본임을 밝히고 있다. 장효현, 앞의 논문, p. 706.

신의 기준에 맞추어서 바꾼다는 것을 보았기 때문이다.41) 따라서 본고에서는 단위의 표기와 고유명사의 표기문제는 다루지 않겠다. 마샬 필과 피터 리, 두 사람 중 어느 사람의 표기인지 확실하지 않기 때문이다. 또한 마샬 필의 *The Song of Shim Ch'ŏng*의 주가 상세한 것으로 보아 "The Tale of Hong Kiltong"에도 주가 많이 있지 않았을까 라는 추측을 할 수 있다. 결국 피터 리의 앤솔러지에 실린 〈홍길동전〉, 〈구운몽〉, 〈춘향전〉의 번역은 원역자와 피터 리, 두 사람이 검토한 결과물이라고도 말할 수 있겠다.

한편 장효현도 지적했듯이 마샬 필의 "Tale of Hong Kildong"이 대본으로 삼은 것은 경판본이지만, 파우저의 글에서는 완판본을 논의대상으로 삼아 적층문학으로서의 구어적인 특성을 살려서 번역했어야 한다고 지적하는 오류를 범했다.42) 〈홍길동전〉의 경우 완판본은 다른 것들과는 별개적인 이본으로서, 사건의 결구는 대체로 일치하면서도 세부의 서술 문장이 전혀 다르며, 서술자의 시각에 있어서도 상당한 편차를 드러내고 있다.43) 파우저는 〈홍길동전〉이 허균의 소작이 아닐 가능성이 높음을 들어 완판본을 이야기했던 것인데, 이와 같이 영역작업 이전에 최선의 판본을 선택하는 것이 중요44)하다.

3) 〈임진록〉

많은 영웅소설 중 〈임진록〉만이 좋은 영역본45)을 얻었다. 〈임진록〉은

41) 피터 리의 앤솔러지에 실린 러트의 "A Dream of Nine Clouds", "A Song of a Faithful Wife"에서 편자가 작품에 손질을 가한 예들이 많다. 이에 관해서는 뒤에서 논하겠다.

42) 장효현, 앞의 논문, p. 710.

43) 박일용, 「〈홍길동전〉의 문학적 의미 재론」, 『영웅소설의 소설사적 변주』, 도서출판 월인, 2003, p. 172.

44) 장효현, 앞의 논문, p. 710.

45) Peter H. Lee trans., *The Record of the Black Dragon Year*, Institute of Korean Culture · Korea University, Center for Korean Studies · University of Hawai'i, Aug. 2000.

역사소설로서 이본의 종류도 다양하고, 그 내용의 변이도 심하다. 역자는 〈임진록〉이 40종의 필사본과 3종의 완판본이 있음을 밝히면서[46], 자신은 민중설화 전통에 기반한 이본계의 대표작으로 간주되는 국립도서관에 있는 국문소설[47]을 번역했다고 했다. 그는 이외에도 김기동[48], 장덕순[49], 소재영[50]의 교주본을 참고하였다고 한다.[51]

또 소재영과 장경남 주석의 〈임진록〉[52]을 영역본 뒤에 함께 싣고 있어, 참고하여 볼 수 있도록 했다. *The Record of the Black Dragon Year*는 전체적으로 서문, 영역, 원작, 참고사항(주, 참고문헌, 주요 사건들의 연대기, 용어풀이, 색인) 등으로 이루어져 있다.

*The Record of the Black Dragon Year*는 충실하면서도 쉽게 번역되어 있다. 역자는 책의 서문에서 생산자와 소비자, 주요 모티프들, 문학의 다른 형태들에 대해서 이야기하고 있다. 그는 특히 생산자와 소비자(Producers and Consumers)에 대한 항목에서 한국 고소설의 생산과 유통에 관해서 설명하고 있는데, 김흥규의 연구성과에 기대어 썼다[53]고 하지만 일목요연하게 잘 정리된 소개로서 다른 영문 한국 고소설의 개론서에도 필요한 내용이다. 하지만 후에 그가 낸 *A History of Korean*

---

46) 같은 책, p. 15.
47) 국립도서관본 영인본은 다음을 보았다.
蘇在英·張庚男 共編, 「님진녹(國立中央圖書館 한글本)」, 『壬辰倭亂 史料叢書 ① 文學』, 國立晉州博物館, 2000, pp. 429-513.
48) 김기동 편, 『필사본고전소설전집』 6, 아세아 문화사, 1980.
김기동 편, 『임진록』, 서문문고 268, 1978.
49) 장덕순·최진원 편, 『한국고전문학전집』, 보성출판사, 1978.
50) 소재영·장경남 역주, 『임진록』, 한국고전문학전집 4, 고려대학교 민족문화연구소, 1993.
51) Peter H. Lee trans., *The Record of the Black Dragon Year*, Institute of Korean Culture·Korea University, Center for Korean Studies·University of Hawai'i, Aug. 2000, p. 165의 주 24).
52) 소재영·장경남 역주, 『임진록』.
앞으로의 한글원전 인용은 영역본 *The Record of the Black Dragon Year* 안에 재인쇄된 것의 면수로 한다.
53) Peter H. Lee trans. *The Record of the Black Dragon Year*, p. 5의 주 2).

Literature[54]에는 이 부분이 재게재(再揭載)되어 있지 않다. 세책이나 방각본, 전기수에 대해서도 언급되어 있고, 국문소설 독자는 주로 상·중류층의 여성임에 대해서도 이야기하며 이러한 문학의 공급자와 소비자의 관계에 따라 작품의 내용에도 영향이 미칠 수 있음에 대해서까지 설명하고 있다. 그는 또 주요 모티프들(Major Motifs)이라는 항목에서 여러 이본들 간의 모티프들을 비교하고 있다. 그리고 그는 적층문학으로서 작품이 가지고 있는 여러 특징들에 대해 자세히 분석하며 일반 민중이 역사인물을 그리는 데 있어서의 의도와 작품의 역사소설로서의 기능에 대해서 언급하고 있다.

그는 마지막 항목 '문학의 다른 형태들(Other Forms of Literature)'에서는 임란 때 활약한 인물들에 대한 이야기와 임란을 배경으로 한 〈달천몽유록〉, 〈피생명몽록〉 등의 몽유록, 〈태평사〉, 〈선상탄〉, 〈일동장유가〉 등의 가사에 대해서도 상세히 소개하고 있는데, 이 책 한 권만으로도 〈임진록〉의 영역작을 이해하는 데 충분한 자료들이 담겨 있다. 참고문헌 또한 동서양을 망라해 다양한 분야를 보이고 있어, 영역자가 영역본에 쏟은 노고가 느껴진다.

4) 〈황새결송〉

많은 고소설 중에서 대중적인 작품집이 아닌 『삼설기』가 영역되었다는 사실이 놀랍다. 『삼설기』 중에서 〈황새결송〉이 스킬렌드에 의해서 "The Stork Decides a Case"라는 제목으로 번역[55]되었는데, 주지하다시피 그는 영국인이다. 서문에서 그는 대영박물관에 소장된 『삼설기』를 대본으로 했다고 밝히면서, 이 대영박물관본의 존재는 널리 알려지지

54) Peter H. Lee ed., *A History of Korean Literature*, Cambridge University Press, 2003.

55) W. E. Skillend, "Samsolgi", Chung Chong-wha, *Korean Classical Literature: An Anthology*, London: Kegan Paul International, 1989, pp. 43-53.

않았다고 이야기하고 있다. 그의 또 다른 고소설 영역본 "The Story of Sim Chŏng"도 대영박물관본을 대본으로 작업했다. 스킬렌드가 영국인이라 대영박물관에 있는 한국 고소설에 쉽게 더 관심을 가졌을 것이고, 이러한 관심의 결과로 『삼설기』 중 〈황새결송〉을 번역하기에 이른 것이다. 김동욱의 해제에서 밝힌 대로 대영박물관본이 원래 『삼설기』이며, 서울대 가람본 '「禽獸傳」은 여기서 「老蟾上坐記」를 깎고 印行한 것'[56]이다. 실제 살펴본 결과 두 이본에 실린 〈황새결송〉은 정확히 같은 판본이었다.[57] 본고에서는 대영박물관본[58]을 비교대본으로 한다.

5) 〈장끼전〉

〈장끼전〉이 피터 리에 의해 "The Story of a Pheasant Cock"이라는 이름으로 영역되었다. 피터 리는 그의 앤솔러지[59]에서 연암의 소설들, 다산의 글과 함께 〈장끼전〉을 풍자소설 항목에 넣고 있다. 그는 이 작품이 우화의 형식을 띠고 있다고 보면서, 남녀역할을 통해 조선후기 생활의 불균형과 딜레마에 대해 이야기하고 있다고 했다. 그는 또 뒤의 인용문헌을 통해 『韓國諷刺小說選』[60]을 대본으로 영역했음을 밝히고 있다.

---

56) 金東旭 校注, 「三說記」, 『短篇小說選』, 韓國古典文學大系 第13卷, 民衆書館, 1978, pp. 14-16.

57) 두 이본은 다음에 실려 있다.
金東旭 編, 「禽獸傳 京板 20張本」, 『古小說板刻本全集』 一, 韓國學振興院, 1982.
金東旭, W. E. Skillend, D. Bouchez 共編, 「三說記 下 京板本 26張本 大英博物館本」, 『古小說板刻本全集』 四, 韓國學振興院, 1982.

58) 본고에서는 다음의 두 이본을 참고하였으며, 본고의 인용면수는 대영박물관본의 것이다.
金東旭, W. E. Skillend, D. Bouchez 共編, 「三說記 下 京板本 26張本 대영박물관」, 『古小說板刻本全集』 四, 韓國學振興院, 1982.
金東旭 校注, 「三說記」(서울대 가람본 〈금수전〉), 『短篇小說選』, 韓國古典文學大系 第13卷, 民衆書館, 1978.

59) Peter H. Lee, *Anthology of Korean Literature*, Honolulu: University of Hawaii Press, 1981; 1990, pp. 227-236.

60) 蘇在英 編, 『韓國諷刺小說選』, 正音文庫, 正音社, 1975, pp. 59-84.

6) <심청전>

〈심청전〉은 마샬 필의 "The Song of Shim Ch'ŏng"[61]과 스킬렌드의 "The Story of Sim Chung"[62]이 있다. 출판연도와는 달리 마샬 필의 번역이 약간 앞서 번역되었다. "The Song of Shim Ch'ŏng"은 그의 판소리에 대한 오랜 연구가 바탕이 된 번역이라 작품에 대한 깊은 이해와 세심한 번역이 돋보인다. 마샬 필은 완판 71장 〈심청전〉[63]을 대본으로 삼고 있다. 그는 여러 이본들을 설명하면서, 완판본이 길이가 가장 길면서도 구전(특히 강산제) 전통에 가장 가까운 형태를 가지고 있다고 했다. 그리고 영역본의 여백에, 대본으로 한 김동욱 편 완판본의 원쪽수를 기록하고 있다. 또 군데군데 첫 구절에 해당되는 한국어를 병기해 놓아서 대조해 보기 편하도록 했다. 게다가 그는 창과 아니리를 구분해서 표시해 놓았는데, 아니리는 보통 행의 길이대로 옮겼고, 창은 이에 해당하는 장단이름을 적어놓는 동시에 행을 채우지 않게 표기해서 한눈에 창 부분임을 알 수 있도록 했다. 완판본에는 장단의 이름이 적혀 있지 않은데도, 정권진의 창본[64]을 참조해서 각 문장에 해당하는 장단 이름을 일일이 표시해 놓은 것이다. 또 판독할 수 없는 부분을 말줄임표로 표시한다거나, 자신 없는 번역의 부분에는 별표를 붙여놓는 성실함을 보였다.[65] 고소설 한글 교주본들의 경우에도 해석이 어려운 부분은 그냥 넘어가는

---

61) Marshall R. Pihl, *The Korean singer of Tales*, Harvard University Press, 1994.

62) "The Story of Sim Chung", trans. by Skillend, Chung Chong-wha, *Korean Classical Literature: An Anthology*, London: Kegan Paul International, 1989.

63) 다음 두 자료를 참조했으며, 본고에서의 인용면수는 김동욱의 것을 따랐다.
金東旭 編, 「沈淸傳 完板 71張本」, 『古小說板刻本全集』 二, 韓國學振興院, 1982, pp. 179-214.
김진영 외, 「완판 71장본 심청전」, 『심청전 전집』 ③, 박이정, 1997.

64) 정권진, 『심청가』, 문화재관리국, 1968.
마샬 필은 위의 것을 참조했으나, 필자는 다음의 것을 구해 볼 수 있었다.
김진영 외, 「정권진 창본 심청가」, 『심청전 전집』. 박이정, 1997.

65) 이러한 부분들이 십여 곳 정도 된다.

경우도 많은데, 마샬 필의 경우에는 소상히 밝히고 있어 인상적이다. 하지만 이러한 노력에도 불구하고 한 가지 아쉬움이 남는다. 먼저 완판계에 속하는 이본이 그 형식과 내용에 있어서 판소리의 영향을 받은 까닭에 '판소리계 이본'이라고 불리기도[66] 하지만, 〈완판 심청전〉과 〈정권진 창본 심청가〉는 그 내용이 일치하지 않는다. 그래서 마샬 필은 장단을 써 넣을 때 대충 내용이 서로 비슷한 부분들에 맞추어 써나갔다. 따라서 정권진 창본에 없는 부분은 나름대로 창과 아니리를 판단해서 구분했다. 역자 자신도 창 부분과 아니리 부분이 형태상으로는 특징이 드러나지 않기 때문에, 순전히 구조와 내용만으로 구분해내느라 어려웠음을 이야기하고 있다.[67] 이와 같은 어려운 작업과정을 거치면서까지 장단이름을 써 넣은 것은 판소리 구연물로서의 〈심청전〉을 강조하기 위함인 듯한데, 이렇게까지 하려면 차라리 창본을 영역하는 것이 낫지 않았을까 하는 의문이 든다. 아마도 마샬 필은 심청전의 영역본이 영어권 독자에게 독서물로서의 가치를 갖게 하기 위해 완판본을 번역한 듯하다. 그리고 또 다른 〈심청전〉의 영역본인 스킬렌드의 "The Story of Sim Chung"은 정종화의 앤솔러지에 실려 있다. 이것도 무척 잘된 번역으로 〈심청전〉은 좋은 영역본을 두 개나 가지고 있다. 물론 여러 개의 영역본을 가지고 있는 〈한중록〉이나 〈구운몽〉 같은 작품들도 있지만, 이들은 한 종류의 판본을 영역한 것이다. 하지만 〈심청전〉의 경우에는 마샬 필이 완판본을, 스킬렌드가 경판본을 번역해서 구색을 갖춘 작품이 된 것이다. 스킬렌드는 마샬 필의 영역본에 대해서도 언급하고 있다. 그는 마샬 필의 훌륭한 완판본 번역이 있다고 하면서, 자신이 번역한 경판은 1880년 이전에 존재했을 것으로 추정되어 완판보다 오래되었으며, 두 판이 서로 다른 속성을 가지고 있다고 말하고 있다.[68] 그러면서 중국문학 작품을 인

66) 정하영 역주, 『심청전』, 한국고전문학전집 13, 고려대학교 민족문화연구소, 1995, p. 72의 해설.
67) Marshall R. Pihl, 앞의 책, 1994, p. 118.

용해서 화려하게 꾸미고, 때때로 음란한 삽화들까지 등장해서 관중을 즐겁게 하는 내용의 완판본을 소설이라 부를 수 있을까라는 의문을 제기하고 있다. 그는 완판본은 주로 운율문으로 쓰여 있으며 일종의 민중극일 뿐이라며, 그 내용이나 양식은 시장에서의 청중들의 기대에 맞추어 나갔음을 지적했다.[69] 반면 자신이 번역한 경판본은 반대로 꾸밈이 없어 지루한 감이 있지만, 상당한 수준의 도덕적 내용을 담고 있다고 했다. 이 경판의 내용이 주는 분명한 답은 심청의 희생이 정당화되는 것인데, 그녀의 희생으로 인하여 아버지가 새로 결혼해서 아들을 낳고 그들이 고위직에 오르는 결과를 가져왔기 때문이라는 것이다.[70] 대중에 영합하지 않는 자신의 도덕적 이상을 구현해낸 경판본이야말로 진짜 문학작품이며, 재미만을 추구하고 시장성에 영합한 결과물인 완판본은 진정한 소설이 아니라는 스킬렌드의 문학관을 알 수 있다. 영역자의 문학관이 영역대상작품 선정에 영향을 미친 결과다. 또한 심청의 희생으로 인해 아버지가 결혼을 해서 아들을 낳고 그 아들이 사회적으로 성공하여, 아버지가 아들을 통해 후사를 잇도록 도왔다는 사실을 강조하고 있는 것 또한 흥미롭다. 심청의 죽음으로 선인들의 안전과 심봉사의 개안, 심청 자신이 왕후가 되는 영광을 가져왔다는 지금까지 한국에서의 논의[71]와는 다른 방향의 의견인데, 그 해석의 옳고 그름을 떠나서 이는 한국사

---

68) W. E. Skillend, "19th Century Books with Stories in Korean", *in Korean Classical Literature: An Anthology*, ed. Chung Chong-wha, London: Kegan Paul International, 1989, p. 113.

69) 'It is bedecked with appropriate references to Chinese literature and relieved with many entertaining, often bawdy episodes. But should we call it a novel? It is largely written in rhythmic prose, and in that respect betrays its origin as a sort of popular drama. In content and style it is suited very well to its anticipated audience, in the market place.'
W. E. Skillend, "From the Tale to the Novel", in *Korean Classical Literature: An Anthology*, ed. Chung Chong-wha, London: Kegan Paul International, 1989, p. 156.

70) 같은 글, pp. 156-157.

71) 鄭夏英, 「沈淸傳」, 『韓國古典小說作品論』, 集文堂, 1990, p. 553.

회에서의 아들에 대한 집착이 외국인의 눈에 매우 강렬하게 비춰졌음을 의미하는 것이다.

그는 자신이 대본으로 한 경판본이 정확히 무엇인지는 밝히지 않고 있는데, 대영박물관 소재의 경판 26장본(일명 대영B본)[72]으로 추측된다. 일단은 대영박물관 소재이므로 영국인인 스킬렌드가 접하기 쉬웠을 것이며, 내용을 비교해 본 결과 스킬렌드의 번역이 경판 26장과 일치한다. 하지만 한 가지 의문은 남는다. 내용의 순서를 바꾸어 놓은 부분이 한 군데 보이는데, 원본과는 달리 144: 35-145: 31와 145: 32-146: 28이 서로 뒤바뀌어 있다. 이는 장이 통째로 옮겨진 것도 아니고 각 장의 중간부분들이 잘려진 형태로 옮겨진 것이어서 역자가 일부러 바꾸지 않았나 하는 추측을 일단 해 보았다. 하지만 스킬렌드가 일부러 바꾸었다면 역자의 앞의 글[73]에서 이 과정을 밝혔을 것이다. 또 내용으로 보아서도 경판 26장본의 원래 순서가 이야기의 흐름에 맞고, 바꾸어 놓은 스킬렌드의 이야기는 앞뒤가 맞지 않으므로, 이와 같이 오히려 이야기의 순서를 뒤바꾸어 옮겼을 리 또한 없다. 따라서 스킬렌드가 영역해 놓은 원고가 실수로 순서가 뒤바뀌었거나, 경판 26장과 내용은 일치하나 아주 일부분의 사건의 순서가 뒤바뀐 다른 이본이 존재할 가능성 두 가지를 추측해 볼 수 있다. 하지만 순서가 바뀐 영역본의 내용이 단락이 깔끔하게 끊어져 있는 상태로 바뀌어 있고, 현재 출간된 심청전 이본들 130여 종[74] 가운데서 경판 26장본과 유사본이 없었던 것으로 보아 다

---

72) 본고에서는 다음의 세 자료를 참조했으며, 인용면수는 김동욱의 것을 따랐다.
金東旭, W. E. Skillend, D. Bouchez 共編, 「沈淸傳 京板本 26張本 大英博物館本」, 『古小說板刻本全集』 四, 韓國學振興院, 1982, pp. 493-505.
김진영 외, 「경판 26장본 심청전(일명 '대영B본')」, 『심청전 전집』 ③, 박이정, 1997.
정하영 역주, 『심청전』, 한국고전문학전집 13, 고려대학교 민족문화연구소, 1995.

73) W. E. Skillend, "19th Century Books with Stories in korean", in *Korean Classical Literature: An Anthology*, ed. Chung Chong-wha, London: Kegan Paul International, 1989.

74) 김진영 외, 『심청전 전집』, 박이정, 1977. 모두 11권이다.

른 이본의 존재 가능성이 희박한 것으로 보인다. 따라서 영역본의 원고가 출판과정에서 순서가 바뀌었을 것이라는 앞의 가능성에 무게를 둔다.

7) <춘향전>

〈춘향전〉은 가장 사랑받는 고소설 중의 하나다. 영역본들도 일곱 가지[75]가 나왔는데, 이 중에서 가장 많이 읽힌 작품은 러트의 것 하나이다. 그는 앞의 서문에서 〈춘향전〉은 정의와 도덕이라는 기치 아래에 에로티시즘(eroticism)과 가학성 변태성욕(sadism)을 섞은 이야기라고 말하고 있다. 〈춘향전〉은 옛 한국의 유랑 연예인인 광대가 부른 판소리에서 시작되었다면서, 〈춘향전〉의 판본들에 대해 상세히 설명하고 있다. 또 그는 여기서 가장 길고 온전한 오래된 판본인 완판본 〈열녀춘향수절가〉[76]를 대본으로 하고 있다고 밝히고 있다. 그리고 그는 〈열녀춘향수절가〉에 대한 나름의 비평을 적고 있는데, 서구인의 눈에 비친 〈춘향전〉은 우리의 감상과는 다르다.

---

75) ① H. N. Allen, "CHUN YANG The Faithful Dancing-Girl Wife", *Korean Tales*, New York & London: The Nickerbocker Press, 1889.
② James S. Gale, "Ch'unhyang", *Korea Magazine*, 1917-1918.
③ Edward J. Urquhart, *The Fragrance of Spring*, 時兆社, 1929.
④ Chai Hong Sim, *The Waiting Wife*, Seoul: The International Cultural Association of Korea, Mar. 1950.
⑤ Ha, Tae-hung, "Spring Fragrance", *Folk Tales of Old Korea*, Seoul: Yonsei University Press, 1962.
⑥ Chin In-sook translated with annotation, *A Classical Novel Chun-hyang*, Seoul: Korean Centre, International P.E.N. 1970.
⑦ Rutt, Richard & Kim Chong-un, "The Song of a Faithful Wife, Ch'un-Hyuang", *Virtuous Women: Three Masterpieces of Traditional Korean Fiction*, Seoul: Korean National Commission for UNESCO, 1974, p. 238.

76) 본고에서는 다음의 두 자료를 참조하였으며, 인용면수는 김동욱의 것을 따랐다.
金東旭 編, 「열여춘향슈졀가」, 『古小說板刻本全集』 三, 韓國學振興院, 1982.
설성경, 「열녀춘향수절가」, 『춘향전』, 한국고전문학전집 12, 고려대학교 민족문화연구소, 1995.

〈열녀춘향수절가〉의 문체가 학자풍(scholarly)은 아니지만, 교육받은 것을 전제로 하고 있으며, 많은 농담들이 중국 인물들에 대한 지식에 의존하고 있고, 진짜 농부들에게는 의미 없을 중국의 문학적 비유들과 싯구 인용으로 포장되어 있다. 그리고 네 부분으로 나눠지는 작품구조는 어떤 면들에서 영화대본을 닮았는데, 최근에 원작을 거의 그대로 영화화해 큰 성공을 거둔 것이 한 근거이다. 첫 부분은 긴 분량의 두 사람의 만남과 결혼 이야기인데, 잘 꾸며진 문장과 부드러운 사랑의 구절들이 공공연한 에로티시즘을 가지고 있고 두 번째 부분은 이별을 그리고 있다. 그리고 세 번째 부분은 새 사또 아래에서의 고난을 그리고 있는데, 멜로드라마적인 페이소스(pathos)와 사디스트적인(sadistic) 폭력의 면에서 이 부분이 가장 서구 취향에 맞지 않는다. 그리고 마지막 부분은 그녀의 남편에 의한 여주인공의 구출을 그리고 있는데, 이 구조는 단순하지만 주제의 강조와 화려한 인용문들과 노래들의 삽입에 의해서 흥미가 유지된다. 삽화로 이루어진 구조는 느슨한 작품을 만들었고, 서구의 소설에서는 중요한 양상들인 지적인 구조와 캐릭터의 발달을 기대하는 서구의 독자들은 〈춘향가〉에서 그것들을 찾을 수 없다. 남녀주인공이 방자와 향단이라는 하급계층의 하인들을 데리고 있다는 점에서는 셰익스피어의 남녀주인공들과 같지만, 몽룡과 춘향의 하인들이 부차적 줄거리를 만들어가지 않는다는 점에서 차이가 있으며, 대중예술작품 중의 하나를 만들어낸 영감은 개인 예술가의 솜씨라기보다는 청중의 요구들에서 온 것이다.[77] (*밑줄은 필자)

이야기 전개를 영화대본과 흡사하다고 하고, 사또의 폭력성에 대해 반감을 보이고 있다. 또 서구의 현대문학을 평가하는 잣대로 〈춘향전〉을 평가하고 있으며, 작품의 적층문학적 성격도 강조하고 있다.

한편 피터 리는 그의 앤솔러지에 〈춘향전〉의 영역[78]을 싣고 있는데, 러트의 영역본에서 일부를 가져왔다. 러트의 "The Song of a Faithful Wife, Ch'un-Hyang" 중에서 298: 8-333: 20을 발췌해서 싣고 있는데, 중간중간 생략한 부분들이 몇 군데 있다. 266면과 267면의 생략부분은

77) Rutt, Richard & Kim Chong-un, *Virtuous Women: Three Masterpieces of Traditional Korean Fiction*, pp. 239-241의 요약.
78) Peter H. Lee, "The Song of a Faithful Wife, Ch'un-Hyang", *Anthology of Korean Literature*, Honolulu: University of Hawaii Press, 1981; 1990, pp. 257-284.

별표(*)와 말줄임표(…)로 표시를 해 주고 있는데, 이야기의 길이를 줄이기 위해서 없어도 되는 부분들을 생략했다. 그리고 267면에 여러 지명이 나열되어 있는 것을 축약시키거나, 282면에 비슷한 성격의 묘사를 건너뛴 것은 기술상의 문제 때문인지 별다른 생략 표시가 없다.

8) <허생전>

〈허생전〉[79]은 연암 박지원(1737-1805)이 쓴 『연암집』 중 「열하일기」 玉匣夜話의 일부로서, 짧은 이야기지만 실학사상의 구체적인 실천이 담겨 있어 크게 주목받아 왔다. 연구대상으로 혹은 독서물로 인기 있었던 〈허생전〉은 한국에서뿐 아니라 외국에서도 중요한 한국 고소설 작품으로 다루어져 왔다. 다음 문희경[80], 피터 리[81], 매칸[82]의 세 가지 판의 번역은 모두 다른 학자들에 의해 번역되어 나름의 개성적인 문체를 보이고 있다.

먼저 정종화가 편집한 책에서는 문희경 번역의 〈허생전〉이 실려 있다. 이 책에는 여러 작품들이 있는데, 역시 문희경의 번역으로 연암의 다른 소설인 〈호질〉과 〈양반전〉도 실려 있다.

그리고 피터 리의 책에는 다른 학자들의 번역작품 몇 편 이외에는 모두 자신이 번역한 작품들을 싣고 있는데, 〈허생전〉도 자신의 번역작 중 하나다. 피터 리는 한국 현대문학 작품도 많이 번역 소개하였지만, 특히 고전문학 작품들의 번역과 연구는 타의 추종을 불허한다. 아마도 한국과

---

79) 한문원전과 국역본의 인용면수는 다음 책의 면수를 뜻한다. 또 한문원전은 '허漢', 국문원전은 '허한'으로 표기한다.
李家源 譯, 『燕巖·文無子小說精選』, 博英社, 1974.

80) "The Tale of Huh-saeng", Chung Chong-wha, *Korean Classical Literature: An Anthology*, London: Kegan Paul International, 1989.

81) "The Story of Master Hŏ〔Hŏsaeng chŏn〕", Peter H. Lee, *Anthology of Korean Literature*, Honolulu: University of Hawaii Press, 1981; 1990.

82) "The Story of Master Hŏ", David R. McCann, *Early Korean Literature-Selections and Introductions*, Columbia University Press, 2000.

서구에서 두루 공부[83]하여 한문과 영문에 능통한 몇 안 되는 학자이기 때문일 것이다. 영역에 있어서, 한문원전에 충실한 것이 큰 특징이다.

또 매칸은 아무래도 영어를 모국어로 하는 학자라서인지 영역본의 문체가 읽기 쉽고 편하다.

앞에서도 언급했듯이, 이상 세 종류의 영역본 가운데에서 문희경의 영역본은 장효현에 의해서 고찰[84]된 바 있다. 그는 문희경의 "The Tale of Huh-saeng"이 연암의 한문 원본이 아닌, 이가원의 국문번역본을 대본으로 하여 영역작업을 했음을 상기시키면서, 이 과정에서 빚어진 오류들을 지적했다. 한문으로 쓰인 고소설 영역작업의 경우, 한문원전에 있는 故事나 역사적 배경에 대한 깊이 있는 이해가 있어야 하는 어려운 작업임을 다시 한번 깨닫게 해 주는 연구결과다.

문희경은 허생의 입을 통해서 박지원 자신의 경제관을 피력하고 있다고 했다. 한국의 경제활동이 위축되어 있는 것은 수레와 도로의 부족에 기인한 불충분하고 느린 상품의 유통 때문이라는 박지원의 불평을 허생이 대신 이야기해 주고 있다는 것이다.[85] 피터 리는 허생이 양반의 신분으로서는 파격으로 상인이 되었다고 이야기한다. 그리고 상층의 허위허식을 비꼬면서, 자립할 수 있는 이상사회를 꿈꾸었다고 말하고 있다. 그는 허생은 홍길동과는 달리 개척자라고 말하며 한 수 위로 평가하고 있다. 또 이전의 소설과 달리 특이하게 〈허생전〉의 처음과 끝부분이 허생이 사는 집의 묘사로 이루어진 것이 흥미롭다고 이야기하고 있다.[86]

---

83) He was educated at Seoul, Yale, Fribourg, Florence, Oxford, and Munich, where he received his Ph.D. in 1958.
Peter H. Lee, *Korean Literature: Topics and Theme*, The University of Arizona Press, 1965, p. 142.

84) 장효현, 「韓國 古典小說 英譯의 제 문제」, 『韓國古典小說史硏究』, 고려대학교출판부, 2002. 11.

85) Moon Hi Kyung, "Park Ji-won(1737-1805)", *Korean Classical Literature*, London: Kegan Paul International, 1989, p. 16.

86) Peter Lee, *Anthology of Korean Literature*, p. 212.

그가 구체적으로 언급하지는 않았지만, 아마 이러한 기법이 근대소설의 단초를 보여주는 것이라 평가하는 듯하다. 매칸은 박지원의 이야기가 근대사로 진입하는 기미가 보이는 흥미로운 일련의 이야기들을 제공하고 있다고 했다. 그리고 후에 일제강점기 때에 이광수가 동아일보에 연재한 〈허생전〉은 한국의 진보주의를 언급하면서 허생의 사업가적인 정신과 행동을 예로 들고 있으며, 삼십 년 후 북한에서는 〈허생전〉이 전통 한국사회의 계급구조에 대한 비판문으로서 읽혀졌다고 소개하고 있다.[87] 매칸은 〈허생전〉의 이러한 가치를 높이 평가하여 소설로는 유일하게 자신의 앤솔러지에 포함시킨 것이다. 평가의 내용이 어찌되었든, 〈허생전〉이 독서물로서나 학문적 연구의 대상으로서 영어문화권에서도 큰 관심을 받고 있는 작품임에는 틀림없다.

영미독자를 위해 쓰인 다른 한국문학 개론서에서도 마찬가지로 〈허생전〉에 대해서 한국학계에서 주지하고 있는 일반적인 사항들을 소개하고 있는 정도다. 예를 들어, 피터 리의 문학사[88]에서는 〈허생전〉에서 작자는 상층의 허위의식을 비판하고, 부의 재분배를 역설했으며, 배우는 것보다는 부요케 하는 것이 먼저라는 작자 자신의 사상을 드러내주고 있다고 했다. 이외에도 박지원의 다른 소설 〈호질〉과 〈양반전〉에서도 상층의 위선을 주제로 하고 있다고 말하고 있다. 런던에서 출간된 김기청 책[89]에서는 '〈허생전〉은 理想小說로서 그의 이상사회 구현에 대한 생각을 볼 수 있으며, 이는 당시 사회에 대한 불만을 우회적으로 표현한 것이라 볼 수 있다. 또 그는 당시 양반계급에서 천시했던 경제 문제에 대한 관심을 보임으로써 실학자로서의 면모를 보이고 있다'는 요지의 설명

87) David R. McCann, *Early Korean Literature—Selections and Introductions*, Columbia University Press, 2000, pp. 77-78.

88) Peter H. Lee, *Korean Literature: Topics and Themes*, The University of Arizona Press, 1965, pp. 68-69.

89) Kichung Kim, *An Introduction to Korean Literature From Hyangga to P'ansori*, New York: M.E. Sharp Inc. 1996, pp. 174-177.

을 하고 있다. 연암은 또 실학에 대한 그의 믿음을 보여주었으며, 양반에 대한 불만을 제 밥벌이도 못하는 무능한 양반을 그린 〈양반전〉에도 나타냈다고 했다. 김기청은 〈호질〉을 포함한 그의 풍자문학에서는 양반계급에 대한 급진적인 개혁을 촉구하고 있으며, 양반들은 그들의 특권과 위선을 버리고, 생산적인 주체로서의 사회의 일원이 되기를 원했다고 말하고 있다. 그리고 모순되면서도 놀라운 점은 연암이 상층의 인물들은 나쁜 역으로, 하층의 인물들은 좋은 역으로 그리고 있다는 것이다. 이와 같이, 작품에 대한 평가가 한국에서의 그것과 그리 다르지 않은 것에는 여러 이유가 있을 것이다. 외국에서의 한국문학 연구도 한국 내의 성과를 많이 참고하기 때문이기도 하고, 집필자들 중에서 한국문학 전공자가 거의 없기 때문이다. 위의 네 명만 예로 들어보더라도, 피터 리와 매칸만이 한국문학 전공자라고 말할 수 있고, 문희경과 김기청은 영문학자이면서 한국문학에 관심을 두고 있는 경우다.

9) 〈양반전〉

〈양반전〉은 두 개의 영역본이 있는데, 피터 리의 앤솔러지에 자신의 번역으로, 정종화의 앤솔러지에 문희경의 번역으로 각각 포함되어 있다. 이야기가 짧고 서사구조가 단순하지만, 양반을 사고파는 증서의 내용이 복잡해 영역이 쉽지 않은 이야기이다. 두 사람 모두 이가원의 교주본을 대본으로 하고 있다.[90]

10) 〈호질〉

〈호질〉의 영역본은 문희경의 것이 유일하며 역시 정종화의 앤솔러지에 실려 있다. 짧지 않은 분량의 철학적인 논쟁이 들어 있어 번역이 쉽

---

90) Peter H. Lee, *Anthology of Korean Literature*, Honolulu: University of Hawaii Press, 1981; 1990, p. 308에서 원대본을 밝히고 있음.

지 않기 때문인 듯하다. 역시 이가원의 교주본을 대본으로 했다.

11) <열녀함양박씨전>

역시 연암의 작품인 〈열녀함양박씨전〉이 김기청에 의해 번역되어 자신의 한국문학 개론서에 실려 있다. 그는 개론서의 열 개의 장(Chapter) 중 한 개의 장을 연암작품 연구에 할애하고 있다. 연암작품들에 대한 여러 가지 연구 성과들을 소개한 뒤 마지막에 〈열녀함양박씨전〉의 영역을 싣고 있다. 그는 자신이 알고 있는 한 이 번역이 〈烈女咸陽朴氏傳幷序〉의 최초의 완역본일 것이라고 소개[91]하고 있는데, 한글본으로는 『李朝漢文短篇集(下)』[92]을 한문본으로는 『朴趾源小說硏究』[93]에 실린 것을 보았다고 했다. 『朴趾源小說硏究』에는 『燕巖集』이 영인되어 실려 있다.

12) <이생규장전>

물론 논란은 계속되어 오고 있지만, 우리나라 최초의 소설은 『금오신화』다. 문학사적으로 중요한 작품집이지만, 다섯 개의 작품 중 〈이생규장전〉만이 피터 리에 의해서 "Student Yi Peers Over the Wall"[94]이라는 제목으로 영역되었다. 모든 작품들이 영역되지 않은 것은 한문소설이라는 점, 삽입시가 많다는 점 때문에 문학적 가치와 재미를 가지고 있음에도 불구하고 영역이 되지 않았을 것이다. 피터 리는 소개에서 『금오신화』는 시의 교환, 귀신이 된 아내와 이야기 말미의 교훈적인 논평이 공통적인 특징들로 드러나고 있다고 했다. 그는 영역대본으로 한글본은 『국역 매월당집』[95]을, 한문본은 같은 책에 실린 『梅月堂集』의 영인본을

---

91) Kichung Kim, *An Introduction to Korean Literature From Hyangga to P'ansori*, M. E. Sharp Inc.: New York, 1996, pp. 195, 주 22).

92) 李佑成・林熒澤 譯編, 『李朝漢文短篇集(下)』, 一潮閣, 1978.

93) 金英東 著, 『朴趾源小說硏究』, 太學社, 1988.

94) Peter Lee, "Student Yi Peers Over the Wall", *Anthology of Korean Literature*, pp. 79-91.

보았다고 밝히고 있다.

13) 〈한중록〉

〈한중록〉은 그 원작의 길이가 상당히 긴 편임에도 불구하고, 세 편의 좋은 영역본이 나와 있다. 이러한 이유로 〈한중록〉은 영역된 고소설들 중에서는 가장 주목할 만한 작품이다.

먼저 그란트(Bruce K. Grant)의 영역본[96]이 있다. 이 번역본은 그란트와 김진만이 共譯한, 가장 먼저 이루어진 영역본이다. 이 책에는 전광용의 〈한중록〉에 대한 해제가 간략히 들어 있는 외에, 번역과정을 알 수 있는 내용은 들어 있지 않다. 하지만 다행히 공역자인 김진만 교수와 연락이 닿아 당시 영역과정에 대한 설명을 들을 수 있었다. 영역은 먼저 김진만에 의해 이루어졌으며, 당시 미군으로 한국에 와 있던 그란트가 영어의 표현들을 바로잡고, 다시 김진만 교수가 검토하는 식으로 이루어졌다고 한다. 영역의 과정에서 두 사람이 한번도 만난 적은 없었다고 하는데, 이상에서 보면 영역의 주체는 김진만이었고 그란트가 조언을 해 주는 식이었음을 알 수 있다. 이 영역본은 비교적 이른 시기인 1980년에 미국에서 발간되었는데, 정확한 연대는 기억할 수 없으나 국제펜클럽의 펜번역문학상을 수상하였다고 한다.

그 다음에 나온 것이 최양희의 번역[97]이다. 최양희는 한국에서 영어과 교수였고, 현재는 호주 국립대(Australian National University)에서 한국어를 가르치는 독특한 이력의 학자이다. 그가 〈한중록〉의 영역본을 내게 된 과정은 따로 쓴 글[98]에서 자세히 소개되고 있어 영역본의 이해

95) 金時習, 『국역 매월당집』 3, 세종대왕기념사업회, 1978.
본고에서도 같은 책에서 한문과 한글역본을 보았다.

96) Grant, Bruce K. & Kim Chin-man, *Han Joong Nok Reminiscences in Retirement*, New York: Larchwood Publications Ltd., 1980.

97) Choe Yang-hi, *Memoirs of a Korean Queen*, London & New York: Kegan Paul Int'l. Ltd., 1985.

에 많은 도움이 된다. 최양희는 호주 국립대학 석사논문의 일부로 번역본을 첨부한 것을 다시 개작해서, 독립된 작품으로 발간하였다. 이 영역본은 페이퍼백으로 보급되어 3판까지 출판[99]된 좋은 성과를 얻었다.

그리고 가장 최근에 나온 김자현의 영역본[100]이 있다. 김자현은 현재 컬럼비아 대학(Columbia University)의 동아시아 언어문화과(The Department of East Asian Languages & Cultures) 교수로서 문학도 가르치고 있지만, 주전공은 역사학이다. 그의 유일한 한국문학 영역서이기도 한 *The Memoirs of Lady Hyegyŏng*은 한국문예예술진흥원 한국문학번역상(The Korean Arts and Culture Foundation's Grand Prize in Translation and Critism)을 수상하기도 했다.

마지막으로 위의 세 편과는 달리 피터 리가 작품의 아주 일부만을 번역해서, 그의 앤솔러지에 실은 "from A Record of Sorrowful Days"[101]가 있다. 부분적으로 이것도 참고해 나가겠다.

알고 있다시피, 〈한중록〉은 혜경궁 홍씨의 글모음으로서, 그가 사도세자와 결혼한 뒤 겪었던 실제 이야기를 바탕으로 한 작품이다. 〈한중록〉은 그 내용이 10여 년에 걸쳐 네 차례로 나누어 집필된 글들의 모음이다.

一편: 작자 회갑년에 친정조카 守榮의 요청으로 쓴 글.
二편: 작자 67세 때 정조 승하 직후 洪鳳漢의 역적 누명, 洪樂任의 죽음 등에 충격을 받고 쓴 글.

---

98) 최양희, 「『한중록』의 영역에 부쳐」, 『한국문학의 외국어 번역』, 민음사, 1997, pp. 27-43.

99) 이성원, 「최양희 교수의 발표에 대한 논평」, 『한국문학의 외국어 번역』, 민음사, 1997, p. 63.

100) JaHyun Kim Haboush, trans., *The Memoirs of Lady Hyegyŏng: The Autobiographical Writings of a Crown Princess of Eighteenth-Century Korea*, Berkeley: University of California Press, 1996.

101) Peter H. Lee, "from A Record of Sorrowful Days", *Anthology of Korean Literature*, University of Hawaii Press, 1981.

三편: 작자 68세 때 純祖의 효성에 호소하며, 金龜柱 일파의 모함의 내막을 밝힌 글.

四편: 작자 71세 때 부친이 뒤주를 드렸다는 모함을 해명하기 위해 壬午禍變의 진상을 밝힌 글.

이 중 一편은 친정조카의 요청으로 썼고, 二·三·四편은 친정의 억울한 누명을 벗기기 위한 글들이다.[102]

먼저 그란트의 *Han Joong Nok*은 원대본을 밝히고 있지 않지만, 영역본을 살펴본 결과 金東旭이 校注한 『한듕록』[103]을 대본으로 하였다. 김동욱 교주본과 그란트의 영역본이 체제와 내용에 있어서 일치를 보이고 있다. 그리고 몇 가지 증거도 드러난다. 이 〈한중록〉 교주본에 '용되(用途) 핍졀(乏絶)흔 떡 만흘적 고뫼(姑母) 보니오시믈 기드려 불 들적이 만코'(한한, p. 370)라는 부분이 있다. 여기에서 '불을 든다'는 의미는 밥 지을 불을 피운다는 의미다. 하지만 교주본의 (주)[104]에는 香火라고 되어 있다. 그란트가 이를 따라서 'kindled the incense she sent us at sacrificial ceremonies at the time when we suffered financial privation'(한그, p. 278)이라고 영역했다.[105] 김동욱의 〈한중록〉 교주본은 一簑本을 대본으로 하고, 가람本, 羅孫本과 對校하였다.[106] 이 일사본은 국내에 있는 이본 가운데에서 가장 古本으로 알려져 있는데, 책의 편차는 위에 밝힌 작자의 저술연대와 일치하지 않는다.

---

102) 蘇在英, 「閑中錄」, 『韓國古典小說作品論』, 集文堂, 1990, p. 727.

103) 李秉岐·金東旭 校注, 『한듕록』, 韓國古典文學大系 14, 民衆書館, 1961.
이 책은 김동욱이 이본 간의 비교를 통해 빠진 내용을 나름대로 넣는 식으로 새로 만든 것이다.
김자현의 경우에는 버클리본을 대본으로 했지만, 다른 세 역자의 영역본과의 비교 편의를 위해 본고에서는 이 책을 기준 대본으로 하고 필요할 경우에만 버클리본을 인용한다.

104) 李秉岐·金東旭 校注, 앞의 책, p. 370, 주 十八.

105) 김자현은 이 부분을 'awaited provisions from my second aunt so that we could cook and heat the house'(한김, p. 132)라고 옳게 옮겼다.

106) 李秉岐·金東旭 校注, 『한듕록』, 韓國古典文學大系 14, 民衆書館, 1961, p. 3.

一편의 전반→四편→二편→三편→一편의 후반(일사본)
一편의 전반→四편→一편의 후반→二편→三편(가람본과 나손본)

이와 같은 순서로 이루어져 있는데, 김동욱 교주본은 가람본과 나손본의 순서와 체제를 그대로 따르고 있다. 따라서 이를 대본으로 한 그란트의 영역본은 이와 같은 순서로 이루어져 있으며, 체제도 이 『한듕록』을 그대로 따라 6개의 장(chapter)으로 이루어져 있는데, 이는 사건이 일어난 순서대로 구성된 것이다.

다음 최양희의 *Memoirs of a Korean Queen*도 같은 책을 대본으로 했다. 하지만 그란트의 번역과 크게 다른 점은 一편의 전반과 四편만을 번역했다는 점이다.[107] 즉 김동욱 교주 〈한듕록〉[108]의 3장까지만을 영역한 것으로, *Memoirs of a Korean Queen*도 3개의 장(chapter)으로 이루어져 있다. 그는 임오사화의 시말이 이 부분에 완전히 포함되어 있으므로, 전반부만을 번역해서 책 한 권을 만드는 데에 별 무리가 없다고 설명하고 있다.[109] 따라서 그의 영역본은 분량이 다른 영역본의 반 정도 되어 문고판 사이즈로 출판이 가능했으며, 독자들에게는 읽기에 부담을 덜 느낄 수도 있었을 것이다. 본문 앞의 간략한 서문과 함께, 마지막에는 등장인물의 소개와 궁궐의 지도가 부록으로 붙어 있다. 〈한중록〉은 워낙 길고, 많은 인물들이 나오고 이들 간의 관계가 복잡해서 인물들에 대한 소개는 독자에게 아주 도움이 된다. 또 이야기의 거의 대부분 궁궐 내에서 일어나고, 궁궐 내 건물들의 위치 이해가 중요한 부분이기

107) 'This translation is based on the first three chapters of the collated *Ilsa and Karam* manuscript collections, reprinted under the title of *Handyung nok*, in Seoul in 1961.' Choe Yang-hi, 앞의 책, 서문.

108) 李秉岐·金東旭 校注, 같은 책.

109) 게다가 나머지 편에는 반복되는 부분도 많고, 단순히 순조에게 비극의 실상을 밝히려는 동기에서만 쓰인 것이 아니라고 믿어지는 부분이 허다하다고 했다. 최양희, 「『한중록』의 영역에 부쳐」, 『한국문학의 외국어 번역』, 민음사, 1997, p. 40.

때문에, 지도의 첨부는 좋은 아이디어다. 인물들 간의 계보나 궁궐의 지도는 김용숙의 책[110]에서 힌트를 얻은 듯하다.

그리고 김자현의 *The Memoirs of Lady Hyegyŏng*은 버클리본[111]을 대본으로 했다. 김자현은 책의 서문에서 가장 중요한 3가지 이본으로, 서울대 규장각 도서관에 있는 가람본과 일사본, 버클리 대학(U.C. Berkeley) 아사미 문고(Asami collection)에 있는 버클리본을 소개했다. 그리고 가장 원본에 가깝다고 생각되는 버클리D본[112]을 대본으로 했다고 밝혔다. 이 버클리D본도 가람본이나 나손본과 같은 순서로 이루어져 있지만, 김자현은 혜경궁 홍씨가 처음에 집필했던 순서를 따라서 一편→二편→三편→四편으로 번역해 실었다. 따라서 본문은 The Memoir of 1795→The Memoir of 1801→The Memoir of 1802→The Memoir of 1805의 순서로 되어 있다. 그는 원본의 순서를 복원하는 데 가치를 둔 것인데, 이는 작자의 저술시간의 흐름을 따라 읽어나갈 수 있다는 큰 장점이 있다.

버클리본에는 다섯 종류가 있다.[113] 이 중에서 전편이 모두 갖춰진 것으로는 두 가지 이본이 있는데, 이 중 하나인 버클리D본이 현전하는 〈한중록〉 이본 중에서 전편이 갖추어진 가장 선본이다. 따라서 김자현은 이를 대본으로 영역을 마쳤지만, 나중에 버클리A본을 발견하게 된다. 이 버클리A본은 一편만을 가지고 있지만, 가장 원본에 가까운 모습을 가지고 있어, 'The Memoir of 1795' 부분은 이 버클리A본을 따라서 다시 번역했다. 새로 번역된 버클리A본은 기존의 이본들과는 달리 작자가 쓴 원본에 가까운 점[114]이 많이 발견된다.

---

110) 金用淑, 『閑中錄硏究』, 韓國硏究院, 1983.

111) 다음의 책에 〈버클리A본 한중록〉의 영인본이 실려 있다.
洪起元 校註, 「惠慶宮 洪氏 親筆典本(寶藏一)」, 『泣血錄(읍혈녹)』, 民俗苑, 1992, pp. 381-616.

112) 편의상 金用淑의 같은 책, p. 23의 명칭을 따랐다. 그는 버클리본 〈한중록〉 異本 5種을 A, B, C, D, E본으로 명명하고 있다.

113) 같은 곳.

*The Memoirs of Lady Hyegyŏng*에는 본문 이외에도 긴 서문(Introduction)과 다양한 부록(Appendix)이 있다. 먼저 서문에서는 작자의 생애에 대한 이야기와 함께, 〈한중록〉이 작자의 자서전적인 문학으로서 동양은 물론 서양에서도 매우 드문 여성의 자서전임에 그 가치를 두고 있다. 또 작품이 쓰인 배경에 대해서도 설명하면서, 한국에서의 〈한중록〉의 장르적 성격에 대한 논란도 언급하고 있다. 그는 왕과 그 아들의 매우 공적인 이야기를 며느리의 입장에서 사적으로 풀어 쓴 한편 그녀의 사적인 기억을 공적인 역사로 풀어내었다고 평가하고 있다. 그리고 작품의 내용 소개, 원대본에 대한 설명, 번역에 있어서의 원칙 등도 이야기하고 있다.

마지막으로 피터 리의 영역은 혜경궁 홍씨가 사도세자의 빈으로 뽑혀 궁으로 들어가게 되기까지의 이야기를 영역한 것인데, 아주 애절한 내용이다. 사실 원전에서도 사도세자가 죽음을 맞이하는 부분보다 더 감동적인 묘사인, 〈한중록〉에서 가장 인상 깊은 대목을 적절하게 골라냈다. 그는 여류작가의 작품을 이야기하는 장(Women Writers)에서, 〈東溟日記〉, 〈弔針文〉, 〈閨中七友爭論記〉와 함께 〈한중록〉을 소개하고 있다.

이상 네 가지 영역본은 각기 다른 언어적·학문적 배경을 가진 학자들의 영역으로서, 나름의 개성이 뚜렷하다. 이들 영역본에 대한 연구는 아직까지 없었으며, 다만 최양희의 영역본에 대해서는 최양희 자신이 영역에서의 고심한 부분들을 발표[115]한 적이 있고, 이에 대한 논평[116]이 나온 것이 있다. 하지만 나머지 영역본들에 대해서는 이러한 단편적인 언급조차 아직 없고, 번역의 구체적인 부분에 대한 고찰은 전혀 이루어지지 않고 있어, 본고에서는 네 작품의 영문을 원전과 일일이 대조하

114) 같은 책, pp. 128-130.
김용숙은 이를 거의 작자의 手稿本으로 보고 있다.
115) 최양희, 「『한중록』의 영역에 부쳐」, 『한국문학의 외국어 번역』, 민음사, 1997.
116) 이성원, 「최양희 교수의 발표에 대한 논평」, 『한국문학의 외국어 번역』, 민음사, 1997.

여 살펴보겠다.

14) <인현왕후전>

역시 〈한중록〉과 같은 궁정소설에 속하는 〈인현왕후전〉도 한 종의 영역본이 있는데, 김종운이 영역한 "The True History of Queen Inhyŏn"이 그것이다. 이 영역본은 러트의 영역본 "A Nine Cloud Dream", "The Song of a Faithful Wife Ch'un-Hyang"과 함께, *Virtuous Women: Three Masterpieces of Traditional Korean Fiction*에 실려 있다. 이 영역본은 김종운이 영역하고 러트의 아내 조안(Joan)이 다듬었다고 했고,[117] 서문은 러트가 썼다. 그는 서문에서 〈계축일기〉, 〈인현왕후전〉, 〈한중록〉이 궁중소설(Palace Literature)이라고 불린다면서, 세 작품이 모두 한글로 쓰였다는 공통점이 있지만, 〈인현왕후전〉이 가장 소설적이라고 했다. 또 일반적으로 궁중의 여인이 썼다고 믿어지고 있지만, 여성작가라고 단정할 만한 근거가 없고 오히려 원작가는 남자일 것이며, 일사본이 가장 고본이라고 했다는 박유선의 연구 성과를 인용하고 있다.

영역대본에 대해서는, 번역본은 일사본과 가람본 모두에 근거를 두고 있으며 희망출판사에서 나온 국립도서관본의 약간의 현대어판[118]을 참조했다고 밝히고 있다. 또 원대본들은 모두 장이 안 나누어져 있지만, 영역본은 다섯 장으로 나누어져 있다고 했다. 하지만 그의 소개와는 달리 실제로 영역본은 여섯 장으로 나누어져 있다. Ⅰ장은 인현왕후가 간택되어 궁중에 들어오기까지를, Ⅱ장은 인현왕후가 폐위되고 박태보가 귀양길에 죽는 일까지, Ⅲ장은 인현왕후가 복위되어 다시 궁중에 들어

117) 'I am grateful for the generous help of many people, … and to my wife, Joan for improving the English style of *The History of Queen* Inhyŏn.' Rutt, Richard & Kim Chong-un, *Virtuous Women: Three Masterpieces of Traditional Korean Fiction*, Seoul: Korean National Commission for UNESCO, 1974, p. xi.

118) 張德順 外, 『韓國古典文學全集』 ③, 希望出版社, 1964.

오는 과정을, Ⅳ장은 장희빈의 저주로 인현왕후가 죽기까지, Ⅴ장은 왕이 장희빈의 행악을 알아내고 장희빈을 죽이기까지, Ⅵ장은 후일담으로 이루어져 있다. 역자가 대본으로 한 이본들 간의 관계를 살펴보면, 국립도서관본 〈인현왕후셩덕현행록〉과 가람本 〈인현셩모민시덕힝녹〉은 같은 계열로 아주 유사하다. 그리고 一蓑本 〈민즁뎐덕힝녹〉은 분량이 적은데, 앞의 두 이본보다 고본[119]으로 알려져 있다. 영역본과 이들 원전들을 대조해 본 결과, 일사본보다는 희망출판사의 국립도서관본 현대역과 가람본을 주로 영역한 것임을 알 수 있었다.

한편 이야기를 읽기 전 현대 서양의 독자들을 위한 설명도 덧붙여져 있다. 인현왕후의 선과 장희빈의 악을 과장한 것은 일종의 풍자이며, 장희빈의 샤머니즘에 대한 의지와 왕의 반응은 전적으로 믿을 만하다고 했다. 서구인의 눈에는 이상하게 보일 법한 것들에 대한 설명을 붙인 것인데, 바람직한 작업이다.

2. 영역 양상

본 절에서는 작품들의 영역 양상을 살펴볼 것인데, 영역본과 원전과의 비교를 통해 오역의 문제, 제목의 표기문제 등을 볼 것이다.

본고에서 영역작을 살필 때, 작품이 가지고 있는 사소한 오역들을 지적함으로써 작품 전체를 수준 이하의 것으로 매도하려는 의도는 전혀 없다. '학자는 어떤 원어가 어떤 번역어에 대응하는가에 신경을 쓰는 사람이 많고, 작가와 저널리스트는 그보다는 흐름과 리듬을 중시하는 사람이 많다[120]'고 한다. 필자는 아무래도 학자의 입장에서 영역작을 읽어나가게 될 것이며, 문제들을 지적해 나가는 과정에서 필자의 의도와는 달리 대상작들이 가진 가치를 간과하는 것처럼 보일 수도 있을 듯하

119) 鄭恩任, 「〈仁顯王后傳〉 硏究史」, 『古小說硏究史』, 月印, 2002.
120) 쓰지 유미 지음, 『번역사 산책』, 이희재 옮김, 궁리, 2001, p. 152.

다. 번역작업의 어려움을 알고 있으면서도, 번역된 작품에 대해서 이러저러한 이야기를 한다는 것이 무척 미안한 일이지만, 언젠가 누군가는 해야 할 일이라 부족한 역량이나마 손을 대보았다.

1) 국문문장체 소설-<구운몽>, <홍길동전>, <임진록>, <황새결송>, <장끼전>

〈구운몽〉의 두 개의 영역본은 반세기라는 시차를 두고 발간되었다. 그리고 두 번째 번역자인 러트가 게일의 영역본을 참고한 만큼 러트의 영역이 더 나을 수밖에 없을 것이다.

〈구운몽〉의 제목은 비유적으로 쓰여 있어, 여러 가지 해석이 나올 수 있다. 게일은 *The Cloud Dream of the Nine*으로 러트는 *A Nine Cloud Dream*으로, 마지막으로 피터 리는 러트의 번역을 싣고 있지만, 제목은 바꾸어서 *A Dream of Nine Cloulds*라고 새로 붙였다. 주지하다시피 〈구운몽(九雲夢)〉에서 九는 성진과 팔선녀를 가리킨다. 게일의 제목 *The Cloud Dream of the Nine*은 '아홉 인물의 구름 같은 꿈' 정도로 해석된다. 한편 러트의 제목 *A Nine Cloud Dream*은 얼른 의미가 떠오르지는 않는다. 여기서 'nine'이 어느 단어를 수식하는지 모호하기 때문이다. 아마도 그는 九·雲·夢이라는 세 음절이 주는 뉘앙스를 살리고 싶었던 것 같다. 그는 주제가 제목에 들어 있다[121]고 했을 만큼 제목의 중요성을 이해하고 있었음에도 불구하고, 한국과 중국의 소설제목 중에 夢자로 끝나는 세 음절의 소설들에 대해 이야기[122]하며 제목도 이렇게 붙인 듯하다. 그는 서문에서 제목에 대해 이야기하고 있는데, 〈구운몽〉에서의 구름(雲)이 꿈(夢)을 수식한다고 이해되기도 하지만, 이 경

121) 'The real theme of the book is in its title.' Rutt, Richard & Kim Chong-un, 앞의 책, p. 9.

122) 'The title of the book, *Kuunmong*, means literally 'nine-cloud-dream'. Chinese and Korean novels whose three-syllable names end with the character *meng* (Korean *mong*), meaning 'dream', are legion.' 같은 책, p. 12.

우 다른 몽자류 소설에서와는 달리 쓸모없는 형용사가 되기 때문에 '구름'은 불교에서의 귀의자, 특히 방랑하는 승려를 의미하는 것으로 보는 것이 낫다고 했다.[123] 그리고 아홉(九)은 아홉 명의 등장인물들을 의미하는 것이므로, 아홉 구름들의 꿈(*A Dream of Nine Cloulds*)으로 이해하면 된다고 했다. 한편 피터 리는 원래의 제목(*A Nine Cloud Dream*)에는 의미가 명확하게 드러나지 않는다고 생각해서인지, 러트의 주에서 언급한 설명적인 다른 제목, *A Dream of Nine Cloulds*로 그의 앤솔러지에 싣고 있다.

전체적으로, 두 가지 영역본 모두 여러 개의 〈구운몽〉 원본을 대본으로 참고하여 충실하게 번역해내었다. 두 작품 중 먼저 번역된 게일의 것에서 오역이 많이 보였다. 게일의 경우 원문을 꼼꼼히 번역하려는 의욕을 가지고 있었고, 또 한국문학과 언어에 대해 뛰어난 이해를 가지고 있었으나, 외국인으로서의 한계를 보이는 부분들이 있었다. 다음 Ⅳ장에서 여러 예들을 발견하게 되는데, 한국 고유 관습이나 중국고사의 번역에서 실수들을 보였다. 또 게일은 간결한 문장으로 원대본을 그대로 옮기고 있어, 원문만으로는 이해가 어려운 부분들이 많이 보인다. 그리고 어려운 용어들이 나타나면 후주를 통해서 설명하고 있다. 반면 러트는 원대본을 그대로 옮기면서도, 주를 전혀 사용하지 않고 있다. 이해가 어려운 용어가 나타나면, 이를 본문 중에 설명을 한다든가 적당한 영어단어로 대치했기 때문이다. 이러한 두 사람의 번역기준의 차이는 번역본의

123) 'The cloud in the title is often understood to be an adjective describing the dream, but in view of the significance of the idea of the dream in novel titles of this genre, such an adjective would be otiose. On the other hand, the cloud as a symbol of the insignificance of human life is to be found in the *Analects* of Confucius, and in Buddhist usage the word 'clould' can mean a devotee, especially a wandering monk. Since the 'nine' of the title unquestionably refers to the nine chief characters who transmigrate from the life of Buddhist devotees to the dream of worldly life, it seems best to take the word 'clould' as a substantive and understand the title as 'a dream of nine clouds'.' 같은 책, pp. 12-13.

목표 독자층을 어떻게 잡고 있느냐의 결과이다. 러트는 서문에서 밝히고 있듯이, 일반 독자들의 독서의 즐거움을 위해서 주석을 달지 않았다고 한다.[124] 주가 필요한 부분에서는 본문 중에 설명을 끼워넣었으며, 상세한 설명을 필요로 하는 학생들은 한국어판을 참고할 수 있는 역량을 가지고 있어야 할 것이라고 했다.[125]

한 가지 예를 들어보자. '삼종지도(三從之道)'(구이, p. 181)는 영어문화권에서는 생소한 말이다. 그래서 게일은 'the Three Relationships'(구게, p. 143)라고 쓴 뒤 후주에서 이 단어를 설명했다.[126] 하지만 러트는 'the three rules for a woman: that she must obey her father till she marries, her husband after her wedding, and her son after her husband's death'(구러, p. 92)라고 본문에서 설명을 하고 있다. 독자층을 확실히 한 뒤, 작품 전체에서 일관성 있게 적용한다면 두 방법 모두 나쁘지 않다.

하지만 다음과 같이 일관성이 없는 경우에는 독자들이 혼란스러울 것이다.

> Government Examinations(구게, p. 22), the *kwago*(구게, p. 74), the *kwago*(examination)(구게, p. 77), the national examinations(구러, p. 155)

124) 'The text has not been annotated, because the book is intended for the general reader's enjoyment.' Rutt, Richard & Kim Chong-un, *Virtuous Women*, Preface.

125) 하지만 설명문도 아닌 文學作品의 중간에 설명을 자꾸 끼우는 것은 작품의 예술성은 고려하지 않은 번역방법이며, 한국어판을 참고할 정도의 열의와 능력을 가진 독자는 극히 드물 것이므로 권장할 만한 방법은 아니다.

126) 그런데 후주에서의 설명이 잘못되었다. 게일은 삼종지도(三從之道)가 아닌 삼강(三綱)을 설명하고 있다.
'The subject's duty to his sovereign; the son's duty to his father: the wife's duty to her husband.' James S. Gale trans. 위의 책, p. 305.

이상의 것들은 모두 '科擧'를 옮긴 것이다. 특히, 'the *kwago*'(구게, p. 74)의 경우에는 영어권 독자에게 무슨 말인지 전혀 감이 오지 않을 것이다. 서반아어의 경우지만, 프란시스코 카란사는 이와 같이 통일되지 않는 표기법에 대해, 역자의 번역에 대한 애정을 의심할 만하다고까지 말하고 있다.127) 원전에서 같은 단어가 반복될 경우에는 똑같은 단어로 번역해 주어야 독자가 혼란스럽지 않을 것이다.

마지막으로 피터 리는 그의 *Anthology of Korean Literature*128)의 '이조후기 연애소설(Later Yi Romance)'이라는 항목에 러트 번역의 *A Dream of Nine Cloulds*를 싣고 있다. 그는 러트의 *A Dream of Nine Cloulds*에서 처음 부분의 성진이 소유가 되는 장면과 마지막 부분의 소유가 성진이 되는 장면을 발췌했다. 하지만 몇몇 용어에서는 러트의 번역과 다른 것들이 보였다. 몇 가지만 살펴본다.

> 상승(上乘)의 법(구이, p. 53) holy doctrines of Mahayana(구러, p. 20) the Great Vehicle(구러리, p. 166); 염왕(閻王)(구이, p. 55) King Yama(구러, p. 21) Lord Yama(구러리, p. 167); 지부(地府)(구이, p. 56) the nether world(구러, p. 22) the under world(구러리, p. 168); 음혼관(陰魂關)(노존B, p. 30) the Gate of Hades(구러, p. 22) the gate(구러리, p. 168); 삼라전(森羅殿)(구이, p. 56) the presence-chamber(구러, p. 22) the audience chamber(구러리, p. 168)

모두 종교용어들임을 알 수 있다. 피터 리는 자신의 앤솔러지의 다른 작품들과 일관성을 갖게 하기 위해서 나름대로 용어들을 바꾼 것이다.

---

127) '한국 시를 번역하면서 한 페이지 안에 〈el buda〉, 〈Buda〉, 〈la buda〉가 함께 나온다면, 이것은 공역자인 외국인 역자의 번역에 대한 애정을 의심할 만한 것이다.' 프란시스코 카란사, 「한국 문학 작품의 서반아어 번역」, 『한국문학의 외국어 번역』, 민음사, p. 197.

128) Peter H. Lee, *Anthology of Korean Literature*, Honolulu: University of Hawaii Press, 1981; 1990, pp. 161-176.

이와 같이, 번역은 용어 하나에 있어서도 역자마다 고유의 개성이 묻어나며, 이는 작품의 분위기를 결정짓는 중요한 요소의 하나이다. 〈구운몽〉의 번역본들은 모두 원전에 충실함에도 불구하고, 목표 독자층이 다름으로 인해 실제 번역의 세세한 부분들에 있어서는 많은 차이를 보이고 있음을 알 수 있다.

〈홍길동전〉의 제목 "The Tale of Hong Kiltong"은 그냥 한글제목을 그대로 옮긴 것이다. 제목이 말해 주는 것은 없지만, 'Hong Kitong'이 주는 어감이 서구인에게는 이국적으로 들릴 것이다. 보통 제목을 영역할 때, 한글소설 원본의 제목이 훌륭하다면 그냥 번역해 버리면 그만이지만, 원본의 제목에 문제가 있다면 번역에 있어서도 고민이 필요하다.

전체적으로 보면 "The Tale of Hong Kiltong"에서는 역자인 마샬 필(Marshall R. Pihl)이 영어원어민인 만큼 단어의 의미를 잘못 옮긴 것들이 많이 보인다.

*The Record of the Black Dragon Year*는 〈임진록〉을 그대로 옮긴 제목이다. 한국인이라면 〈임진록〉이라는 제목만으로도 임진왜란을 연상할 수 있지만, 서구의 독자는 이 제목만으로는 작품의 내용이나 장르를 전혀 짐작할 수 없다. 여기서도 임진년을 'Black Dragon Year'라고 옮긴 것이 이국적인 분위기를 자아내어 흥미를 불러일으키는 좋은 표현이다.

*The Record of the Black Dragon Year*는 전체적으로 충실한 번역이지만, 약간 문제가 되는 부분들이 있었다. 그중 하나 예를 들자면, '조선'을 'Chosŏn'(임리, p. 79, p. 89)과 'Korea'(임리, p. 105, p. 112) 두 가지로 옮기고 있다. 이와 같은 번역작에서는 한 개의 고유명사는 한 가지 단어로 옮겨 주는 것이 혼란을 피할 수 있다. 더구나 원전에서는 '한국(Korea)'이라는 명칭이 전혀 나오지 않고 있는데, 이 같은 경우에는 'Chosŏn'으로 통일을 해 주는 것이 훨씬 작품 이해에 도움이 된다.

〈임진록〉은 또한 적층문학의 성격이 강한 이본이니만큼 내용에 있어서도 논리적으로 문제가 되는 경우가 많다. 예를 들어, 뒤에서 '구십만

석'(임한, p. 140)이라고 나오는데, 앞에는 '구만여 석'(임한, p. 139)이라고 서로 일치하지 않게 쓰여 있는 것을 역자가 합리적 개작을 가해 앞의 것도 '900,000sacks(sŏk)'(임리, p. 86)로 옮겼다. 또 '왜진 중에서 한 장수가 나오거늘, … 이는 서철걸과 서철배라'(임한, p. 140)라는 부분에서는 '두 장수'라고 바꿔 주어야 하는데, 역시 이도 'two generals'(임리, p. 86)라고 바로잡아 주었다.

전쟁이야기는 인류 공통의 흥미사이므로 〈임진록〉은 좋은 번역대상 작품이다. 또 한국 역사를 재미있게 알린다는 측면에서도 좋은 작품이다. 피터 리는 *The Record of the Black Dragon Year*의 서문에서 일본인이 한국인의 코를 잘라 쌓았다는 '코무덤'의 존재도 언급하고 있는데, 고소설이야말로 이러한 사실들을 서구인에게 자연스레 알리는 좋은 도구이다. 반면, '조선'을 낮추어 부르던 '신의 나라'(임한, p. 134), 'Your subject's country'(임리, p. 78), '동국'(임한, p. 134) 'the Eastern Country'(임리, p. 79) 등의 표현은 외국인에게는 보이기 싫은 부분들이다. 그러나 서구인들이 한국에 대한 깊은 이해를 가지게 하기 위해, 일본이 과거 우리나라를 침략했던 역사사실이나 우리나라의 부끄러운 과거 모두를 있는 그대로 보이는 것이 중요하다.

한편 우화소설은 그 성격상 독자의 연령층이 폭넓고, 타문화권의 독자들에게도 쉽게 호소할 수 있는 장르다. 하지만 한편으로는 교훈성을 가지고 있거나 사회상을 반영하고 있다는 면에서는 이해가 까다로운 장르이기도 하다. 따라서 영역 우화소설들이 영어권 독자들에게 어떻게 받아들여질지도 고려되어야 할 문제다.

〈황새결송〉은 "The Stork Decides a Case"로, 〈장끼전〉은 "The Story of a Pheasant Cock"으로 옮겼다. 우화소설의 제목이다 보니, 그대로 옮겨도 흥미로운 제목들이 되었다.

두 작품 모두 중간에 생략된 부분들이 보인다. "The Stork Decides a Case"는 전체적으로 쉬운 번역, 충실한 번역으로 오역이 거의 안보였다.

짧은 이야기인 탓도 있겠지만, 역자의 꼼꼼한 번역태도 덕분인 듯하다. 약간 복잡한 듯한 부분을 의역한 것이나, 열거된 동물 이름이 너무 많고 번역도 까다로워 몇 가지를 생략한 것을 제외하고는 전체적으로 그대로 옮겼다.

"The Story of a Pheasant Cock"도 마찬가지 이유로 오역이 거의 안 보였다. 작품이 짧고, 역자가 꼼꼼히 번역을 했고, 번역을 건너뛴 부분들이 있기 때문일 것이다. 간략히 번역하려는 바람에 해석을 안 하고 건너뛴 부분들이 많았다.[129] 보통 기본 줄거리는 이해가 쉽고 수식어들의 이해가 어려운 만큼, 번역이 까다로운 부분들을 그냥 생략하고 넘어간다 하더라도, 전체적인 줄거리의 이해에는 별 영향을 주지 못하는 것이 일반적이다.

두 작품 모두 쉽게 읽을 수 있도록 영역되었다.

2) 판소리계 소설-<심청전>, <춘향전>

판소리계 소설은 이본 간의 편차가 크기 때문에, 대본을 선택하는 작업이 영역본의 성격에 큰 영향을 준다. 창본의 영향이 많은 완판계와 소설본으로서의 성격이 강한 경판 두 가지 중에서 어느 것을 선택하는가는 역자의 문학관에 달려 있는 것이다. 여기서는 〈심청전〉과 〈춘향전〉을 볼 것인데, 판소리계 소설 중에는 〈춘향전〉이 한국내외에서 가장 많이 알려져 있고, 영역본도 여러 가지가 나와 있다. 하지만 여러 사람에게 읽힌 영역본은 〈심청전〉이 두 편, 〈춘향전〉이 한 편이며, 세 편 모두 완성도가 높은 번역본들이다.

〈심청전〉은 두 가지 제목을 가지고 있다. 마샬 필의 영역본의 제목은

---

129) 다음 페이지들에서 번역을 생략한 부분들이 보였다. 그런데, 무슨 이유에서인지 피터 리는 그냥 넘어가는 부분들 중에 단 두 군데만 말줄임표(…)를 써주고 있다. Peter H. Lee, "The Story of a Pheasant Cock", *Anthology of Korean Literature*, Honolulu: University of Hawaii Press, 1981; 1990, p. 228, p. 232, p. 233, p. 234, p. 235.

"The Song of Shim Ch'ŏng"이며, 스킬렌드의 영역본 제목은 "The Story of Sim Chung"이다. 마샬 필은 〈심청가〉로, 스킬렌드는 〈심청전〉으로 옮긴 셈인데, 마샬 필은 완판 〈심청전〉을 옮기면서도 "The Song of Shim Ch'ŏng" 즉 〈심청가〉로 번역하고 있어, 그가 완판의 판소리적 성격을 강조하고 있다는 것을 알 수 있다.

판소리계 소설의 해독의 어려움을 생각해 볼 때, 마샬 필의 영역본 "The Song of Shim Ch'ŏng"에서는 오역이 별로 눈에 뜨이지 않는 편이다. 하지만 한국어의 관용구에 익숙하지 않아 생긴 경우들이 보인다. 마샬 필의 "The Song of Shim Ch'ŏng"은 김자현의 *The Memoirs of Lady Hyegyŏng* 다음 가는 상세한 주를 가지고 있다. 주는 모두 후주로 달려 있는데, 물론 한국의 교주본보다도 자세하다. 아무래도 문화의 차이 등을 설명하려면 어쩔 수 없이 많은 주가 필요할 것이다. 또 등장인물들의 호칭을 원 대본 그대로 옮겨준 뒤 명칭의 혼란을 막기 위해 후주[130]에서 등장인물의 이름들과 관계를 차트로 만들어서 실었다.

적층문학의 성격이 강한 판소리계 소설의 경우에는 앞뒤가 일치하지 않는 부분들이 있는데, 원작의 문맥상 오류가 있는 것을 바로잡고 있다.

먼저 판소리계 소설인 〈완판 심청전〉의 영역 "The Song of Shim Ch'ŏng"에서는 그냥 일단 원전대로 옮겨준 후 후주에서 바로잡고 있다. 예를 들어 뱃사람들이 심봉사를 위해 따로 쌀 '이빅석'(심완, p. 192)을 주었는데, 바로 뒤에서는 '삼빅석'(심완, p. 192)으로 잘못 쓰여 있다. 이를 마샬 필은 일단 그대로 'three hundred sacks'(심필, p. 167)로 옮긴 뒤 후주에서 'two hundred'가 맞다고 이야기[131]하고 있다.

또 역자가 굳이 주에서 개입한 부분이 있다. 〈심청전〉에서 성(性)적인

130) Marshall R. Pihl, *The Korean Singer of Tales*, Harvard University Press, 1994, pp. 271-272.

131) Marshall R. Pihl, "The Song of Shim Ch'ŏng", *The Korean Singer of Tales*, Harvard University Press, 1994, p. 260.

표현이 군데군데 나타나는데, 제일 처음 나온 이러한 표현은 '심봉사 ᄃᆡ소ᄒᆞ고 아기샷셜 만져보니 손이 나루ᄇᆡ 지ᄂᆡ듯 문듯 지ᄂᆡ가니 아ᄆᆡ도 무근 조ᄀᆡ가 힛조ᄀᆡ 나아나부'(심완, p. 180)이다. 마샬 필은 이를 'Blindman Shim laughed heartily and felt between the baby's legs. His hand slipped through without a pause like a ferry on its crossing. "It seems as if the old clam has produced a fresh one!"' (심필, p. 128)으로 옮긴 뒤 후주에서 'felt between....'의 부분 해석은 김동욱의 것을 따랐다고 밝혔다.[132] 별로 의문의 여지가 없는 해석인데도 굳이 출처를 밝힌 것은 성적인 표현들이 가감없이 그대로 옮긴 것임을 변명하는 것인 듯하다.

스킬렌드의 번역 "The Story of Sim Chung"에도 오역들이 약간 있었다. 아마도 좋은 한글 교주본을 참조하지 못한 듯하다. 대부분 단어의 뜻이 잘못 해석된 경우들이며, 전체적으로 무난한 번역이다. 주를 달지 않았고, 한국어 음대로 옮기지도 않고, 글자 뜻을 풀어서 일반 독자들도 쉽게 읽을 수 있도록 번역했다. 하지만 한국문학을 전공하거나 관심을 가지고 있는 독자들이 읽을 법한 한국문학 앤솔러지에 실린 글치고는 지나치게 영어화된 번역이다.

영역된 소설 가운데서 역시 가장 많은 종류를 자랑하는 것은 〈춘향전〉이다. 그런데 아주 오래전의 영역본 가운데에서, 제목을 *The Fragrance of Spring*[133]이라고 붙인 것이 있다. 春香을 한자 훈 그대로 번역한 것이다. 하지만 고유명사인 춘향은 그 글자의 뜻으로 옮겨서는 안 될 것이다. '봄의 향기'라고 붙인 제목에서 독자는 작품내용이 봄의 향기와 같은 이미지를 가지고 있다고 연상할 것이기 때문이다. 차라리 일부 영역본에서 보이는 춘향의 로마자 표기 *Chun-hyang*이 적절한 제목일 듯하다. 러트의 경우에는 완판을 번역하다 보니, 제목도 '열녀춘

---

132) Marshall R. Pihl, 같은 책, p. 253.
133) Edward J. Urquhart, *The Fragrance of Spring*, 時兆社, 1929.

향수절가'를 따라서 "The Song of a Faithful Wife, Ch'un-Hyang"134)으로 만들었다. 작품의 주제를 어느 정도 짐작해 볼 수 있는 적절한 번역이다.

러트는 다양한 표현이 많이 나오는 〈열녀춘향수절가〉를 별 무리 없이 번역하였다. 그럼에도 워낙 작품이 표현의 난이도가 높은지라, 오역들이 간간히 보였다. 그리고 러트는 그의 〈춘향전〉 영역도 앞의 〈구운몽〉 영역과 마찬가지로, 영역작품이 읽고 즐기고 원작이 의도하는 즐거움을 주기 위해 이루어졌다고 밝히고 있다. 따라서 그는 주를 사용하지 않았고, 대신 작품의 앞부분에 작품의 이해를 위한 사회적·문학적 배경을 상세히 서술하고 있다. 사회적 배경으로는 예를 들어, 한국의 전통생활양식에는 가구가 거의 없다든지, 기생이 어떤 존재인지, '이팔청춘'이라는 말이 어떤 의미인지에 대해서 상세히 밝히고 있는 식이다. 또 문학적 배경으로는 한국에서의 한자교육이 중세유럽교육의 라틴어와 같은 것이라고 밝히고 있는데, 이는 외견상 한국문학이 중국문학의 엄청난 영향 아래에서 독자성이 없는 듯 보이는 것에 대해 서구인들로 하여금 오해하지 않게 할 효과적인 설명이다. 그리고 중국 이야기의 언급은 알고 보면 한정된 예들이라며 대표적인 다섯 가지—유명한 미인들, 삼국지연의의 인물과 사건들, 소상강과 동정호 지역의 전설, 전설적인 태고의 통치자들, 서왕모에 대한 이야기 등—에 대해 설명하고 있다. 이러한 지식들은 다른 고소설을 읽는 데도 아주 유용한 것들이다.

그리고 그는 한자어와 한국어의 동음이의어(同音異議語)들이 외국인 독자에게는 지루할 뿐이라는 점을 지적하고 있다. 또 〈구운몽〉을 영역한 영역자로서 〈춘향전〉 작품 중간에 두 차례 언급된 〈구운몽〉의 인용을 지적하기도 했다.

---

134) "The Song of a Faithful Wife, Ch'un-Hyang", Rutt, Richard & Kim Chong-un, *Virtuous Women: Three Masterpieces of Traditional Korean Fiction*, Seoul: Korean National Commission for UNESCO, 1974.

러트는 〈열녀춘향수절가〉를 전체적으로 충실하게 번역했으나, 부분적으로 자신의 가치관에 따라 변개한 것들이 있다.

> 짝한 이리로다 나무 집 늘근이는 리롱징도 잇난이라마는 귀 너무 발근 것도 예상일 안이로다 글러한다 하제마는 글헐이가 웨 잇슬고 도련임 딕경하야(춘한, p. 323)
>
> The boy was very worried.(춘러, p. 265)

> 첩첩수심 어린 거시 가장 싱각 절노나셔, 초당젼 화계상 담부 피여 입부다 물고 이리져리 단이다가(춘한, p. 334)
>
> she will think of her master and go outside, walking up and down the garden pathes,(춘러, p. 287)

> 인사가 그러코는 벼살은 컨이와 닉 좃도 못하졔(춘한, p. 350)
>
> I don't care what rank he has risen to, he isn't worth the water in my chamber-pot.(춘러, p. 320)

먼저 첫 문장은 이몽룡이 아버지에 대한 불만을 이야기하고 있는 것인데, 도련님이 매우 걱정한다는 정도로만 옮기면서 해석을 안 했다. 쓸데없는 농담을 쓰지 않고 만 것인지 아버지에 대한 점잖치 못한 표현을 산개한 것인지 알 수 없다. 또 춘향이가 담배 피우는 부분은 번역을 안 했다. 이는 열다섯 살밖에 안 된 춘향이가 담배를 피우는 것이 작가의 가치관에 용납되지 않았기 때문에 변개된 것이다. 그리고 마지막 경우도 작가의 가치관에 따라 변개된 부분인데, '닉 좃도 못하졔'를 '요강의 물만도 못하다'고 순화시켜 표현한 것이다. 이러한 부분들은 아마도 역자의 가치관에도 맞지 않고, 한국이란 나라의 문학이 너무 비속한 것으로 서구인들에게 보이는 것을 우려한 결과인 듯하다.

한편 피터 리는 러트의 "The Song of a Faithful Wife, Ch'un-Hyang"을 자신의 앤솔러지에 그대로 실으면서, 단순한 생략과 축약 이외에 변개한 것들이 있다.

먼저 'What has my daughter done wrong?'(춘러, p. 306)을 'What has my daughter done!'(춘러리, p. 265)으로, 'the common people'(춘러, p. 330)을 그냥 'the people'(춘러리, p. 281)로, 'the town of Namwŏn'(춘러, p. 332)을 'Namwŏn'(춘러리, p. 283)으로 옮기는 등 의미상 필요 없는 단어들을 버린 부분들이 보인다.

이렇게 간단히 손질한 것을 넘어서, 오역을 바로잡은 부분들도 있다. 먼저 장적(張籍)의 〈추사(秋思)〉 시에서 차용한 '힝인이 임발우기봉'(춘한, p. 350)은 '행인이 길을 떠날 때, 다시 편지를 열어본다'는 뜻인데, 러트는 'The traveler set out on his way,/ And then the letter was opened'(춘러, p. 321)라고 영역했다. 길을 떠나기 전에 열어봐야 할 편지가 떠난 후에 편지를 열어보는 것으로 되어 있고, 편지를 여는 주체가 누구인지도 모호하게 되어 있다. 이를 피터 리는 'The traveler about to set out on his way,/ I open the letter once again'(춘러리, p. 272)으로 정확하게 다시 옮겼다. 그리고 '노풀 고쪼'(춘한, p. 355)라고 한 것을 *ko*, meaning 'louder'(춘러, p. 330)로 쓰고 있는데, 이는 이야기 뒷부분의 '소리가 높다'는 의미와 연결시키기 위해서 'louder'를 쓴 것이다. 하지만 高의 원래 字意를 그대로 옮기는 것이 옳다고 판단한 피터 리는 이를 *ko*, meaning 'high'(춘러리, p. 281)로 쓰고 있다. 한편 러트가 서문에서 한국의 가구에 대해서 굳이 설명했을 정도로 한국과 서구의 생활은 큰 차이가 있다. 예를 들어, 모반에 받친 음식을 러트가 'the table of food'(춘러, p. 326)라고 한 것을 피터 리는 'the tray of food'(춘러리, p. 276)로 바꾸어 주었다. 서양인의 개념에서 테이블은 이동하지 않고 한군데에 두는 가구인 데 반해, 한국의 상은 항상 이리저리 옮기고, 넣어놓았다 꺼내 쓰는 물건과 같은 것이다. 따라서 상을 'table'이라고 했을 때는 뒤에 "Hyangdan, take the table away"(춘러, p. 326)라는 말이 이상하게 들린다. 여종이 테이블을 번쩍 들어 치우는 모습이 머리에 그려지기 때문이다. 따라서 피터 리의 번역이 합리적이다.

또 지명, 관직명, 건물명과 같은 고유명사의 표기는 피터 리의 기준에 따라 다시 옮겨졌다.

삼쳔동(춘한, p. 343), Samch'ŏng-dong, the Three Springs Vale(춘러, p. 303), the Three Springs Vale(춘러리, p. 264)

뎌졔학(춘한, p. 348), The rector of the Confucian college(춘러, p. 315), The rector of the National Academy(춘러리, p. 266)

광한루(춘한, p. 351), Kwanghal-lu(춘러, p. 323), Kwanghan Pavillion(춘러리, p. 273)

지리산(춘한, p. 354), Chiri-san(춘러, p. 328), Mount Chiri(춘러리, p. 279)

이와 같이 피터 리는 고유명사에서 '루'나 '산'과 같이 사물의 성질을 나타내는 부분은 의미를 살려 번역한 것을 볼 수 있다. 한편 앞에서의 '이팔청춘'을 포함해서 관용적으로 쓰는 말들을 러트처럼 굳이 서구식으로 환산할 필요까지는 없다. 더구나 한국을 알리는 목적도 있는 만큼 한국의 독특한 계산법을 그대로 살려주는 것이 좋겠다.

3) 한문 소설-<허생전>, <양반전>, <호질>, <열녀함양박씨전>, <이생규장전>

문학어를 언어의 특성에 따라 장르별로 구분하면, 번역이 어려운 것은 시, 수필, 소설, 평론 순이라고[135] 한다. 이에 대해서는 다른 번역가들도 대체적으로 마찬가지 의견을 가지고 있다. 하지만 고전문학의 경

135) 민용태, 「주관적 보편성 옮겨심기-한국 시 서반아어 번역의 실제」, 『한국문학의 외국어 번역』, 민음사, 1997, p. 381.

우는 현대어로 쓰인 어느 장르들보다 번역에 어려움이 많으며, 특히 한문으로 쓰인 작품은 더하다.

한국 고소설 영역본의 제목은 무척 중요하다. 영문으로 읽는 독자들은 작품에 대한 기본 지식이 없는 상태이기 때문에, 그들에게 책을 읽고 싶은 생각이 들게 하는 제목이어야 하며, 동시에 작품의 내용을 담고 있어야 한다. 〈허생전〉의 경우에는 그 제목이 비교적 간단하여, 합의점을 찾기 쉬운 듯하다. "The Tale of Huh-saeng"(허문), "The Story of Master Hŏ"〔*Hŏsaeng chŏn*〕(허리), "The Story of Master Hŏ"(허맥) 등 세 가지 영역본 중에서 두 개의 영문 제목은 일치한다. 이와 같이 허생전은 '허생의 이야기'로 번역되었는데, 여기서 생각해 보아야 할 것은 '허생'의 표기이다. 문희경은 'Huh-saeng'으로 그대로 옮기고, 때에 따라서 'Huh'라고 쓰기도 했다. 하지만 피터 리와 매칸은 '生'을 'Master'로 번역하여 'Master Hŏ'로 제목을 붙였다. 다들 알다시피 '生'은 벼슬 없이 사는 선비를 그냥 무난하게 부르는 호칭이므로, 이에 대응하는 단어 'Master'를 썼다. 'Huh-saeng'으로 표기할 경우에는 'saeng'이 이름의 일부로 간주될 수도 있으니, 'Master'로 번역하는 것이 무난하다. 그리고 姓인 '허'를 로마자로 표기하는 경우 이전에는 여러 가지로 표기가 되었으나, 매쿤-라이샤워 시스템(McCune-Reishauer System)에 의거해서 표기해 주어야 한다.[136] 현재 한국정부에서는 국내에서의 로마자 표기에서 매쿤-라이샤워 시스템을 더 이상 쓰지 않기로 했다. 하지만 영역소설은 외국 독자를 위한 것이므로 이 시스템대로 표기해 주어야 한다고 생각한다. 이는 현재 미국 내 모든 공공 도서관에서 한국어를 표기할 때 사용하는 시스템으로, 이에 의하면 '허'의 바른 표기는 'Hŏ'이다. 또 피터 리의 "The Story of Master Hŏ"〔*Hŏsaeng chŏn*〕처럼 원제목 한글음을 로마자 표기해 주는 것이 가장 바람직한 제목표기법이 될 것이다.

---

136) 김기중 편, 『한·영우리문화용어집』, 지문당, 2001. 범례에 매쿤-라이샤워 표기법과 문화관광부 표기법의 차이가 설명되어 있다.

〈허생전〉에서는 동서양의 관습 차이를 서구에 맞게 변개한 경우가 보인다. 문화의 차이로 그대로 옮기면, 이해가 불가능한 관용구들을 변개했다.

예를 들어, 〈허생전〉에 "拂衣而去"(허한, p. 213), 즉 "소매를 휘뿌리고 가버린다"(허한, p. 16)라는 표현이 있다. 이를 피터 리의 경우 글자 그대로 해석해서, "Shaking his sleeves he took his leave"(허리, p. 217)라고 했다. 하지만 이는 매정하게 뿌리치고 가버릴 때 서양에서 쓰는 관용구는 아니다. 따라서 매칸은 "walked out"(허맥, p. 91)이라고 완곡하게 썼고, 문희경은 "he slammed out of the room"(허문, p. 32)이라고 영어에서의 자연스러운 표현으로 바꾸어 썼다.

사실 〈허생전〉의 경우는 한자로 쓰인 소설이지만 의미가 분명하게 들어오는 글이라 잣구의 해석이 그리 어렵지 않으나, 오해를 불러올 부분들이 많이 눈에 띈다. 여기에 대해서는 다음 장에서 살핀다.

전체적으로 문희경의 번역은 이가원 국역본을 충실히 번역하려 애쓴 흔적이 보이고, 피터 리의 번역도 원문의 해석에 충실한 번역이었다. 이 두 영역본에 비해 매칸의 번역은 중간중간 원문에 없는 설명을 곁들이며 해석을 해 나갔고, 전체적으로 쉽게 읽을 수 있는 영어로 옮겨져 있었다. 한국문화에 대한 이해가 없는 이들의 입장을 고려한 결과다. 그러면서도 원문을 소홀히 하지 않아, 원전의 내용을 충실히 모두 옮겼다. 이상의 세 영역본은 나름의 개성을 가진 좋은 번역이라, 독서자의 취향에 따라 선택이 가능할 것 같다.

〈양반전〉의 제목은 피터 리의 "The Story of a Yangban"〔*Yangban chŏn*〕[137]과 문희경의 "The Tale of a Yangban"[138]으로 앞의 〈허생전〉과 유사한 제목이다. 여기서 주목해야 할 점은 '양반'의 영역인데, 제목

---

137) Peter H. Lee, *Anthology of Korean Literature*, pp. 222-225.

138) Chung Chong-wha, *Korean Classical Literature: An Anthology*, London: Kegan Paul International, 1989, pp. 38-42.

들에는 '양반'을 그대로 살려주고 있다. 〈양반전〉은 본문에서 '양반'을 설명하는 대목이 나오므로, 별다른 주도 필요 없다. '양반'은 계급을 지칭하는 고유명사로, 우리가 인도의 카스트제도의 계급들을 원어로 알고 있듯이 한국의 '양반'도 위와 같이 그대로 옮겨줘야 할 것이다.

문희경이 〈호질〉을 영역한 제목은 "'Hozil' or 'The Tiger's Admonition'"으로, 영문제목을 단 방식이 문희경의 다른 번역본들과 다르다. 원음을 써주고 의미를 한 번 더 써주었는데, 원제목이 독특하기 때문인 것 같다.[139]

여기서는 역자인 문희경이 영국에서 성장한[140] 탓으로 영국식 단어를 선택하고 있는 것이 특징이다. 예를 들어, '선생'(호한, p. 31)을 'Master'가 아닌 'Squire'(호문, p. 21)로, '姓'(호한, p. 32)을 'lastname'이 아닌 'surname'(호문, p. 21)으로, '수탉'(호한, p. 32)을 'rooster'가 아닌 'cock'(호문, p. 21)으로 옮기고 있다.

〈열녀함양박씨전〉은 역자가 『燕巖集』에 「烈女咸陽朴氏傳幷序」라고 되어 있는 제목을 충실히 번역한 결과, "The Life of Mrs. Pak of Hamyang, a Faithful Wife, With Comments"라는 긴 제목으로 옮겼다. 하지만 우리가 통상 작은 글씨로 되어 있는 '幷序'를 포함하지 않은 '烈女咸陽朴氏傳'만을 제목으로 부르고 있는데 굳이 이를 영문제목에 포함시킬 필요가 있는지 의문이다.

"The Life of Mrs. Pak of Hamyang, a Faithful Wife, With Comments"의 경우 주 없이 쉽게 번역되어 있는데, 이야기의 내용이 쉬우면서도 조선 여성의 실상을 극단적으로 보여줄 수 있는 좋은 작품이다.

〈李生窺墻傳〉에서는 제목 자체에 의미가 내포되어 있기 때문에, 그대로 영어로 옮긴 "Student Yi Peers Over the Wall"도 그럴듯한 제목이 되었다. 그런데 피터 리가 '生'을 번역할 때, 앞의 〈허생전〉의 '生'은

139) 참고로, 문희경의 번역 이외의 다른 연구서들에서는 〈호질〉을 "Tiger's Rebuke"라고 부른다.

140) 장효현, 앞의 책, p. 730.

'Master'로 옮기고, 여기 〈이생규장전〉에서는 'Student'로 옮긴 것은 주인공의 연령대에 따라 적절하게 옮긴 것이다.

한문이 원전인 소설들도 대부분 한글번역본을 참조하여 번역한 것이고, "Student Yi Peers Over the Wall"만이 한문원전을 주 대본으로 해 영역했음을 알 수 있다. 한문원전을 일일이 영역해 나간 고심의 흔적을 번역의 곳곳에서 볼 수 있었다. "Student Yi Peers Over the Wall"[141]은 그대로 옮기기 복잡한 부분들을 간략히 옮기는 등의 역자 나름의 개작의 흔적들이 있었지만, 전체적으로 한문 원문에 충실한 번역이다. 이는 역자의 다른 영역본 "The Story of a Pheasant Cock" 등에서도 마찬가지였다.

서구에는 없는 습관을 서구식으로 고친 예가 보인다. 〈이생규장전〉에서 '擊節驚訝曰'(이한, p. 100), '최 처녀의 부모는 그제야 놀라면서 무릎을 쳤다'(이한, p. 327)라는 표현이 있다. 한국의 관습에서는 후회의 감정을 표시할 때 무릎을 치지만, 서양에서는 기뻐서 놀라는 표현을 할 때 무릎을 친다. 따라서 피터 리는 이를 'They beat their breasts and exclaimed'(이리, p. 86)라고 서양에서 후회의 감정을 나타내는 동작인 '가슴을 친다'는 표현으로 바꿔 옮겼다. 이는 서양의 기독교 문화와 깊은 관련이 있는데, 가톨릭에서 신앙 고백을 할 때, '내 탓이오'라며 가슴을 치는 행위가 있는 것을 보아 알 수 있다. 아무튼 이런 경우에 'They beat their knee…'라고 영역을 하고 이러한 문화적 습관의 차이를 주로 붙여서 설명한다면, 외국의 독자에게 우리의 문화적 관습에 대해서 더 많이 알릴 수 있을 것이다. 반면, 〈황새결송〉의 경우에는 원문에 '무릅흘 탕탕치며 조와ᄒᆞ여 니른말이'(황한, p. 263)가 'slapped his knees in joy'(황스, p. 53)로 그대로 옮겨졌다. 동양과 서양이 같은 관습이기 때문이다.

---

141) Peter H. Lee, "Student Yi Peers Over the Wall", *Anthology of Korean Literature*, Honolulu: University of Hawaii Press, 1981; 1990.

이상 한문소설 영역의 대본은 한문원전이 되어야 정확한 결과물이 나올 수 있을 것이다. 하지만 한문해독을 완벽하게 할 수 있는 영역자가 드물고, 한문을 바로 영문으로 옮겼을 경우 문맥의 이해가 어려운 경우가 많다는 점을 고려할 때, 한문원전과 국문번역본을 고루 참조하는 것이 영역작업의 바람직한 방법이 될 것이다.

4) 궁정서사류－<한중록>, <인현왕후전>

일찍이 소재영은 〈인현왕후전〉, 〈계축일기〉, 〈한중록〉 이상 세 작품을 '궁정소설'이라는 제명을 붙여 이를 현대 철자로 옮기고 주석과 해제를 달아 간행한 바 있다. 그 후에는 이를 바탕으로 '궁정문학의 비극성'이라는 제목으로 이 세 작품을 내용 면에서 분석 비교하고 궁중을 배경으로 다룬 역사소설의 입장에서 논한 적이 있다.[142] 이 작품들은 궁중의 일을 소재로 했다는 공통점이 있는데, 그 장르에 있어서는 이견이 있어 小說, 日記·記事文, 隨筆, 實記 記錄文學 등 여러 주장이 있어 왔다. 하지만 한국 내에서의 이러한 입장들과는 달리 영어권에서는 〈한중록〉을 소설로 보고 있으며, 〈한중록〉은 세 종의 영문 완역본이, 〈인현왕후전〉은 한 종의 영역본을 가지고 있다. 한국 고전문학에서 궁정문학이 차지하는 비중에 비해, 영어권에서 이들에 쏟는 관심은 상당하다. 한국 왕실의 일들을 소재로 한 이러한 작품이 외국인에게는 흥미로웠을 것이다.

〈한중록〉의 경우는 세 가지 영역본 모두 전혀 다른 개성 있는 제목을 달고 있다. 먼저 그란트의 *Han Joong Nok－Reminiscences in Retirement*는 원작 〈한듕록〉을 그대로 음역한 것이다. 하지만 '한중록'이란 외국인에게는 아무 의미가 없는 말이므로, 책에 대한 흥미나 정보를 줄 수 없다. 그래서 역자는 글자의 뜻을 풀어서 '퇴거 후 한가한 중에 쓴 회고록'

---

142) 蘇在英, 「閑中錄」, 『韓國古典小說作品論』, 集文堂, 1990, p. 725.

이라는 의미로 부제를 붙였다. 그러나 이 제목에선 이야기의 장르 정도만 짐작할 수 있다. 다음 최양희의 *Memoirs of a Korean Queen*은 조금 더 많은 것을 설명해 준다. 이야기의 장르와 함께 이야기의 배경도 대충 짐작이 간다. 또 동양의 왕비(Queen)에 대한 이야기는 독자의 흥미를 끌 수 있다. 역자는 이 책이 중국 책의 번역으로 오인받지 않기 위해서, 제목에 'Korea'를 넣는 것이 중요하다고 생각했다[143]고 한다. 마지막으로 김자현의 책 *The Memoirs of Lady Hyegyŏng: The Autobiographical Writings of a Crown Princess of Eighteenth-Century Korea*는 무척 긴 제목을 가지고 있다. 독자는 제목을 통해 이야기의 장르와 구체적인 배경과 작자를 알 수 있어, 부제를 기록할 수 있는 시간과 공간이 허용된다면, 나쁘지 않은 제목이다. 또 피터 리의 경우에는 "A Record of Sorrowful Days"라는 제목을 붙이고 있다.[144] 한편 파우저[145]는 〈한중록〉의 세 가지 제목에 관한 간단한 의견과 함께, 자신이 만든 제목 '*Record from the Bottom of Sadness*'를 제안하고 있는데, 〈한중록〉을 그대로 풀이한 제목이다. 작품의 성격이 전혀 짐작되지도 않고, 흥미를 끌고 있지도 못하다. 독자에 대한 정보제공이나 흥미유발에 실패하기 쉽다는 점에서, 앞의 *Memoirs of a Korean Queen*이나 *The Memoirs of Lady Hyegyŏng: The Autobiographical Writings of a Crown Princess of Eighteenth-Century Korea*보다 후퇴한 제목이다.

그런데 여기서 생각해 볼 문제는 〈한중록〉에서 '한'의 의미이다. 역자들 중에서 그란트는 *Han Joong Nok-Reminiscences in Retirement*으로 '閑'을 따랐고, 최양희와 김자현은 제목에서 '한'의 의미를 안 살렸다.

143) 최양희, 「『한중록』의 영역에 부쳐」, 『한국문학의 외국어 번역』, 민음사, 1997. p. 41.

144) Peter H. Lee, *Anthology of Korean Literature*, Honolulu: University of Hawaii Press, 1981; 1990.

145) Robert J. Fouser, 「Selection and Stylistics in Translating Classical Korean Literature」, 『民族文化研究』 第31號, 高麗大學校 民族文化研究院, 1998. 12, pp. 350-351.

피터 리는 'Sorrowful'이라는 단어를 써서 '恨'의 의미로 표현했고, 김기청[146]도 〈한중록〉의 '한'은 閑이 아닌 恨의 의미로 봐야 한다고 했다. 한국에서도 학자에 따라 다르지만, 語義의 자연스러움 때문에 『閑中錄』으로 보는 것이 낫다는 의견이 대세이다. 따라서 어느 한편에 치우치지 않는, 최양희와 김자현의 번역이 무난하다.

〈한중록〉의 영역본 모두에서 많은 오역이 발견되었는데, 작품의 길이가 긴 것도 한 원인이다. 이들이 작품의 큰 흐름을 방해할 만한 것들은 아니었지만, 부분의 이해를 어렵게 만들었다. 그란트의 번역본은 〈한중록〉의 첫 번째 영역본이라, 많은 오역이 눈에 띄었다. 최양희[147]와 김자현은 오역의 수에 있어서는 적었지만 여전히 오역의 문제를 안고 있었고, 용어의 사용에 있어서도 재고해봐야 할 것들이 있었다.

기본적으로 〈한중록〉은 4개의 글을 묶은 것이라, 전체적으로 중복되는 부분이 많다. 또 임오화변 이후의 일은 주로 혜경궁 홍씨의 친정식구들의 불행에 대한 항변들로 이루어져 있어, 독자에 따라 앞부분보다 읽는 재미가 덜할 수도 있다. 이러한 독자들의 흥미라는 측면에서는 전반부만을 번역한 최양희의 번역도 좋을 듯하다. 하지만 고소설의 해외소개라는 측면에서는 작품을 온전히 옮기는 것에 가치를 두어야 할 것이며, 작품 전체를 옮긴 그란트나 김자현의 노고를 높이 평가해야 할 것이다. 특히 김자현의 학자로서의 태도가 훌륭하다. 원작의 순서를 다시 살려내고, 가장 古本인 이본을 골라서 번역하느라 최선을 다하여 연구 텍스트로서의 가치를 가지게 하였기 때문이다.

세 가지 번역본은 시차를 두고 간행되었고, 영역자의 학문적 배경 또한 다르다. 따라서 같은 작품의 번역이지만, 무척 다른 글이 되었다. 먼

---

146) Kichung Kim, *An Introduction to Korean Literature From Hyangga to P'ansori*, New York: M. E. Sharp Inc., 1996, p. 105.

147) 최양희의 *Memoirs of a Korean Queen*은 원작을 전부 번역한 것이 아니기 때문에, 앞으로의 비교과정에서 언급이 적다.

저 용어번역에 있어서 택한 방법이 서로 다르다. 〈한중록〉은 한국인도 주석 없이 읽어 내려가기 어려운 글이며, 외국인들은 말할 나위도 없을 것이다. 일단 한국의 옛 관습과 풍습에 익숙하지 않기 때문에 생소한 용어가 나오면, 주를 달아 설명한다든가 본문에서 풀어쓸 수밖에 없다. 어느 방법을 선택할지는 원칙적으로는 독자층에 따라 달라져야 할 것이며, 고소설 영역의 경우 주(註)로 처리하는 것이 바람직할 것이다.

먼저 그란트의 책에서는 '노론(老論)'(한한, p. 42)을 'the Noron, or Old Doctrine Party'(한그, p. 54)라고 써주는 것처럼 단어를 그냥 한국어 음대로 써준다. 그리고 어려운 단어의 경우에는 본문의 흐름을 해치지 않는 범위 내에서 본문 중에 단어의 의미를 풀어주고 있다. '간턱(揀擇)'(한한, p. 18)을 'register their maiden daughters for the *kant'aek*. One girl would be selected from the *kant'aek* list to become the wife of the Crown Prince, the future queen of Korea'(한그, p. 28)라고 간택의 의미를 본문 중에 설명처럼 써 주고 있는 것이 한 예다. 최양희의 책에서는 외국인도 이해할 수 있는 영어단어로 대치하고 있다. '단오(端午)'(한한, p. 142)를 'the May festival'(한최, p. 51)로 써준 것처럼 말이다. 마지막으로 김자현의 책에서는 원단어를 한국어 음역한 뒤 각주와 후주를 마음껏 활용하고 있다. 예를 들어, '노론(老論)'(한한, p. 42)을 'Noron faction'(한김, p. 71)[148]이라고 각주와 함께 써주고 있다. 이외에 여러 각주나 후주들을 보면, 단어의 의미뿐 아니라 관련되는 역사적 사실과 사건의 이해에 필요한 관습들까지도 상세하게 풀이하

148) 다음과 같은 각주가 붙어 있다.
'During this period there were two major factions, the Noron and the Soron. In the not too distant past, enmity between these two factions had reached a point of frequent purges, executions, and banishments. However, Yŏngjo's policy was to somehow maintain a tenuous balance.' For details, see JaHyun Kim Haboush, *A Heritage of Kings: One Man's Monarchy in a Confucian World*(New York: Columbia University Press, 1988), pp. 117-165.
JaHyun Kim Haboush, 앞의 책, p. 71.

고 있다. 이는 역자가 한국역사학자로서의 지식을 잘 활용한 결과다. 따라서 주를 마음껏 활용한 김자현의 번역을 제외하고 나머지 두 편은 미진한 면이 느껴진다. 그란트의 경우 단어를 음역한 뒤 설명이 없는 경우가 많고, 인물의 이름을 원전 그대로 옮기면서 주를 달지 않아 어느 인물인지 헷갈리는 경우가 많았다. 사실 한국인이 한글로 된 원전을 읽는 경우에라도 주를 참조하지 않으면 이해가 어려운 실정이기 때문이다. 또 최양희의 경우는 원단어를 적절한 영어로 옮겨서 주가 없이 읽어나가도 별 무리가 없었지만, 한국고유의 것들이 제대로 표현되지 않고 있다. 그리고 김자현은 풍부한 주가 있어 이해에 큰 도움을 주고 있지만, 학문적 호기심이 없는 사람의 경우에는 독서의 번거로움으로 인해, 읽기를 중도에 포기할 수도 있을 것이다. 마지막으로 피터 리의 번역은 최양희와도 비슷한 경향을 보이고 있는데, 원전의 단어를 적절한 영어로 옮겼기 때문에 주를 사용하지 않고도 본문의 의미가 쉽게 이해된다. 한 가지 예를 더 들어본다. 그란트는 원문을 될 수 있는 한 그대로 옮기고 있으면서 전혀 주는 사용하고 있지 않은데, 본문에 직접 의미를 풀어서 써준 경우 이외에는 주가 필요한 경우가 많았다. 예를 들어, '갑신(甲申) 이월(二月) 처분(處分)'(한한, p. 288)은 'the royal action of February in the thirty-eighth year'(한그, p. 219)로만 옮겨져 있다. 이는 영조가 왕세손인 정조를 孝章世子의 嗣子로 처분한 일로, 교주본에는 상세한 주가 달려 있다. 주가 없으면 독자가 이해하기 힘든 사실이다. 최양희는 이 사실을 후주149)에서 설명하고 있고, 김자현은 이를 각주150)에서 설명하고 있다. 이와 같은 예는 곳곳에서 볼 수 있다.

김자현의 영역본은 오랜 기간 동안 많은 공을 들여 한 번역임을 알 수 있다. 우선은 여러 용어들의 표기와 연대의 표기들에 있어서, 확고한 기준을 세운 뒤 번역작업을 했다. 먼저 인명을 옮기는 것은 무척 복잡하

149) Yang-hi Choe-Wall, 앞의 책, p. 105, 주 14).
150) JaHyun Kim Haboush, 앞의 책, p. 88.

다. 18세기 당시에 성을 빼고 이름만을 부르는 것은 무척 무례한 일이지만, 아랫사람을 호칭할 때는 이름만을 부르는 것이 문제가 안 된다는 등의 한국 고유의 호칭법에 대한 설명을 해 주고 있다. 또 당시 궁중의 인물들은 이름 외의 호칭으로 불렸던 것을 상기시키며, 본문의 앞에 주요 인물들을 소개하는 데에 지면을 할애하고 있다. 그리고 그는 한국의 교주본과 마찬가지로 주를 통해 용어들을 설명하고 있을 뿐 아니라, 문맥만으로 이해가 어려운 내용은 주에서 당시의 관습을 설명해서 이해를 돕고 있다. 뿐만 아니라 『조선왕조실록』의 「영조실록」 등과 같은 사료에 근거하여 설명하는 치밀함을 보이고 있다. 예를 들어 '팔월(八月)의 한유(韓鍮)의 흉소(凶疏)가 다시 나니'(한한, p. 314)에서 한유가 어떤 내용의 상소를 했는지, 전혀 알 수 없다. 한글 교주본의 주[151]를 보아도 혜경궁 홍씨의 아버지를 벌하라는 내용만이 담겨 있다. 그의 죄가 무엇인지 나타나 있지 않아 궁금함을 더하는데, 김자현은 홍봉한이 사도세자를 가두라며 뒤주를 들였다는 내용의 모함이었음을 주[152]에서 설명하고 있다. 또 '네 날을 ᄎᆞ마 업시코져 ᄒᆞᆫ들 싱무명 거상(居喪)을 어이 닙어ᄂᆞ니'(한한, p. 274)를 한국인이 아닌 이들이 읽는다면, 왜 무명옷을 입은 사도세자가 영조에게 큰 꾸중을 들어야 했는지 이해할 수 없다. 이 부분에서 김자현은 흰 무명은 장례에 쓰이는 옷감이므로, 영조는 사도세자가 자신의 죽음을 바란다고 생각했다고 설명[153]을 달고 있다. 이와 같은 주들 덕분에 김자현의 영역본은 원문을 그대로 옮겼음에도 독자들에게 이해하기 어렵지 않은 글이 되었다.

역자의 판단에 따라 수정을 가한 몇 가지 예가 보인다. 다음은 〈한중록〉에서, 사도세자가 뒤주에 갇히는 날 불길한 기운을 묘사하는 부분이다.

---

151) 李秉岐・金東旭 校注, 앞의 책, p. 314, 주 9).
152) JaHyun Kim Haboush, 앞의 책, p. 97.
153) JaHyun Kim Haboush, 앞의 책, p. 326.

홀연(忽然) 가치가 슈(數)를 모르게 경츈뎐(景春殿)을 어여ᄡᅡ고 우니(한한, p. 258)

All of a sudden, a cloud of ravens(한그, p. 201)

원문에서는 까치인데, 까마귀를 뜻하는 'raven'으로 옮겼다. 예로부터 우리나라에서 까치는 상서로운 동물로 까마귀는 불길한 동물로 여겼기 때문에 역자의 판단에 따라 수정을 가한 것 같다.

또 '년ᄒᆞ여 니텬보 니후 민빅상 세 졍승이 도라가고'(한한, p. 224)는 조정의 관료들이 잇따라 죽은 일을 이야기한 것이다. 이를 'Yi Ch'ŏn-bo, and two vice presidents of the council, Yi Hu and Min Paek-sang, killed themselves in quick succession'(한최, p. 81)과 같이 자살한 것으로 번역했다. 물론 이들이 죽은 것이 자살이라는 추정[154]이 있기는 하지만, 이는 추정일 뿐이므로 원문과는 다르게 역자의 판단대로 자살로 옮겨서는 안 될 것이다.

이상 영역본들을 살펴본 결과, 모두 역자의 고심이 묻어나는 글들이었다. 최양희의 번역은 원전 전체의 반만을 옮긴 것이지만, 옮긴 분량 내에서는 원전에서 한 부분도 빠뜨림 없이 충실하게 옮겼고, 그란트와 김자현의 영역본은 원전 전체를 한 부분도 누락 없이 모두 옮겼다. 읽으면서 원전의 내용과 분위기를 그대로 표현하고자 역자들이 고민한 흔적을 그대로 느낄 수 있었다.

〈인현왕후전〉의 영문제목 "The True History of Queen Inhyŏn"은 한글 제목을 살려서 옮긴 경우이지만, 적절한 제목이다. 동양 왕비의 실제 이야기라는 정보가 독자에게 흥미를 불러일으키기 때문이다. 원한글제목이 훌륭하다면 그것을 그대로 영역해도 훌륭한 영문제목이 되

154) 'They were suspected of having committed suicide.' JaHyun Kim Haboush, 앞의 책, p. 301.
'They were thought to have killed themselves because they felt responsible for Prince Sado.' JaHyun Kim Haboush, 앞의 책, p. 85.

는 일례다.

"The True History of Queen Inhyŏn"은 전체적으로 약간씩 축약이 되어 있다. 없어도 되는 부분들을 한 문장씩 빼기도 하고, 한 문단 정도를 건너뛰기도 하며, 특히 마지막 부분은 가람본 기준으로 일곱 페이지 정도를 번역하지 않았다. 물론 이 부분은 소설로서의 전체적인 구조를 느슨하게 하는 부분이라 없는 편이 더 낫다. 전체적으로 충실한 번역이지만, 본 논문에서 살펴보는 영역본들이 거의 모두 원문을 그대로 옮기고 있기 때문에, "The True History of Queen Inhyŏn"이 가장 심한 축약을 보이고 있다고 말할 수 있다.[155] 반대로, 많은 경우 독자가 이해하기 쉽도록 상세히 부연 설명을 넣기도 한다. 다음이 그 일부 예들이다.

> 여러 부인네들 기쁘고 한편 슬퍼 혹 울고 혹 웃더란다.(인한, p. 36)
> There were many who wept as the procession passed, recalling her former misfortunes; but many more laughed joyously at seeing her happiness restored.(인김, p. 213)

> 이리한 지 삼 년이 되나 후의 신상이 만석 같으시니(인한, p. 40)
> These activities persisted for three years, but the unrelenting sorceries did not produce the desired effect.(인김, p. 218)

> 후의 병환이 진퇴하심에 여한이 없게 하고저 하심에서였다.(인한, p. 40)
> because she was gravely ill and he was afraid this might well be the last chance.(인김, p. 219)

이 정도면 원문을 상하지 않는 범위 내에서 독자의 이해를 돕는 번역이라 할 수 있겠다. 김종운의 "The True History of Queen Inhyŏn"은 같은 책에 실린 러트의 다른 영역작들과 마찬가지로 독자들의 독서의

155) 하지만 일사본도 참고하여 번역했다고 서문에서 밝혔기 때문에, 가람본을 기준으로 위와 같이 말하는 것은 무리일 수도 있다.

즐거움을 추구하고 있음은 궤를 같이 하나, 원작을 축약한 정도는 러트보다 더하다. 이 "The True History of Queen Inhyŏn"는 본고에서 다루고 있는 영역작 중 유일하게 한국에서 활동하는 한국인 학자가 영역을 했다. 본고에서 다루지 않은 한국 내 출간 번역작들까지 함께 살펴보면, 한국인 영역작의 특징은 원작을 과감하게 축약하는 경향이 있다는 사실을 알게 된다. 이는 아마도 한국어 원어민은 한국어에 능숙하므로, 작품의 큰 줄기에 필요 없다고 판단되는 부분이 쉽게 눈에 들어오고, 이를 줄이는 데에도 과감해지는 것이 아닌가 추측된다.

Ⅳ. 고소설 영역본의 문제점과 의의

1. 영역 문제들의 유형별 고찰

고소설 영역본의 가치는 원작의 내용을 얼마나 근접하게 옮겼는지와 원작을 읽었을 때 느끼는 감흥을 영어권 독자들에게도 똑같이 줄 수 있는지의 여부로 결정될 것이다. 아무리 흥미롭게 옮긴 영역작이라도, 원작과 다르게 옮긴다면 원작이 가지고 있는 문학성이 살아 있기 힘들 것이다. 그리고 원작을 그대로 옮겼다고 해도, 기계적인 번역으로 그 글자들만을 옮겨놓은 것은 흥미도 문학성도 찾기 어려울 것이다. 고소설 영역본의 평가는 위의 두 가지 가치를 기준으로 이루어져야 할 것이다.

지금까지 살펴보았듯이, 한국 고소설의 영역작업에는 고려되어야 할 여러 가지 문제들이 있다. 이들 중에서 한국 고유의 용어를 옮기는 방법, 한국 고유의 단위를 옮기는 법, 원작의 문체를 옮기는 것이 모든 작품에 공통적으로 발견되는 가장 근본적인 문제들이었다. 이와 같이 문화적 배경이 서로 다른 두 언어를 그대로 옮길 때 문화적 충돌이 일어나는 경우, 두 문화 사이의 긴장을 유지할 것인가 아니면 여하한 방법으로라도 그것을 해소할 것인가 하는 것은 전적으로 번역가의 선택에 의존[1]한다. 이때 낯선 것을 그대로 보여줌으로써 수용자들에게 많은 정보를 주는 것이 중요한데, 이 장에서는 이와 같은 낯선 문화가 만났을 때, 이들 사이의 긴장 유지를 위해 어떤 방법이 효과적일지에 대해 생각해

---

1) 문화 충돌에 관한 논의는 다음의 논문을 참조.
김윤진, 「문화충돌과 번역의 문제점」, 『불어불문학연구』 제45집, 2001, p. 26.

본다.

문체의 문제를 본격적으로 이야기한 사람은 파우저[2]다. 그는 한국고전문학 번역에서의 세 가지 큰 문제는 '세 개의 지읒'으로, 제목(제목들, 고유명사들, 호칭 등), 정확성, 재미가 그것이라고 했다.[3] 원작을 분위기 그대로 정확하게 옮겨서 독자들에게 흥미를 줄 수 있어야 한다는 것인데, 적절한 지적이다. 완벽할 수는 없다 하더라도 한국의 고어가 전달하려는 것을 현대영어로 살려낼 수 있도록 하기 위해서는 어떠한 노력이 필요할지 앞의 작품들의 실례를 통해 생각해 본다.

1) 단어와 한자의 올바른 이해

역자들이 한국문학에 정통한 이들이 대부분이라 영역들이 원대본에 충실하다. 하지만 현대소설이 아닌 고소설을 대상으로 하고 있는지라, 단어를 잘못 해석한 경우가 많았다. 특히 한자의 경우는 한 개의 음이 여러 뜻을 가지고 있어 더욱 어렵다.

마샬 필의 "The Song of Shim Ch'ŏng"에서, '눈물리 비가 되여 점점이 써러지니'(심완, p. 192)라는 대목이 있다. 여기서 눈물이 '비'가 되어 떨어지는 것을 'She lets flow tears of blood/ That fall one by one and blossom'(심필, p. 168)과 같이 '피'가 되어 떨어지는 것으로 번역했다. 그리고 '창히로 틱평주 비져 여군동취ᄒᆞ며'(심완, p. 211)에서 '여군동취'는 '與君同醉'이다. 여기서 君은 남에 대한 존칭으로 해석해서 '그대들과 함께 취해'로 번역하는 것이 옳을 텐데, 마샬 필은 君을 '임금'으

---

2) 그가 이야기하는 문체(Literary Style)는 광의의 개념으로 글의 형식적 특징 모든 것을 총체적으로 말하고 있다.

3) 'Translations of classical Korean literature suffer from three main problems, which I will the "*three chiuts*" after the letter of *hangŭl*(ㅈ) the Korean scrip, that starts each of the three words: *chaemok*(titles, proper nouns, and terms of address, etc.), *chŏnghwaksŏng*(accuracy), and *chaemi*(interest).' Robert J. Fouser, 「Selection and Stylistics in Translating Classical Korean Literature」, 『民族文化研究』 第31號, 高大民族文化研究院, 1998, p. 332.

로 보아서 'And both sovereign and people were drunk together'(심필, p. 228)로 잘못 옮겼다.

스킬렌드의 "The Story of Sim Chung"에서도, '부인 정시는 셩문지녀로 품질이 유한ᄒᆞ고'(심경, p. 493)에서 '유한ᄒᆞ고'는 'delicate'(심스, p. 114)가 아닌 'generous' 정도의 의미가 되어야 할 것이다. 또 '영낙ᄒᆞ다'(심경, p. 495)는 'your family line came to an end'(심스, p. 121)와 같이 '대가 끊기는 것'이 아니라 '살림이 쇠락한 것'을 의미한다. 아마도 스킬렌드는 심청전의 주제와 관련해서 심봉사의 후사를 잇는 사실에 집착한 나머지 이러한 오역을 한 것 같다. 또 '부ᄃᆡ 한집 ᄌᆞ식이 되어'(심경, p. 495)는 'one of our families'(심스, p. 122), 즉 '우리 중 한 집의 자식이 되어'가 아니라 '부잣집 자식이 되어'의 의미다. '한집'이 '부잣집'을 의미하기 때문이다. 그리고 '쳥이 혼혼듕 놀ᄂᆞ'(심경, p. 496)에서 '혼혼중'은 '정신이 흐리고 가물가물한 와중'의 의미일 것이다. 하지만 영역본에는 'Ch'ŏng was very happy'(심스, p. 125)라고 옮겼다. 아마도 기쁘고 흡족하다는 뜻의 '흔흔중'으로 잘못 읽어서 생긴 오역인 듯하다. 또 '부친의 고단ᄒᆞ신'(심경, p. 503)에서 '고단ᄒᆞ신'은 'physically exhausted'(심스, p. 148)와 같이 육체적으로 피곤하다는 뜻이 아니라 피붙이가 없어서 외롭다는 뜻이다.

러트의 "The Song of a Faithful Wife, Ch'un-Hyang"에서는, 먼저 단어의 뜻을 글자 그대로 역자 나름대로 해석해서 오는 오역들이 있다. 예를 들어, '식곤징(食困症)'(춘한, p. 323)은 '식사 후의 졸음'을 이야기하는 것이지만, 한자를 근거로 'pangs of indigestion'(춘러, p. 265), 즉 '소화불량' 정도로 해석했다. 그리고 '소탈한 모양'(춘한, p. 324)은 꾸밈없는 것을 이야기하는 것이지, 우아한 것 'graceful'(춘러, p. 268)은 아니다. 여기서 '도련님 첫 외입'(춘한, p. 64)에서 외입은 '誤入'의 뜻인데, '外入'으로 해석해서 'he had come to such a house'(춘러, p. 269), 즉 바깥나들이 정도의 번역이 되었다.

글자를 잘못 읽어서 생긴 오역들도 있다. '호식ᄒᆞ신 도련임이 주야호강 노르실 졔'(춘한, p. 336)에서 '노르실 졔'는 '놀다'는 의미인데, '누르다'로 읽어서, 이를 'You like pretty things, and day and night you will be restraining yourself'(춘러, p. 289)로 해석했다. 따라서 춘향 생각을 안 할 거라는 뒤의 문장과 문맥이 안 통하고 있다. 춘향의 편지 심부름을 하던 아이가 이도령을 의심스러워하는 장면의 '그 아히 방식ᄒᆞ며'(춘한, p. 351)에서 '防塞'은 '가려서 막다'는 뜻[4]인데, 역자는 '반색'으로 이해해서 'The youth changed color'(춘러, p. 322)로 잘못 번역했다. 또 신관사또가 춘향을 처음 본 자리에서 '사또 보시고 딕히하야'(춘한, p. 341)에서 대희는 大喜인데, 大戲로 잘못 읽어서 'The governor enjoyed the joke'(춘러, p. 300)와 같이 기뻐하다가 아닌 희롱하다로 역시 잘못 옮겼다. 그리고 서울 봉사는 '問數하오'라고 외우며, 시골 봉사는 '問卜하오'라고 묻는다고 한 부분(춘한, p. 346)에서는 두 단어가 차이가 있음을 강조해야 할 텐데, 'Ask your fortunes'(춘러, p. 312)로 똑같이 번역한 것도 일종의 오역이다.

〈한중록〉은 네 종의 훌륭한 영역본이 있지만, 워낙 분량이 긴 작품이라 오역들이 많이 보였다. 우리가 흔히 쓰는 '청빈(淸貧)ᄒᆞ기로 유명ᄒᆞ나'(한한, p. 14)라는 표현이 있다. 이는 깨끗하게 살다보니 가난한 것을 의미한다. 'was renowned its purity and its penury'(한그, p. 25)처럼 '청'과 '빈'을 따로 쪼개어 번역하면, 깨끗함(淸)으로 유명한 것은 말이 되지만, 가난한 것(貧)으로 유명하다는 것은 원작의 의미와는 다르다. 다른 영역본에는 'was well-known for its integrity'(한최, p. 5), 'was known for incorruptibility'(한김, p. 55)로 무난하게 번역되어 있다. 한편 과거시험에 합격한 것을 '등과(登科)'(한, p. 42)했다고 한다. 여기서 급제는 2등이 아닌데 'placing second among the candidates'

4) 설성경 역주, 「열녀춘향수절가」, 『춘향전』, 한국고전문학전집 12, 고려대학교 민족문화연구소, 1995, p. 184, 주 818).

(한그, p. 52)라고 번역했다. 이 책의 다른 부분도 '등과'(한한, p. 48)를 'placing second among all those who sat for the test'(한그, p. 60)로 번역했다.

단어의 의미가 엉뚱하게 번역된 경우도 있다. '딕졉(對接)ᄒᆞ시미 가인(家人)의 ᄉᆞ친(私親)ᄀᆞᆺ치'(한한, p. 38)는 여염집 부모들 사이같이 친밀하게 지내는[5] 것을 이야기한다. 하지만 이를 'to treat her as if she were her own mother'(한그, p. 49)라고 부모들 사이를 부모자식 사이로 오역하였는가 하면, 'treating her just as the parents of a middle-class mother might have treated each other'(한최, p. 13)처럼 '중산층middle-class[6]이라는 사회과학적인 내포가 확연한 용어'를 썼다고 지적받는[7] 번역을 했다. 'They struck a fast and cordial relationship, one that would have been rare even among ordinary families.'(한김, p. 69) 또한 과장된 표현이다. 최양희의 번역처럼 직역하되, 'middle-class'를 'ordinary'로 바꾼다면 무난한 번역이 될 것이다.

글자해석을 잘못한 경우들도 보인다. '슈조(手爪)가 다 프르시고'(한한, p. 164)에서 '手爪'는 '손톱'이라는 뜻으로 'her fingernails'가 되어야 한다. 하지만 역자가 '수조'를 '수족(手足)'으로 보아, 번역이 'Her hands and feet'(한최, p. 59)라고 되어 있다. 한편 '밍인(盲人)들도 졈 치이시다가 그것들이 말을 잘못ᄒᆞ면 죽은 것도 잇고'(한한, p. 246)를 영역한 'He would have his fortune told by blind soothsayers. If they failed to make quick forecasts, they were put to the sword'(한그, p. 194)에서, 원전에 말을 잘못한다는 것은 빨리 못한 것이 아니라, 안 좋은 내용을 이야기했다는 뜻이다. 그러므로 'if they foretold something un-

5) 李秉岐·金東旭 校注, 『한듕록』, 韓國古典文學大系 14, 民衆書館, 1961, p. 39, 주 18).

6) 그는 '녀항(閭巷)'(한, p. 98)도 'middle-class lives'(한최, p. 35)로 번역했다.

7) 이성원, 「최양희 교수의 발표에 대한 논평」, 『한국 문학의 외국어 번역』, 민음사, 1997, p. 62.

lucky'(한최, p. 90)라고 하거나, 'When they said something he did not like'(한김, p. 313)라고 번역하는 것이 옳다. 또 영조가 노환으로 정신을 놓치는 일이 잦아 실수를 연발하며, 정신을 차린 후에야 뉘우친다는 이야기가 나온다. '졍신(精神)이 씨치오시면 뉘웃ᄌᆞ오시고'(한한, p. 426, p. 428)에서 '뉘웃ᄌᆞ오시고'는 물론 뉘우친다는 뜻이다. 하지만 역자는 이를 'When His Majesty came to his senses, he would laugh'(한김, p. 158)라고 영역하고 있다. '뉘웃ᄌᆞ오시고'를 '웃다'의 의미로 잘못 본 것이다. 또 오역은 아니지만, 의미가 온전히 전달되지 못한 경우도 있다. '죽을 ᄉᆞᄌᆞ(死字) 도라갈 귀ᄌᆞ(歸字)롤 다 휘(諱)ᄒᆞ시고'(한한, p. 122)에서 死와 歸는 모두 죽는다는 의미이다. 따라서 번역에 있어서는 'he shunned words like Sa and Gui meaning death'(한그, p. 121), 'he avoided using words that connoted death, such as *sa*(to die) or *kwi*(to return)'(한김, p. 256)와 같은 설명이 필요하다. 하지만 shunned such words as 'death' or 'return'(한최, p. 43)는 원문이 살지 않은 의역이다.

〈양반전〉의 경우 한문소설이라 번역이 쉽지 않다. '彈腦'(양漢, p. 228)는 '손가락으로 뒤통수를 퉁겨 코똥을 키잉하고 뀐다'(양한, p. 76)라고 해석되어 있다. 이를 피터 리는 'snap the back of your head'(양리, p. 223)라고 옮기고, 'To help circulation and invigorate oneself'라는 각주를 달아주었지만, 문희경은 'blow his nose by flicking the back of his head with his fingers'(양문, p. 40)라고 머리를 손가락으로 쳐서 코를 푸는 것으로 번역했다. 여기서 '코똥'은 '콧방귀'의 전남지역 방언이므로 잘못된 해석이다. 이는 국역본을 좇다가 생긴 오류이다.

반면, 피터 리는 국역본을 무시하고 옮긴 부분들이 있다. '下箸毋舂'(양漢, p. 228)은 '젓가락을 내릴 때엔 반을 찧어 소리 내지 말 것이며'(양한, p. 77)의 뜻이다. 이는 젓가락을 상에 놓을 때 소리 내지 말라는 이야기다. 하지만 피터 리는 'Your chopsticks should not mash the food.'(양리, p. 224), 즉 '젓가락으로 음식을 짓찧지 말라'고 잘못 옮기고 있는데, 아마도 그는 절구질한다는 뜻의 '舂'의 해석에 집착했기 때문인 듯하다. 반면, 문희경은 'nor shall he bang his chopsticks when he puts them down on the table'(양문, p. 41)이라고 국역본을 충실히 옮겼다.

또 '徒髻'(양漢, p. 228)은 '밥 먹을 때엔 맨 상투 꼴로 앉지 말 것이며'(양한, p. 77)의 의미이다. '徒'를 '맨'으로 해석하는 것이 옳으므로, 이는 'loosen your topknot at the dining table'(양리, p. 224)이라고 '상투를 풀고'라고 해석할 것이 아니라, 'He shall not sit at table hatless…, during dinner'(양문, p. 41)라는 '상투차림으로'가 적당한 해석이다.

灰灌汝鼻 暈髻汰鬢(양漢, p. 228)
네 놈의 코엔 잿물을 따르고, 상투를 범벅이며, 수염을 뽑더라도(양한, p. 79)
Even if he fills your nostrils with ashes, catches you by the topknot, or pulls your hair at the temples.(양리, p. 225)
Even if he pours lye down your nose, mess up your hair, and plunk your beard from your chin.(양문, p. 42)

여기에서 '수염을 뽑다' 부분은 이가원의 해석이 잘못된 듯하다. '汰'가 '지나가다, 통과하다'란 뜻이 있으므로, '(잿물이) 수염을 흐르더라도'라고 풀이하는 것이 옳을 것이다. 따라서 피터 리나 문희경의 해석 모두 이상하게 되었다. 게다가 글자 그대로 재 'ash'(양리)로 번역하면, 붓는다는 '灌'과 의미가 안 통하기 때문에 잿물 'lye'(양문)로 옮기는 것이 어울린다.

〈호질〉에서도 몇 가지 오역이 보인다. '天子'를 'Heaven'(호문, p. 31)으로 옮겼는데, 천자가 하느님은 아니다. 'an emperor' 또는 'a son of Heaven'으로 적절하게 옮겨야 할 것이다. 또 孝는 'piety'라기보다는 'filial piety'가 더 정확하다.

또 '虎睿聖文武'(호漢, p. 215)와 '… 此虎之所以睿聖也 窺其一斑 足以示文於天下也 不藉尺寸之兵而獨任爪牙之利 所以輝武於天下也'(호漢, p. 218)에서의 '文'과 '武'는 두 문장에서 같은 뜻으로 쓰인 것이다. 앞의 文은 '문채롭고도'(호한, p. 27)로 해석되어 'bauteous'(호문, p. 18), 즉 아름답다고 옮겼고, 뒤의 文은 '문(文)'(호한, p. 37)으로 쓰여 있어 'his intelligence'(호문, p. 24)라고 文才에 관해서 이야기하고 있다. 여기서 '武'는 호랑이의 용맹스럽게 싸우는 면을 이야기하는 것이고, '文'은 특별히 호랑이의 무늬를 이야기하는 것이다. 따라서 두 가지 모두 호랑이의 무늬를 이야기하는 '문채롭다'로 해석해야 할 것이다.

피터 리의 "Student Yi Peers Over the Wall"에서는 한문원전을 일일이 참조하여 영역해나간 흔적을 볼 수 있다. 원전의 '露'(이漢, p. 97)라는 글자에는 '드러나다'라는 뜻도 있다. 하지만 '드러나다'(이한, p. 317)라고 해석하지 않고, 흔히 우리가 알고 있는 '이슬에 젖은'이라는 뜻인 'dewy'(이리, p. 80)라고 오역한 것이 그 예다.

> 半露尖峯紫翠堆(이漢, p. 97)
> 반쯤 들난 봉우리는 붉고도 푸르러라.(이한, p. 317)
> Their pointed of edges dewy, purple, and blue-green.(이리, p. 80)

한문원전에 충실하려다, 오히려 한자의 해석이 잘못된 부분이었다. 다른 곳에서는, 특별히 오역이라고 하기보다는, 원문을 그대로 옮기면 어색할 수 있는 부분들을 역자 나름대로 바꾸어 옮긴 부분들이 많이 눈에 띄었다. '蜂鳥'(이漢, p. 97), '벌과 새들'(이한, p. 316)을 'birds'(이리, p. 80)로만 옮겼다거나, '先聖'(이漢, p. 100), '옛 성인(聖人)'(이한, p. 326)을 'Confucius'(이리, p. 85)로 알아서 구체적으로 써준다거나, '鴻光鮑桓'(이漢, p. 101), '옛날의 양홍(梁鴻)·맹광(孟光)과 포선(鮑宣)·환소군(桓少君)이라도'(이한, p. 331)와 같은 복잡하면서 없어도 문맥 이해에 무관한 고사는 번역을 생략하는 것들이 그것이다. 또 푸른 빛이

나는 땋은 머리로 미인의 머리를 형용하는 '翠鬟'(이漢, p. 98)이 한글본에는 '구름같은 쪽진머리'(이한, p. 320)로 번역되어 있는데, 영역본에는 한글본의 번역대로 'The cloud of your hair'(이리, p. 82)로 옮겨져 있다. 전체적으로는 한문원본을 대본으로 영역하면서, 한글본도 참조한 것을 알 수 있다.

마샬 필의 "The Tale of Hong Kiltong"에서는 고어를 잘못 이해한 부분들이 보였다. 어떤 중이 집에 왔길래 홍씨 가족이 '고히 여겨 드러오라 ᄒᆞ니'(홍한, p. 422)를 'was pleased to receive him'(홍필리, pp. 143-144)으로 옮겼다. 이상하게 여기며 들어오라고 한다는 뜻인데, '고히'를 사랑한다는 뜻의 '괴다'로 해석한 결과인 듯하다. 정반대의 의미가 되고 말았다. 또 'ᄇᆡ의 올나 살갓치 져허 ᄒᆞᆫ 곳의 ᄃᆞᄃᆞ르니'(홍한, p. 422)는 배에 올라 화살같이 빨리 저어 한 곳에 이르렀다는 뜻이다. 그런데 그는 이를 띄어읽기를 잘못해서, 'Once the party was all abroad, they sped off like arrows. Soon they arrived at a particularly dangerous spot'(홍필리, p. 144)으로 옮겼다. 즉 'ᄇᆡ의 올나 살갓치 져허ᄒᆞᆫ 곳의 ᄃᆞᄃᆞ르니'로 읽어, '배에 올라 화살같이 (빠르게) 무서운 곳으로 다다르니'의 뜻이 되어버린 것이다. 다시 말해서 '져허 한'이 무섭다는 뜻의 '저어하다'로 읽힌 것이다.

피터 리의 *The Record of the Black Dragon Year*에서는 큰 오역은 안 보였지만, 약간의 의미차를 가지고 온 부분들이 보였다. 먼저 '기골'은 육체와 정신 두 가지 모두를 의미할 수 있지만, '기골이 장대하고'(임한, p. 120)에서의 '기골'은 육체를 의미한다. 따라서 영역본에서의 'a person of magnificent spirit'(임리, p. 61), 즉 '장대한 정신'으로 옮긴 것은 잘못되었다.

다음은 한자의 의미를 온전히 옮기지 못한 경우다. '차소위의득추(此所謂得意秋)라'(임한, p. 144)는 '이 이른바 바라던 일이 성취된 때라'는 의미다. 이를 'This is what we call getting what we wanted'(임리, p.

91)라고 번역한 것은 '때'라는 의미를 살리지 않은 번역이다. 이는 秋가 '때'라는 의미를 갖고 있는 것에 주의하지 않아 빚어진 결과다. 이와 같이 漢字 한 글자씩의 의미들을 살리며 번역하기란 쉽지 않다.

또 '공자는 구년거상이요, 군자는 육년거상이요, 대부는 삼년거상이라'(임한, p. 129)를 'A prince is mourned for nine years, a gentleman for six years, and a parent for three years'(임리, p. 73)라고 영역했다. 여기에서 공자, 군자, 대부는 사회적 지위를 나타낸다. 그런데 번역에서는 '大夫'를 '大父'의 의미로 옮겨놓았다.

한편 '송정(松亭) 그림자에 의지하여'(임한, p. 147)에서 松은 분명히 'pinetree'의 의미인데, 번역에는 'relying on the shadow of the bamboo arbor'(임리, p. 96)라고 대나무(bamboo)로 옮겨진 것은 역자의 실수이다.

이와 같이 고어의 해석이 난해하기 때문에 의미파악을 잘못한 경우들이 보인다. 하지만 그 양에 있어서 많지 않으며, 오역의 정도도 심각하지 않다.

2) 문맥의 이해

문맥을 잘못 이해해서 생기는 오역들이 앞 항목의 단어 오역의 경우보다 많았다. 단어의 오역은 목표어의 독자들이 눈치채지 못하는 경우가 많지만, 문맥의 오역은 이야기의 흐름을 갑자기 바꾸어 읽는 이를 어리둥절하게 하기 때문에 목표어의 독자들에게도 분명하게 드러난다.

〈홍길동전〉에서 상녀가 길동의 관상을 보고 '다만 지쳬 부족ᄒᆞ오니 다르 념녀는 업슬가 ᄒᆞᄂᆞ이다'(홍한, p. 413)라고 말한 대목이 있다. 이는 길동이 영웅호걸의 상을 타고났지만, 지위가 천하니 크게 될 염려가 없다는 뜻이다. 하지만 역자는 이를 'Only his lineage would be a drawback—there should be no other cause for concern!'(홍필리, p. 123), 즉 단지 그의 혈통이 약점이 될 뿐이니, 다른 것은 걱정할 일이 없을 것이라고 이야기하고 있다. 혈통이 약점이 되기 때문에 걱정할 일이 없는 것이지, 혈통이 약점이 되는 것만이 걱정할 일은 아닌 것이므로, 의미가 반대로 해석되었다.

〈임진록〉에서 '불충신(不忠臣) 최일경은 중죄(重罪)를 입사옵고 어명없이 왔사오니'(임한, p. 126)는 최일경이 귀양을 간 처지에 어명도 없이 왕에게로 온 것에 대한 이야기다. 따라서 重罪는 최일경이 어명도 없이 왕에게 온 것이 아니라, 귀양 간 사유가 되는 중죄를 의미하는 것이다. 따라서 'The disloyal Ch'oe Ilgyŏng has committed a serious crime by coming here without royal command'(임리, p. 69)는 잘못 옮긴 것이다.

마샬 필의 "The Song of Shim Ch'ŏng"에서의 'you care for me to the utmost as you would a baby'(심필, p. 125)는 곽씨부인이 심봉사 자신을 아기처럼 돌보았다는 의미이므로, 'I would a baby'가 되어야 할 것이다.

〈춘향전〉에서 '닉 졍영 미더던니 말경의 가실 씌는 톡 쎄여 바리시니'(춘한, p. 333)와 '말경의 가슬 졔는 쑥 쎄여 바리시니'(춘한, p. 334)에서는 같은 뜻인데도, 러트의 "The Song of a Faithful Wife, Ch'un-Hyang"에서는 해석이 다르게 되어 있다. 앞은 'parting when we grew old'(춘러, p. 286)이고, 뒤는 'But now you are going to cast her off'(춘러, p. 287)인데, 뒤의 것이 맞다.

또 봉사가 개천에 빠진 뒤 '소경이 그르냐 기천이 그르냐 소경이 글쳬 아조 싱긴 기쳔이 그르라'(춘한, p. 347)는 개천은 예전부터 있던 것이므로 잘못이 없고, 소경이 잘못한 것이라는 이야기다. 하지만 러트는 '소경이 글쳬'도 의문형으로 보아, '*Is it the fault of the blind man or the ditch?* Yes, indeed, the blind man or the ditch?'(춘러, p. 312)라는 문장으로 옮겼다.

〈허생전〉에서 허생이 섬에서 번 돈 銀 오십 만을 버리면서 한 말, "海枯有得者"(허漢, p. 213), "바다가 마를 때면 이를 얻을 자 있겠지(허한,

p. 16)"라는 부분이 있다. 바다가 마른다는 것은 사실 실현불가능한 일이다. 허생은 아마 아무도 이 돈을 가지지 못할 거라는 어조로 이야기했으므로, 그대로 번역을 해서 "When the ocean dries up, someone will find it."(허맥, p. 90) 또는 "The day when the sea shall dry up, someone will be bound to find it"(허문, p. 32)으로 옮긴 것은 그 원래의 의미가 잘 전달되었다. 하지만 피터 리는 바다가 마른다는 것을 단순히 "Somebody will find it, when the tide is out"(허리, p. 217)으로 옮겼다. 'tide out'이라는 표현을 써서 썰물 때면 돈을 얻을 사람이 있다고 했는데, 이와 같이 쉽게 그 돈이 사람의 손에 다시 돌아갈 것처럼 영역한 것은 오해를 살 소지가 있다.

> 物輕則易轉 故一貨雖絀 九貨伸之 此常利之道 小人之賈也(허漢, p. 213)
> 물건의 무게가 가벼우면 돌려 빼기 쉬운 까닭으로 한 가지 물건이 비록 밑졌다 하더라도 아홉 가지 물건에 이문이 남는 법이니 이는 보통 이문내기의 길이요, 저 작은 장사치들의 장사하는 방법이야.(허한, p. 18)

여기서도 '物輕則易轉'이라는 구절의 해석이 문제된다. 이는 한 가지 물건을 많이 사들이지 않고, 여러 가지 물건을 조금씩 사들이면, 한 가지 물건의 장사가 제대로 안 되더라도 다른 물건들이 팔릴 것이니 큰 손해 볼 것이 없다는 이야기다. 하지만 영역본들에서는 다음과 같이 번역했다.

> 번역 안 함(허문)
> If the goods are light they will be easy to carry.(허리, p. 218)
> If the goods are light, they are easy to carry.(허맥, p. 92)

물건의 수량이 적으면, 융통성이 있어 혹 손해가 나더라도 쉽게 포기할 수 있다는 뜻인데, 번역만 읽으면, 물건이 가벼워서 옮기기 쉽다고밖에 생각되지 않는다. 이와 같이, 한문 原典 문맥을 제대로 영문으로 옮기기란 어렵다.

草屋數間 不蔽風雨 然許生好讀書(허漢, p. 211)
초옥 두어 간이 비 바람을 가리지 못한 채 서 있었다. 그러나 허생은 글읽기만 좋아하였고(허한, p. 9)
and beyond was a small thatch-roofed cottage which but ill kept out the wind and the rain. But Huh-Seng[8] only immersed himself in his studies.(허문, p. 27)
his small thatched cottage was exposed to the wind and rain. But Hŏ loved to read books.(허리, p. 213)
The roof was old and worn out, not enough to keep out the wind and rain. The master of the house, known simply as Master Hŏ, loved to read books.(허맥, p. 86)

비바람도 못 막는 낡은 집에서 살고 있을 정도로 가난하면서도, 허생은 이를 신경쓰지 않고 글 읽는 데만 힘을 쏟았다는 의미다. 하지만 매칸의 번역에는 허생이 집안을 안 돌보고 글만 읽는다는 부정적 의미가 안 들어 있다. 반면 다른 두 영역본에서는 원문의 '然'을 'But'으로 제대로 해석해 주었다. 따라서 가난하지만 글 읽는 데만 힘을 쏟았다는 의미가 제대로 살아 있다.

다음의 구절에서는 허생이 만금으로 시도하려는 바도 큰 것이고, 변씨 자신도 허생에게 자신의 판단이 옳은지 시험해 본다는 의미가 들어 있다.

彼其所試術不小 吾亦有所試於客(허漢, p. 211)
아마 그의 시도하려는 방법도 적지 않거니와, 나 역시 그에게 시도함이 없지 않는 거야.(허한, p. 11)

---

8) 'Huh-saeng'의 오식이다.

What he wishes to try out will be of no petty matter and I too have something to test on him.(허문, p. 28)

Therefore, what he has in mind in the way of a business deal must be something big, and I am curious to see what he does.(허리, p. 214)

It is very likely that his plan will succeed, so I decided to give him the chance.(허맥, p. 87)

문희경은 국역본을 충실히 옮겼다. 피터 리의 경우에는 허생이 무엇을 할지 궁금하다고 했지만, 결국 비슷하게 표현했다. 하지만 매칸은 허생의 계획이 성공할 확률이 높기 때문에, 허생을 위해 기회를 준 것처럼 번역했다. 그러나 사실 변부자는 허생의 계획이 대단하다고 생각하기는 했지만, 그 실현 가능성에 대한 확신이 있는 것은 아니어서, 허생에게 일종의 도박을 건 것이다. 그러므로 계획의 성공가능성이 많다기 보다는 계획이 대단한 것으로, 허생에게 기회를 주었다기보다는 변부자 자신이 시도를 해본 것으로 영역되어야 할 것이다.

許生歎曰 今吾已小試矣(허漢, pp. 212-213)

허생은 탄식했다. 이제야 내 자그만큼 시험해 보았군.(허한, p. 15)

Huh-Saeng now exclaimed to himself, 'Now I have successfully tested a few things!'(허문, p. 31)

"Now I have seen my idea realized." So, murmuring,(허리, p. 216)

With a sigh, he observed, "Well, it seems I have completed the test."(허맥, p. 90)

허생은 무인도에 도적들을 데리고 들어가 농사지으며 풍요로운 사회를 만들었다. 그리고는 이제 겨우 작은 시험 한 가지를 해보았을 뿐이라고 이야기한다. 문희경은 국역본을 충실히 옮겼다. 허생에게는 펼쳐야 할 꿈이 아직 많이 남아 있는 것이다. 자신의 생각이 실현되었다고 혼자 중얼거렸다는 피터 리의 번역에서는 허생이 겨우 이 정도의 시험밖에 하지 못한 데에 대한 탄식과 아쉬움은 들어 있지 않다. 매칸의 영역에서도 마찬가지로 시험을 완수했다고 했지만, 사실 그 정도로는 허생에게 있어서 만족스러운 끝을 본 것이 아니므로, 표현에 아쉬움이 묻어 있어야 한다.

〈양반전〉에서 '忿毋搏妻 怒毋踢器'(양漢, p. 228)는 앞과 뒷구절이 서로 떨어진 별개의 문장이지만, 번역에는 'However angry he is, he will never beat his wife nor throw dishes at her'(양문, p. 41)라고 연결되게 해석하고 있다.

'不耕不商'(양漢, p. 228)은 약간의 의역이 필요하다. 양반이 되어서 농사나 장사를 안 해도 먹고 산다는 말이다. 그런데 이를 'They do not till the soil or engage in trade'(양리, p. 224)라고 단순히 '일을 안 한다'라고 번역하는 것은 의미가 약하다. 문희경의 'he does not have to till the land nor deal in trade'(양문, p. 42)에서와 같이 '일을 할 필요가 없다'는 점을 강조해야 할 것이다.

〈한중록〉은 등장인물도 많고, 이들 간의 관계도 복잡 미묘해서인지 오역도 많았다.

먼저 아버지가 그의 누이가 죽자 그 조카들을 돌보는 부분이다.

> 그후 싱딜(甥姪)들이 혈혈무의(孑孑無依)ᄒᆞ미 구제(救濟)ᄒᆞ믈 못 밀출ᄃᆞ시 ᄒᆞ시고(한한, p. 12)
>
> Though his nephews and nieces were orphaned and bereft of succor, my father was not financially able to provide relief.(한그, p. 23)
>
> Bereaved of their parents, my cousins were forlorn. My father took pity upon them and looked after them gladly as if he could not do enough for them.(한김, p. 54)

위에서 그란트와 김자현은 정반대의 해석을 했다. 아버지가 지극정성으로 누이를 돌보고 조카들도 데려다가 결혼까지 시켰다는 걸로 봐서, 여기서 '못 밀출ᄃᆞ시'했다는 것은 아무리 해 주어도 못 미치는 것처럼 더 잘해 주고 싶었다는 이야기다. 따라서 그란트처럼 해 줄 수 없었다는 것에 초점을 둘 것이 아니라, 할 수 있는 한 최선을 다했다고 번역해야 할 것이다.

사도세자가 궁인에게 임신을 시킨 이야기인 '갓가이 ᄒᆞ오셔 ᄌᆞ식을 비니'(한한, p. 144)라는 부분이 있다. 물론 이런 경우 정식으로 의례를 올리는 것은 아니지만, 사도세자는 아버지께 들킬까 아이를 낙태시키려고까지 한다. 이런 경우에는 후궁으로 인정을 얻은 것이 아니므로, 'he took a concubine'(한그, p. 132)이나, 'Prince Sado took in a secondary consort'(한김, p. 266)라는 표현보다는 '가까이하다, 관계를 갖다' 정도의 'the pince had an affair with a court lady'(한최, p. 51) 정도의 표현이 적절하다.

> ᄃᆞ려다가 방 ᄭᅮ미고 긔용즙믈(器用什物)이며 아니 ᄀᆞᆺ촌 거시 업시니(한한, p. 184)
>
> he furnished a chamber with furniture for her use(한그, p. 154)
>
> in apartments which he had personally arranged and extravagantly furnished(한최, p. 66)
>
> He had her place decorated with beautiful furniture and lovely objects and made certain that she lacked nothing(한김, p. 283)

또 후에 사도세자가 침방내인과 관계한 뒤 그녀에게 방을 화려하게 꾸며주었다. 이 부분은 뒤에 침방내인이 요악하여 궁안의 재물을 마구 써대었다는 말과 연결된다. 따라서 그란트의 것은 너무나 완곡한 표현이므로, 최양희나 김자현과 같이 써주어야 사도세자의 부적절한 행동이 잘 드러난다.

그리고 '만셰(萬世)의 삼촌(三寸) 죽인 사름이 되야 귀신(鬼神)이라도 용납(容納)홀 곳이 업ᄉᆞ리니'(한한, p. 444)라는 표현이 있다. 이는 내가 지은 죄가 많아 귀신이 되어도 돌아갈 곳이 없으리란 의미로, 'and there would be no place for me even as a ghost'(한김, p. 167)는 적절히 번역되어 있다. 하지만 'a devil will find it difficult to pardon me'(한그, p. 332)라는 표현은 귀신도 나를 용서하지 못한다는 의미로 전혀 다른 뜻이다.

혜경궁 홍씨의 아버지는 혜경궁 홍씨가 세자빈으로 간택된 후 과거에 급제했다. 간택 후 과거에 응시하지 않으려 했었는데, 그 이유는 세자의 장인이라는 처지 때문이다.

> 국혼(國婚) 후 션친(先親)이 지쳐(地處)가 ᄃᆞ라시므로 과거(科擧)를 아니 보고ᄌᆞ ᄒᆞ시더니(한한, p. 530)
>
> After, my marriage, my late father would not sit for the Civil Service Examination because his birth was altogether different.(한그, p. 395)

따라서 여기에서 '지처'는 바로 선친이 왕의 사돈이 된 처지를 이야기하는 것이다. 하지만 영역에서는 'his birth'라고 선친의 출생신분을 이야기하고 있다. 그러나 혜경궁 홍씨의 할아버지 또한 재상을 지낸 훌륭한 집안으로서, 선친의 태생은 과거에 응시하기에 조금도 문제가 없다. 다른 영역에서는 'position'(한김, p. 211)으로 옮겼는데, 적당한 번역이다.

세손빈의 간택 때 사도세자는 마음에 두고 있던 규수가 있었다. 사도세자는 그녀가 간택되지 않으면 알아서 하라고, 옹주에게 으름장을 놓았다. 그동안 사도세자가 옹주에게 해왔던 태도로 미루어보아 충분히 하고도 남을 행동이었다. 따라서 '이곳의 못되면 네 알니라'(한한, p. 232)는 협박으로 번역되어야 한다. 'report on how it developed'(한그, p. 185)라는 정도의 권유가 아닌, 'intimated that she had better see to it that the candidate of his choice was selected'(한김, p. 307)의 정도의 온화한 주문도 아닌, 'See to it that the king selects her, otherwise you will get into trouble'(한최, p. 85)라는 강한 협박이어야 한다.

다른 소설도 마찬가지지만, 〈한중록〉의 문장들에선 주어를 찾기 어려운 경우가 많다. 그렇다 보니 주어를 잘못 파악하는 경우가 많고, 이는 오역으로 이어진다.

이상훈 줄이 경월(正月) 이십일일(二十一日)이 탄(誕)이시니(한한, p. 208)
On King's birthday,(한그, p. 170): 사도세자의 생일인데, 왕의 생일로 쓰여 있다.

션친(先親)이 ᄎᆞ마 깃브오셔(한한, p. 226)
The King, secretly pleased(한그, p. 182): 혜경궁 홍씨의 친정아버지 홍봉한인데 영조로 번역되었다.

밧그로 ᄎᆞ디(次對) 써나 병환(病患) 써나 대리(代理) ᄒᆞᆫ가지로 입디(入對)ᄒᆞ여 겨오시지(한한, p. 242)
for he made it a rule to have his proxy meet his father-in-law at the Cabinet meetings or on my father's sick calls(한그, p. 192): 사도세자의 병환인데, 친정아버지의 병환으로 영역되어 있다.

봉조하(奉朝賀)가 왕손(王孫) 츄디(推戴)ᄒᆞᄂᆞᆫ 자최가 업ᄂᆞᆫ디 즉금 츄디(推戴)ᄒᆞᆫ다ᄒᆞ야 쥭어랴ᄒᆞ니(한한, p. 572)
My grandfather-in-law is now threatened to be executed on the groundless charge that he moving to support me as king(한그, p. 424): 여기서 봉조하는 혜경궁 홍씨의 친정아버지 홍봉한인데, 그가 정조의 이복동생들인 인과 진을 왕손으로 추대했다는 누명으로 처형되게 되었다는 것이다. 따라서 여기서 정조를 뜻하는 me가 아니라 정조의 이복동생들이 되어야 할 것이다. 또 봉조하는 정조의 외할아버지인 홍봉한을 가리키는 말인데, 매번 grandfather-in-law로 번역되어 있다.[9] 하지만 외조부는 maternal grandfather로 번역되어야 할 것이다.

금샹(今上)긔 불안(不安)ᄒᆞ거나 ᄌᆞ뎌(赵趄)ᄒᆞᆯ 일이 아니오(한한, p. 444)

---

9) *Han Joong Nok Reminiscences in Retirement*에는 이외에도 p. 402, p. 405, p. 415, p. 429에 같은 예가 있다.

This was not a time for me to feel ill at ease with the present King Sonjo nor a time for me to hesitate to ask him to correct the past wrong.(한그, p. 331): 순조가 불안하거나 주저하는 것이지 내가 불안하거나 주저하는 것이 아니다.

그 사롬이 날을 위(爲)ᄒᆞ야 귀(貴)ᄒᆞᆫ 몸을 치운 ᄯᅳᆯ히 셕고(席藁)ᄭᆞ지 ᄒᆞ니 (한한, p. 490)

His Majesty spread a straw mat on the yard of Huihongdang.(한그, p. 366): 그 사람은 순조가 아니라 순조의 어머니인 嘉順宮이다.

닉 미망(未亡)ᄒᆞᆫ 셜음을 품고(한한, p. 348)

To make up for my grief at the demise of the first prince(한그, p. 263): 여기서 미망이라는 것은 사도세자가 죽은 뒤 따라 죽지 못한 혜경궁 홍씨를 이야기하는 것이지, 혜경궁 홍씨의 죽은 첫째 아들에 대한 이야기가 아니다.

그리고 '군긔(軍器)브치 ᄆᆞᆯᄭᆞ지 다 ᄀᆞᆷ초려 ᄒᆞ오시ᄂᆞᆫ 일이지'(한한, p. 248)에서 사도세자는 땅 속의 움막에 군사 놀이하던 기물들뿐 아니라 말까지 감추려고 했다. 따라서 영역에서도 이를 살려주어야 하는데, 'to stow away his weaponry and horses'(한그, p. 195)라는 번역에서는 심지어 말까지도 숨기려 했다는 뉘앙스가 안 들어가 있고, 'in which to hide all of his military weapons and equestrian equipment'(한김, p. 314)에서는 그냥 마구로 번역했다. 아마도 땅속에 말을 숨기는 것이 말이 안 된다고 역자가 생각했기 때문인 듯하다. 최양희는 'to hide weapons and even horses'(한최, p. 91)라고 원작을 그대로 옮겼다.

한편 순조가 태어난 날이 혜경궁 홍씨의 생일이었다. 이 사실은 평소 자신이 이 세상에 태어난 사실을 원망해 온 혜경궁 홍씨에게 생의 기쁨을 느끼게 해 주는 사건이었다. 하지만 '닉 싱셰일(生世日)의 이 경식(慶事) 이시믈 보니'(한한, p. 344)를 'gave me this surprise in my life time'(한그, p. 261)와 같이 옮겨 순조와 홍씨의 생일이 일치한다는 사실이 보이지 않고, 단지 생애에 큰 기쁨이라고만 번역되어 있다.

정조가 어릴 적 선희궁이 돌볼 때, 선희궁이 새벽마다 어린 손주를 깨워서 글을 읽게 했다.

> ᄉᆡ벽 ᄭᆡ샤 ᄇᆞᆰ디 아냐 글 닑으라 나가실 제(한한, p. 84)
>
> The Grand Heir was very diligent. He woke up early before daybreak and left for his study hall to read(한김, p. 87)

하지만 영역에는 스스로 일어나서 읽은 것으로 되어 있다. 아마도 뒷부분에 세손이 책 읽기를 좋아한다는 말과 연결지으려 그렇게 번역한 듯하지만, 선희궁이 세손을 위해 정성을 다한 것이 반감되는 느낌이다.

〈인현왕후전〉의 상궁이 인현왕후에게 인현왕후를 폐위하라는 말을 전하는 장면에서, 역자는 이를 '박태보의 사건'으로 옮겼다.

> 이때 후(后)께선 부원군(府院君)상사 뒤에 지나치게 애통해하신 나머지 옥체(玉體) 종종 편찮으시더니 좌우에 모시고 있는 상궁이 이 말씀을 듣고 대성통읍(大聲痛泣)하여 빨리 들어와 후께 아뢰오니, 후께서 안색을 하나도 변치 않으신 채 크게 탄식하여 이르시길(인한, p. 29)
>
> At this time the queen, who had been grieving for the death of her father, had become physically frail. One of the court ladies in her personal service heard of Pak's death and hurried to her room in tears to tell the news(인김, p. 204)

전후의 문맥을 볼 때 이는 '폐위사실'로 풀이해야 한다.

문맥을 옳게 파악하는 것은 단어의 이해보다 어려운 문제이며, 오역이 생겼을 때 글의 이해에 미치는 영향도 훨씬 크다. 글의 미묘한 의미를 제대로 옮기는 것은 어려운 작업인데, 이상의 영역본들은 대체로 큰 무리 없는 번역이었다.

3) 속담・관용구의 표현

자주 쓰이는 고사성어나 속담의 경우 번역이 더욱 어려운데, 짧은 문구에 함축된 의미를 담아야 하기 때문이다. 먼저 오역의 사례들을 살펴보겠는데, 우리는 흔히 쓰는 말들이지만, 영어문화권에서는 낯설게 느낄 수 있는 표현법들이 많다.

〈구운몽〉에서, '정위지성(鄭衛之聲)'(구이, p. 302)이 'the songs of the Cheung Kingdom'(구게, p. 272)으로 (위나라도 빠지고) '정나라의 음악'이라고 간단히 번역되었다. 하지만 '음탕한 난세의 음악'이라는 주가 없으면 독자들은 이해가 불가능할 것이다. 간단한 번역이지만, 'the sensuous music of Cheng and Wei'(구러, p. 162)라고 한 러트의 번역은 의미를 잘 전달하고 있다.

〈심청전〉의 '반빅이나문부인'(심완, p. 185)에서 斑白은 나이가 중년을 넘어 머리가 반쯤 센 모습[10]인데, 마샬 필은 'The lady, over fifty years of age'(심필, p. 147)라고 나이가 반백살이 되었다고 잘못 옮겼다.

〈한중록〉에서는 날짜에 관한 용어에 익숙하지 않아, 날짜계산을 잘못한 경우들도 보인다. 우리나라는 해산 후 '삼칠일(三七日)'(한한, p. 54)이 된 후에야 산모가 움직인다. 이 삼칠일은 곱하여 보면 21일이 된다. 이팔청춘이 16세가 되는 것과 같은 이치이다. 하지만 영역본에는 'thirty-seventh day'(한그, p. 66), 즉 37일로 번역되어 있다. 이와 같은 날짜에 관한 오역은 또 있다. 정성왕후가 돌아가신 후 동궁이 '오삭거려(五朔居廬)'(한한, p. 170)하는 부분이 나온다. 여기서 '오삭'은 물론 5개월이다. 하지만 'fifty days'(한그, p. 171)로 영역되어 있고, 뒤의 여러 부분에도 50일로 번역되어 있다.

관용구나 속담을 옮기는 방법에는 원문을 그대로 옮겨준 후 주를 달

10) 정하영 역주, 『심청전』, 한국고전문학전집 13, 고려대학교 민족문화연구소, 1995, p. 103의 주 108).

거나, 본문 중에 설명을 써주거나, 그대로 써주고 말거나, 서구의 속담으로 치환하는 방법이 있었다. 어느 방법을 택하느냐는 역자의 문학관과 독자층의 성격에 따라 다른데, 실례를 통해 바람직한 방법을 모색해 본다.

첫째, 원문을 그대로 옮긴 후 주를 달아주는 방법이다. 마샬 필은 "The Song of Shim Ch'ŏng"에서 주를 적극 활용하고 있다. '몸을 팔고 뼤를 간들 못ᄒᆞ오릿가만은'(심완, p. 180)을 'with every effort made'(심필, p. 126)라고 의역한 뒤 후주[11]에는 원문을 그대로 영역하였다. 또 '남가일몽'(심완, p. 180)을 'a passing dream'(심필, p. 127)이라고 써준 뒤, 후주에서 이에 관련한 고사를 자세히 설명하면서 태몽에 관해서도 언급하고 있다. 그리고 '황쳔'(심완, p. 181)은 한자 그대로 'Yellow Springs'(심필, p. 132)라고 옮기고 주[12]에서 뜻을 설명했다. '빅골난망'(심완, p. 187)은 'I shall never forget your mercy though my bones be bleached to white'(심필, p. 152)라고 그대로 옮겼다. 이대로는 원 의미와 약간 다른 듯하지만, 후주[13]에서 정확하게 다시 설명해 놓았다.

그리고 피터 리는 주를 자제하지만, 꼭 필요한 부분에서 써주는 탄력적인 적용을 하고 있다. 예를 들어 콩의 한자음인 '태' *t'ai*(장리, p. 230)에 관한 설명[14]이 그것인데, 이는 설명이 없으면 한자를 모르는 서구인은 이해를 할 수 없는 경우다.

---

11) 'having sold my labor and ground my bones.' Marshall R. Pihl, *The Korean Singer of Tales*, Harvard University Press, 1994, p. 252. 주 14).

12) 'Yellow Springs is the Taoist and shamanistic world after death.' Marshall R. Pihl, *The Korean Singer of Tales*, p. 255, 주 38).

13) That is, 'not forget even after death when there is nothing left of me but white, bleached bones.' Marshall R. Pihl, *The Korean Singer of Tales*, p. 257, 주 68).

14) '*T'ai* in Korean. The author is punning on another Korean reading of the same logograph as *K'ong*(bean) *t'ai* and cataloguing those whose names contain the logograph.' Peter H. Lee, "The Story of a Pheasant Cock", *Anthology of Korean Literature*, Honolulu: University of Hawaii Press, 1981; 1990, p. 230 주 1).

둘째, 본문 중 설명을 집어넣는 방법이다. 용어의 표기에 있어서 러트는 주를 사용하지 않는 대신에, 'the *ch'i-lin* itself, the mythical unicorn'(춘러, p. 252)과 같이 본문 중에 설명을 집어넣었다. 스킬렌드도 마찬가지다. 〈황새결송〉에서 '녹비의 갈왈ᄌᆞ를 쓰미라'(황한, p. 636)는 '鹿皮에 가로曰字'를 의미한다. 이를 옮기면서, 설명을 상세하게 곁들이고 있다.

> This is what is meant by 'writing the square character *wal*, "to say", on a deerskin': it can be changed to the oblong character *il*, 'sun', that is the meaning can be changed by stretching the skin.(황스, p. 46)

주를 따로 쓰지 않기 때문이다. 서구의 독자들은 한자를 모르고, 한자의 모양을 이용한 인용구는 이와 같이 긴 설명이 없으면 도저히 이해하기 어렵다.

셋째, 그대로 써주는 방법이 있다. 스킬렌드는 〈황새결송〉에서 '모ᄉᆞ는 지인이오 셩ᄉᆞ는 지텬이라'(황한, p. 261)와 같은 경우, 'Man may make plans, Heaven grants success'(황스, p. 48)로 그대로 옮기고 있다. 그래도 의미가 통하기 때문이다. 이외에도 그는 '남가일몽'(심경, p. 494)을 'a dream beneath the shade of a tree'(심스, p. 117)로 옮기거나, '일장춘몽'(심경, p. 502)을 'a passing dream in spring'(심스, p. 145)으로 의미만 통하게 옮기고 있다. 하지만 '운우지락'(심경, p. 502)을 'a delight of wind and rain'(심스, p. 146)으로만 옮긴 것은 무책임한 번역이다. 적절한 설명이 있어야 할 것이다. 또 같은 '일장춘몽'(심경, p. 505)을 앞에서와 달리 'past is but a dream'(심스, p. 146)으로 다르게 번역한 것도 일관성이 없다.

러트도 마찬가지다.

공든 탑이 무어지며 심근 남긔 쌱길손가(춘한, p. 315)
Don't knock down your own pagoda or trample on your own sapling (춘러, p. 251)

홍진비릐 고진감닉(춘한, p. 338)
After joy comes sorrow; after the bitter, the sweet(춘러, p. 293)

사회는 빅연지객(춘한, p. 352)
A son-in-law is a perpetual visitor(춘러, p. 324)

하나리 무어져도 소사날 궁기가 잇난이라(춘한, p. 354)
Even though the sky should fall, there will be a hole to creep into. (춘러, p. 328)

이상 모두 한국어의 글자 그대로 좇아서 옮겼는데, 이 경우에는 바람직한 영역법이라고 할 수 있겠다. 원래 표현을 그대로 옮겨도 통하기 때문이다. 표현에 따라서 영미문화권에도 비슷한 속담이 있을 수 있지만, 한국어 고유의 표현을 살려주는 것이 독자들에게 한국에 대한 정보를 줄 수 있을 것이다.

〈한중록〉에서 작자는 영조에 대해 '셩은이야 미신분골(糜身粉骨)훈들 엇디 다 갑스오며'(한한, p. 72)라는 표현을 자주 쓰고 있다. 이는 은혜가 너무 커서 어찌해도 갚을 수 없다는 뜻이다.

If my flesh were sundered and my bones ground to powder(한그, p. 84),
though I die a thousand deaths(한그, p. 158)
were I to break my body and pulverize my bones(한최, p. 25)
pulverize my bones and break my body(한최, p. 68)
There is simply no way that I can repay His Majesty's kindness(한김, p. 80)
my bones were ground to dust(한김, p. 286)

이를 위와 같이 옮기고 있는데, 모두 무난한 표현이다. 또 '칠거'(한한, p. 146)는 七去之惡을 뜻한다. 이는 서구에는 물론 없는 말로, 'the seven valid causes for divorce'(한그, p. 133) 'the seven deadly sins'(한최, p. 52), 'the seven heinous crimes'(한김, p. 267)라고 영역되어 있다. 그란트의 번역은 짧지만 그대로도 의미가 온전히 통한다. 하지만 뒤의 두 번역은 의미를 알기 어렵다. 그래서 김자현의 경우는 유교사회에 있어서 이혼사유를 의미한다는 각주[15]를 달았다. 따라서 관용구는 적절하게 의미가 통하도록 번역하거나, 그대로 직역하려면 각주가 꼭 필요하다는 것을 알 수 있다. 특히 고사나 속담의 경우는 적절한 기준을 세워 동일한 어구가 공통적으로 통용되어야 할 것이다.

'옥슈(玉手)'(한, p. 48)는 아름다운 손을 말한다. 물론 〈한중록〉에서와 같이 임금의 존귀한 손을 의미하기도 한다. 이 경우 'the jade hands'(한그, p. 60)라고 직역하는 것이 'his hands'(한최, p. 16)라고 써주는 것보다 원문의 공경함을 더 살리는 길이다. 우리말에는 玉手, 玉童子와 같이 玉이라는 접두사를 붙여서 아름답고 귀함을 나타내는 일이 흔하다. 마샬 필의 "The Tale of Hong Kiltong"[16]을 보면, 옥슈(홍한, p. 411)를 'jade hands'(홍필리, p. 120)로 옥동(홍한, p. 411)을 'a child of jade-fair beauty'(홍필리, p. 120)로 번역했다. 이 경우 모두 번역이 어색하다고 '玉'을 빼버리고, 'beautiful hands'나 'a precious son'이라고 옮겼다면, 원문의 분위기는 사라질 것이다. 이 경우는 주가 없이도 읽는 이들이 어느 정도 의미를 짐작할 수 있고,[17] 서구독자들이 우리의 언어사용 관습에 대해서도 접할 수 있는 좋은 사례들이다.

15) 'In Confucian countries, a wife's jealousy of other women was traditionally one of the seven permissible reasons for divorce.' JaHyun Kim Haboush, 앞의 책, p. 267.

16) Marshall R. Pihl, "The Tale of Hong Kiltong", *Anthology of Korean Literature*, ed. Peter H. Lee, Honolulu: University of Hawaii Press, 1981; 1990.

17) 물론 이 경우, 주에서 'jade-'의 의미를 밝혀주는 것도 좋을 것이다.

한편 '섬섬옥수'(jade-like hands－임리, p. 104)에서는 '옥'을 'jade'로 옮겨서 귀하고 아름다움을 살렸지만, '옥계'(the stone step－임리, p. 58)에서는 그냥 'stone'으로 옮김으로써, 대궐에서 임금이 딛는 계단의 분위기를 살리지 못하고 있다.

또 '낭중취물'(홍한, p. 413)을 'as easily as picking something out of his pocket'(홍필리, p. 124)으로 옮긴 것이나, '복망 셩샹은 만슈무강ᄒᆞ쇼셔'(홍한, p. 420)를 'I pray, sire, that you enjoy long life without end'(홍필리, p. 141)로 옮긴 것 등은 훌륭하다.

피터 리의 *The Record of the Black Dragon Year*에서도 다음 앞의 두 경우처럼 글자 그대로 옮기기도 하였지만, 뒤의 두 경우처럼 의미만 대충 전달한 경우도 있다.

> 일장춘몽(it was but a spring dream－임리, p. 57)
> 범 모르는 강아지로다(You're the puppy who does not recognize the tiger.－임리, p. 63)
> 五音六律(the lovely music－임리, p. 103)
> 月宮姮娥(a moon goddess－임리, p. 104)

피터 리의 또 다른 영역작, "Student Yi Peers Over the Wall"에서 '搔首'(이漢, p. 99)는 글자 그대로는 머리를 긁는다는 뜻이지만, 걱정이 있음을 내포하고 있다. 하지만 영어로 'scratches her head'(이리, p. 84)라고 글자 그대로 옮기고 있지만, 걱정스러운 모습은 담겨 있지 않다. 그대로 옮기는 것의 한계를 보이는 단어의 예다.

〈한중록〉의 '그ᄯᅢ 츈츄(春秋) 삼십일셰신ᄃᆡ'(한한, p. 16)에서 '춘추'라는 말은 한자로 보아서는 봄과 가을이지만, 나이를 뜻한다. 이는 'My father was thirty-one springs and autumns at the time'(한그, p. 27)로 번역이 되어 있다. 물론 역사서를 의미하는 춘추도 있다. 우리가 역사서 '춘추'를 '*Spring and Autumn*'으로 표기하는 것은 어느 정도 합의를 한 듯하다. 하지만 나이를 'springs and autumns'라고 쓴다면 역사서와도 헷갈리는 문제를 가지고 있어, 나이를 뜻하는 '춘추'는 주가 필요하다.

우리나라와 서양의 인사법은 많이 다르다. 우리는 '밥먹으냐'(한한, p. 148)가 잘 지내느냐고 묻는 인사다. 이를 그대로 옮기면, 'Have you dined?'(한그, p. 134)나 'Have you had your dinner?'(최, p. 53)가 된다. 이것을 의역해서 'How are you?'(한김, p. 257, p. 268)로 쓰고, 주[18]를 달기도 한다. 〈춘향전〉의 '곤치 안이하며 밥이나 잘 먹건야'(춘한, p. 325)를 영역한 'Were you tired when you got home today?'(춘러, pp. 268-269)에서도 '밥 잘 먹었느냐'는 번역을 안 하고 있다. 일상적인 인사지만 번역이 필요하다. 주를 달 수 있다면, 직역을 한 뒤 주에서 설명을 해 주고, 주를 달 수 없는 상황이라면 의역을 해 주어 독자들의 혼란을 막는 것이 옳은 방법일 것이다.

넷째로, 영어로 번역하거나 서구의 속담으로 치환하는 경우다.

〈인현왕후전〉의 경우를 보면,

> 예로부터 악인이 의롭지 않으나 돕는 자가 있다는 그런 흔이 있는 일이 일어난 것이었다.(인한, p. 14)
>
> The old saying that the evil one never lacks friends must indeed be true(인김, p. 190)

> 이는 유유상종(類類相從)이라(인한, p. 40)
>
> True to the proverb that birds of a feather flock together(인김, p. 218)

> 범을 길러 화를 받는다는 말이 과연 이번 일 같도다(인한, p. 46)
>
> This proves the truth of the saying that if one nurtures a snake one is preparing trouble.(인김, p. 226)

---

18) Literally, "Did you have dinner?" A conventional greeting.
JaHyun Kim Haboush, 앞의 책, p. 257.

글자 그대로 옮긴 것도 있지만, 유사한 외국 속담으로 옮긴 것들도 보인다.

〈한중록〉의 경우에도, 이와 같은 예들이 보인다. '열 번 직어 아니 구러지는 나모 업다'(한한, p. 306)는 열 번 찍어 안 넘어가는 나무 없다는 말로 지금도 많이 쓰이고 있는 말이다. 이는 'Little strokes fell great oaks'(한그, p. 233, p. 297), 'There is no tree that does not fall after ten blows'(한김, p. 92, p. 144)라고 번역되어 있는데, 앞의 것이 더 짧지만, 강렬한 의미를 보이고 있음을 알 수 있다. '삼쳑동ᄌ(三尺童子)'(한한, p. 476)라는 말도 현재까지 쓰이는 말인데, 키가 세 척밖에 안 되는 어린이를 말한다. 이는 'a child'(한그, p. 356, p. 436) 또는 'a three-year-old'(한김, p. 155), 'a three-year-old'(한김, p. 182), 'small children three feet high'(한김, p. 238)라고 다양하게 번역되어 있다. 단지 'child'라고만 쓴 것은 의미가 약하고, 나이가 어리거나 혹은 키가 작은 어린이라는 표현은 본래의 의미를 잘 살리고 있다.

〈장끼전〉에서도 서구의 속담으로 옮긴 것이 보이는데, '백년해로'(장한, p. 75)를 'till we're buried in the same grave'(장리, p. 236)라고 한다든가, '유유상종'(장한, p. 75)을 'Birds of a feather flock together'(장리, p. 236)이라고 한 것들이다.

이와 같이 같은 의미의 서구 속담으로 옮긴 경우, 우리가 보기에는 그럴 듯해 보이지만, 영어사용자가 그들이 항상 쓰고 있는 속담으로 옮겨진 표현을 읽을 때 몇 백 년 전 한국의 분위기가 쉽게 머리 속에 그려질 수 있을까 의문이다. 여기에 관해서는 안정효의 말이 경청할 만하다.

> 안성이나 함흥이나 백두산처럼 한국에만 존재하는 지명이나 다른 배타적인 고유명사를 동원한 표현뿐만 아니라 일반화된 고사성어를 함부로 쓰는 것도 삼가야 할 일이다. 햄릿과 호레쇼의 관계를 '관포지교(管鮑之交)'라고 표현한

다면 얼마나 어색하게 들릴까?[19]

이상 살펴본 결과, 가장 좋은 방법은 그대로 직역한 뒤 주를 붙여주는 방법으로, 읽는 이들이 어렵지 않게 한국의 속담을 이해할 수 있다. 그리고 가장 쉬운 방법은 그냥 설명하는 것이지만, 설명문도 아닌 문학작품의 중간에 설명을 끼워 넣는 것은 권장할 방법이 못 된다. 또 차선책은 그대로 써주는 방법이다. 사실 그대로 직역해서 의미가 통한다면 좋겠지만, 목표어에서도 원천어에서와 같은 의미로 단어나 숙어가 활용되는 것은 아니기 때문에 독자가 이해할 수 없는 경우가 많다. 따라서 이 방법은 무책임한 방법으로 사용해서는 안 될 것이다. 마지막으로 거기에 적절히 대응되는 서구의 속담을 써주는 방법이 있다. 하지만 서구인의 입장에서는 한국의 고소설에서 자신들이 흔히 쓰는 토속적인 관용구를 발견했을 때 무척 어색하게 느끼게 될 것이다.

4) 고유문물과 생활풍습의 전달

한국 고유의 것에 대한 이해가 부족해 잘못 영역된 부분들도 많았다. 다음은 〈구운몽〉의 한 부분이다.

섬월이 옥 잔에 술을 가득 부어 금루의(金縷衣) 한 곡조로 써 권하니 화용월태(花容月態)와 고흔 소래가 능히 사람의 신혼(神魂)을 희미 현혹하게 하는지라.(구이, pp. 86-87)

蟾娘滿酌香酒於玉杯, 唱金縷衣之歌而勸酒, 嬌態柔情斷人之腸矣(노존B, pp. 62-63)

She passed him the glass of welcome and bade him sing. His voice was sweet and such as to awaken and captivate the soul.(구게, p. 47)

위에서 계섬월은 양생에게 노래를 부르면서 술을 권한 것이다. 하지

19) 안정효, 『번역의 테크닉』, 현암사, 1996, p. 60.

만 '금루의 한 곡조로써 권한다'는 구절을 '상대방으로 하여금 금루의라는 노래 한 곡조를 하라고 권한다'는 뜻으로 해석한 것이다. 그 바람에 노래도 양생이 부른 것으로 해석했다. 노래를 부르면서 술을 권하는 문화가 없는 캐나다 출신의 게일로서는 당연한 이해였을 것이다.

또 한국의 대청은 큰 마루를 의미한다. 그런데 스킬렌드는 "The Stork Decides a Case"에서 '대청'(황한, p. 644)을 'the verandah'(황스, p. 51)로 옮겼다. 한국의 대청은 사실 한영사전의 의미대로, 'the main floored room'이나 'a hall' 정도로 옮기면 된다. 하지만 역자는 문이 안 달려 있고 밖으로 트인 공간구조를 가지고 있는 대청을 사방이 막힌 단순한 '방'으로 옮기지 않으려 했던 것 같다. 물론 베란다는 앞이 트인 공간이지만, 한국의 대청과는 전혀 다른 공간이다. 가옥구조의 차이상 정확하게 일치하는 단어가 없어서 그랬을 것이지만, 읽는 이로 하여금 대청과는 전혀 다른 그림을 그리게 한다. 한편 〈구운몽〉에서의 '마루'(구이, p. 223)도 우리의 'floor'를 뜻하는 것이다. 하지만 이를 누각으로 생각해서 'the Ma Pavilion'(구게, p. 188)과 같이 번역한 것은 실수다.

〈허생전〉의 원문에서 보면, 허생의 집을 묘사하면서 쓴 "井上有古杏樹"(허漢, p. 211)라는 구절이 있다. 여기서 '杏'은 字典에 '살구나무'의 뜻이라고 나와 있지만, '은행나무'라는 의미도 가지고 있는데, 여기에 대해 이가원은 그 이유는 밝히지 않은 채, "살구나무로 해석한 것은 그릇된 것임"[20]이라고 주를 달고 있다. 피터 리와 문희경의 경우는 모두 '은행나무'[21]로 해석했지만, 매칸의 경우 이를 'an apricot tree'(허맥, p. 86), 즉 '살구나무'로 번역했다. 이가원의 주에 따르면 매칸의 번역은 그른 것이다.

20) 李家源譯, 『燕巖 · 文無子小說精選』, 博英社, 1974, p. 8.
21) 'an gingko tree'(허문, p. 27), 'an gingko tree'(허리, p. 213).

이와 같이, 한국 고유의 物産이나 生活方式에 관한 단어가 잘못 표현되는 것만으로도 오해를 살 수 있다.

먼저 한국에서 나는 농산물들을 번역할 때, 글자 그대로 번역하지 않고, 당시에는 국내에서 흔히 쓰이지 않았던 물산들로 나타내는 경우들을 보자.

棗栗柿梨 柑榴橘柚之屬(허漢, p. 211)

대추, 밤, 감, 배, 감자, 석류, 귤, 유자 등의 과실(허한, p. 11)

the entire stocks of jujubes, persimmons, chestnuts, pears, potatoes, pomegranates, oranges, lemons and other fruits and vegetables.(허문, p. 29)

all the fruit he could find-jujubes, chestnuts, persimmons, pears, pomegranates, oranges, tangerines and pomelo.(허리, p. 214)

chestnuts, dates, persimmons, pears, and tangerines,(허맥, p. 87)

사실 이 부분은 이가원의 번역에도 문제가 있다. 위의 것은 모두 과일들인데, 유독 곡류인 감자가 들어 있다. 이는 우리가 흔히 먹는 감자(potato)가 아니라 홍귤 나무라는 과일나무인데, 감자나무라고도 부르는 것이다. 이를 그냥 감자로 번역하면, 일반 독자들은 당연히 감자(potato)로 여길 것이다. 이 감자나무는 귤의 일종으로 유자와도 유사한 품종이다. 따라서 홍귤이라고 국역해야 옳다.

영어로 옮긴 것은 이해가 훨씬 복잡하다. '대추, 감, 밤, 배, 감자, 석류, 오렌지, 레몬'이라고 번역한 문희경의 경우 이가원의 번역대로 감자를 'potato'로 옮겼는데, 이는 앞에서 이야기했듯이 홍귤나무이다. 또 귤과 유자를 'orange'와 'lemon'으로 말했는데, 사실 현재 서구에서는 우리가 귤이라 부르는 것을 흔히 'tangerine'으로 쓰고 있는데도, 굳이 오렌지라고 옮긴 것은 의아스럽다. 또 유자를 레몬으로 번역했는데, 유자와 레몬이 비슷한 품종이기는 하나 레몬의 경우는 우리가 예전부터 먹어왔던 과일이 아니므로 이와 같이 번역한 것은 문제가 있다. '대추, 밤, 감,

배, 석류, 오렌지, 귤, 자몽'으로 번역한 피터 리의 경우, 홍귤과 유자를 오렌지와 자몽으로 번역했다. 물론 오렌지도 귤과 유사품종이기는 하지만, 홍귤나무와 오렌지(당귤나무)는 다르다. 또 자몽(grapefruit)의 경우에도 앞에서의 레몬과 마찬가지로 우리가 예전부터 즐겨먹던 과일이 아니며, 유자와는 또 다르다.

반면, 러트가 영역한 *A Nine Cloud Dream*에서의 번역을 살펴보면, 柑을 'tangerine'으로 정확히 옮겼고, 게일은 〈허생전〉에서와 같은 오역을 보이고 있다.

越王荔支 永嘉黃柑 列於玉盤[22)]

월나라 여지(荔枝)와 영가(永嘉) 감자(柑子)는 옥 소반에 가득하니(구이, p. 288)

Fruit was there from Wol, and potatoes from Yong piled high on the green stone platters.(구게, p. 257)

Green jade platters were piled high with lychee fruit from Tongking and tangerines from Ying-chia.(구러, p. 154)

potato를 뜻하는 감자는 감저(甘藷)에서 온 말이고, 감자(柑子)는 귤의 일종이다. 〈한중록〉에서도 같은 과일이름이 나오는데, 여기서 '감즈(柑子)씨'(한, p. 39)의 경우도 감자는 귤의 일종이다. 여기선 〈허생전〉에서의 오역과는 달리 번역들이 제대로 되어 있다.

the seed of mandarin orange(한그, p. 49)
some citrus seeds(한최, p. 13)
the orange seeds(한김, p. 68)

한편 매칸은 '밤, 대추야자, 감, 배, 귤'이라고 몇 가지만 번역하고 만다. 특히 그는 대추를 'dates'로 번역했는데, 'Chinese dates'라고 해야

22) 정규복・진경환 역주, 『구운몽』, 고려대학교 민족문화연구소, 1996, p. 284.

뜻이 정확하게 전달될 것 같다. 그냥 date라고 하면, 대추야자(date palm)를 연상하게 되어 우리나라와는 전혀 어울리지 않는 남국의 야자수를 떠올리게 된다.

이상의 여러 가지 문제가 생기는 것은 대륙마다 주로 나는 과일이 다르므로, 학명이 아닌 이상 정확한 단어가 서로 대응되기 어렵기 때문이다. 하지만 한국 고소설의 번역은 역사 속에 있던 우리 고유의 것들을 알리는 기회이므로 과일이름 한 가지도 편의대로 옮겨서는 안 될 것이다.[23)]

이와 같은 예는 또 있다.

> 以刀鎛布帛綿 入濟州 悉收馬鬉鬣(허漢, p. 212)
>
> 칼, 호미, 베, 명주, 솜들을 사가지고 제주도에 들어가서 말총을 모두 거두며(허한, p. 12)

위의 구절은 허생이 생필품을 가지고 제주도에 들어가서 말총과 바꾸는 장면 중의 일부다. 이는 다음과 같이 옮겨져 있다.

> He then bought up in the same way all the knives, hoes, cotton, silk, wool and horsehair from Cheju Island—in other words all the materials needed for making men's hats and headbands.(허문, p. 29)
>
> When he sold all the fruit, he bought knives, hoes, cotton, hemp, and silk. Then he crossed over to Cheju Island, where he bought all the horse tails he could find.(허리, p. 214)

문희경은 허생이 칼과 호미와 면과 비단과 말총을 모두 한꺼번에 사들인 것으로 해석했지만, 사실은 말총을 제외한 물건들을 육지에서 사가지고 제주에 들어가 말총과 바꾼 것이다. 또 '베'는 'hemp'로 해석되어야 하지만, 'wool'로 옮겨져 있다. 당시 우리나라에서는 '양모(wool)'가

---

23) 한편 〈양반전〉에서 '生葱'(양漢, p. 228), '생파'(양한, p. 77)를 'scallion'(양리, p. 224), 'onion'(양문, p. 41)과 같이 부추나 양파로 번역한 것도 옳지 않다.

쓰이지 않았으므로,[24] 이와 같은 해석은 한국고유문화에 대한 오해를 낳을 수 있다. 한편 피터 리는 한문원전을 그대로 정확하게 옮겼다.

〈한중록〉에서도 이러한 부분이 보인다. '일싱 무명 바지와 무명 창의(氅衣)를 닙ᄉᆞ오시고'(한한, p. 334)를 'he loved coats and trousers made of coarse linen fabric'(한그, p. 254)으로 옮겼는데, 여기서 'linen'은 '마'다. '무명'은 '면'이므로 'cotton'을 써야한다.

그리고 늙은 뱃사공이 허생에게 사람이 살기 좋은 무인도를 소개하면서 한 묘사에서 "花木自開 菓蓏自熟"(허漢, p. 212), "꽃과 잎이 저절로 피며, 온갖 과실과 오이가 저절로 성숙되고"(허한, p. 12)라는 부분이 있다. 땅이 기름져서 먹을 것이 많다는 의미다. 하지만 여기 이가원의 국역에도 오역이 있다. 蓏는 '풀에 달린 열매'들을 이르는 말이다. 하지만 그는 오이를 뜻하는 瓜자와 혼동해서 '오이'라고 번역했는데, 열매 중에는 오이만 있는 것이 아니다. 이에 대한 영역본들의 번역은 다음과 같다.

> flowers bloomed and leaves grew luxuriant and all kinds of fruits and vegetables flourished by themselves.(허문, p. 29)
>
> There were flowers and trees everywhere, and fruit and cucumbers were ripening with no one to look after them.(허리, p. 215)
>
> I found fruit trees and bushes there.(허맥, p. 88)

문희경은 국역본을 토대로 충실히 번역하고 있지만, 여러 열매 중에 오이만 언급함이 어색하다고 여기고 굳이 번역하지 않았다. 피터 리는 이가원과 마찬가지로 오이가 잘 익는다고 번역했다. 하지만 이들 번역은 단어 하나만이 문제될 뿐 사람들이 굳이 가꾸지 않아도

---

24) 1884년부터 1905년까지 조선에서 머물며, 여러 활동을 했던 알렌은 '조선에는 양에게 치명적인 억센 풀이 야생되어 양이 사육되지 않기 때문에 양모를 사용하지 않는다'고 적고 있다.
H. N. 알렌, 『조선견문기』, 신복룡 역주, 한말 외국인 기록 4, 집문당, 1999, p. 97.

과실들이 저절로 잘 자란다는 본래의 의미는 잘 살리고 있다. 그러나 매칸의 경우에는 과실나무와 관목들을 발견했다고만 되어 있고, 이들이 비옥한 토양에서 저절로 잘 자라고 있다는 의미는 전달하지 못하고 있다.

허생은 도적들에게 사람답게 살라고 설득하면서 다음과 같이 말한다.

何不娶妻樹屋 買牛耕田(허漢, p. 212)
왜 아내를 얻고 집을 세우고 소를 사서 농사지어 살며는(허한, p. 13)
then by getting yourselves wives and oxen and land(허문, p. 30)
Why don't you marry, build a house, buy an ox, and till the land(허리, p. 215)
then would it not be better for you to get married, build houses, do the farming.(허맥, p. 89)

문희경은 소와 땅을 얻는다고만 표현했는데, 소가 농사짓는 중요한 수단으로 이용된다는 사실을 표현해 내지 못하고 있다. 피터 리는 한문 원문을 충실히 번역했지만, 문희경과 마찬가지로 소의 이용에 대해서는 보여주고 있지 못하다. 매칸의 경우에는 아예 소에 대한 언급조차 없다. 한국에서는 불과 몇 십 년 전까지만 해도 소가 농사일에서 아주 중요한 존재였고, 이는 서구의 농사방식과는 다른 모습이다. 이러한 한국의 문화에 대한 이해가 없이는 정확하게 전달하기 힘든 내용이다.

이와 같은 농경방식의 이해 부족으로 잘못된 번역에는 또 다음과 같은 것이 있다.

百種碩茂 不菑不畬 一莖九穗(허漢, p. 212)
온갖 곡식이 잘 자라서 묵밭을 갈지 않고 김 매지 않아도 한 줄기에 아홉 이삭씩이나 돋았다.(허한, p. 15)
everything thrived and flourished without needing any ploughing or weeding.(허문, p. 31)

the crops flourished even when Hŏ's men neglected them.(허리, p. 216)

everything they planted grew tall. So luxuriant was it, not a field lay fallow.(허맥, p. 90)

매칸은 해석하기를, '그들이 심은 모든 것이 크게 잘 자랐다. 그렇게 비옥하다 보니, 묵은 땅으로 그냥 둔 들이 없었다'라고 했다. 땅이 좋아서, 놀리는 땅이 없이 모두 농사를 지었다는 말이다. 하지만 원문의 뜻은 그게 아니다. 본래 묵은 밭은 갈지 않으면 곡식이 잘 안 되지만, 이 섬은 워낙 토질이 좋아서 갈지 않아도 농사가 잘 되었다는 이야기다. 반면, 문희경은 국역을 그대로 잘 영어로 옮겼다. 한편 피터 리의 경우에도 잣구를 그대로 옮긴 것은 아니지만, 원문의 뜻을 정확히 전달했다.

영역의 과정에서 중국 고유명사는 중국어 발음으로 옮겨주고 있다. 하지만 역자의 실수로 한국 인명이나 지명을 중국어로 옮긴 것이 보인다. "The Tale of Hong Kiltong"에 나타난 이러한 실수들에 대해서는 장효현이 자세히 고찰한[25] 바 있는데, 여기서는 하나만 예로 들어 본다. '녯날 장츙의 ᄋᆞ들 길산은 쳔싱이로되'(홍한, p. 412)를 'Long ago, Chi-shan, the illegitimate son of Chang Chung'(홍필리, p. 122)으로 옮겼다. '장길산'을 중국어 발음 'Chi-shan'으로 옮긴 것이다. 하지만 장길산은 한국인이다. 물론 허균이 〈홍길동전〉을 쓴 이후의 인물이지만, 현재의 〈홍길동전〉이 후대에 가필된 것임을 감안하고, 조선 효종 때의 인물 장길산이 광대 장충을 아버지로 삼아 자랐다는 사실로 볼 때, 홍길동이 이야기하는 장길산은 효종 때의 장길산이 분명하다. 따라서 장길산을 한국어 발음으로 옮겨 한국인으로 바로잡아야 할 것이다. 아마도 장지영 주석본의 주에 장길산과 장충이라는 인물에 대해서 미상이라고 나와 있어, 역자가 확실히 옮기지 못한 듯하다.

이상 많은 오역들이 보였는데, 고유문물은 독자들이 이해할 수 있는

---

25) 장효현, 앞의 논문, p. 709.

방법으로 옮겨야 하고, 생활풍습에 관한 용어들은 당시의 생활모습이 그려지도록 해야 한다.

이와 같은 용어의 번역에 대한 파우저의 연구26)가 있었는데, 그는 〈雙花店〉의 번역들을 통해 이러한 문제를 고민했다. 마샬 필의 "The Dumpling Shop", 피터 리의 "The Turkish Bakery", 파우저의 "A Mandu Shop"에서, 첫 번째의 것은 '만두'라는 이미지를 불러일으키지 못하며, 두 번째의 것은 진한 커피와 사탕을 파는 곳을 연상하게 하므로, 세 번째의 번역이 제일 낫다고 했다. '만두'의 중국말 "dim sum"이 있지만, 독자들이 중국 딤섬과 고려시대와의 연관에 대해 의아하게 생각할 것이라 쓰지 않았다고 했다. 이와 같이 어설픈 영어단어로 치환하기보다는 한국어를 그냥 써주는 편이 나은 경우들이 훨씬 더 많다.

먼저 영어로 표현한 경우들을 살펴보면, 대표적인 예로 '김치'가 있다. 한국의 고유음식 김치는 이제 한국 외에서도 이름을 알리고 있다. 이러한 '짐치'(심완, p. 185)조차 단순히 'pickles'(심필, p. 144), 'pickled vegetables'(심필, p. 146) 식으로 옮기는 것은 바람직한 방법이 아니다. 이는 음식 이름이 아니라 음식 조리법일 뿐이므로, 'kimch'i'(춘러, p. 325; 춘러리, p. 276)와 같이 현대 한국어 발음으로 옮겨야 할 것이다. 한국 대표의 음식인 김치는 그대로 표기할 필요가 있다. 또 생선을 절인 '자반'을 'salted fish'(심필, p. 155) 또는 'seasoned fish'(심필, p. 163)로 옮기거나, '젓갈(醢)'을 'salted fish'(심필, p. 138), 'pickled fish'(심필, p. 180)처럼 일관성 없는 조리법으로 옮기는 것은 수정이 필요하며, 한국어 원음대로 표기해 주어야 한다.

특정 절기의 표현도 어렵다. 이 경우도 역시 최선의 방법은 음역을 한 뒤 주에서 설명해 주는 것이다. 〈한중록〉에서의 '단오(端午)'(한한, p. 142)와 '닙춘(立春)'(한한, p. 480)이 그것이다. 단오는 'Tano festival'

---

26) Robert J. Fouser, 「Selection and Stylistics in Translating Classical Korean Literature」, 『民族文化研究』 第31號, 高大民族文化研究院, 1998, pp. 342-343.

(한그, p. 132), 'the May festival'(한최, p. 51), 'the fifth day of the fifth month'(한김, p. 265)[27]라고 번역되어 있다. 여기서도 'Tano'를 그대로 써주고 주를 달아주는 것이 이상적일 것이다.

과거의 경우 소과와 대과가 있다. 또 이를 합격하는 것을 등과한다고 한다. 이의 표기 또한 같은 책 안에서도 제각각이다.

과거(科擧)(한한, p. 16)
the High Civil Service Examination(한그, p. 27)
a state examination(한최, p. 5)
a civil service examination(한김, p. 56)

쇼과(小科)(한한, p. 78)
the Lower Civil Service Examination(한그, p. 90)
a minor state examination(한최, p. 15, p. 27)
the preliminary examination(한김, p. 84)

딕소과(大小科)(한한, p. 390)
the Civil Service Examination of Taegwa and Sogwa(한그, p. 293)
the preliminary and the final civil examination(한김, p. 141)

등과(登科)(한한, p. 78)
passed the Higher Civil Service Examination(한그, p. 90)
passed the National Civil Service Examination(한그, p. 315)
passed a major state examination(한최, p. 27)
passed the final examination(한김, p. 84)
passed the civil service examination(한김, p. 155)

〈허생전〉에서도 '과거'가 나오는데, "子平生 不赴擧 讀書何爲"(허漢, p. 211)에서 '擧'는 科擧의 의미다. 이 '과거'는 'the Civil Service

---

27) 'A spring festival day'라고 각주가 달려 있다.

Examination'(허문, p. 27), 'the civil service examination'(허리, p. 213), 'the state examination'(허맥, p. 86)이라고 표기되어 있다. 그리고 "往赴賓擧"(허漢, p. 215)에서 '賓擧'는 우리가 아는 賓貢科다. 이는 'the Chinese Civil Service Examination'(허문, p. 36), 'the examination for foreigners'(허리, pp. 220-221), 'the examinations for the foreign bureau'(허맥, p. 95)로 쓰여 있는데, 문희경의 경우 그저 '중국의 과거'라고 표현하고 있어서, 외국인을 위한 시험이라는 의미가 나타나 있지 않다. 좀 길긴 하지만, 『한·영우리문화용어집』에서의 'a civil-service examination for foeigners'[28]라는 표현은 외국인을 위한 과거라는 의미가 온전히 담겨 있어 적절하다. 또 "本與李政丞浣善"(허漢, p. 214)에서 '政丞'은 'General'(허문, p. 35), 'Minister'(허리, p. 219), 'Minister of State'(허맥, p. 93)으로 옮겼다. 매칸의 'Minister of State'가 가장 적절한 듯하다. '정승'은 국가의 우두머리 다음의 최고 관료급을 이르는 말로, 현재 이와 같은 의미로 통용되는 단어인 'Minister'가 가장 맞아떨어지기 때문이다. 이러한 경우 표현단어뿐 아니라 대문자, 소문자의 사용 여부까지도 통일될 필요가 있어, 이는 한국사학자들과도 조율이 있어야 할 것이다.

한편 "無以讌祠"(허漢, p. 211)에서 '祠'는 제사의 뜻이다. 이를 'ancestral rites'(허문, p. 29), 'sacrifices'(허리, p. 214), 'ceremonies'(허맥, p. 87)로 옮겼다. 또 뒷부분에서의 "祭其去日"(허漢, p. 213)에서 '祭'도 제사지낸다는 뜻으로, 'sacrifice'(허문, p. 32), 'memorial services'(허리, p. 217), 'the memorial service'(허맥, p. 91)로 표현되고 있다.[29] 이때, 祭祀와 祭禮는 구분해 줄 필요가 있으며, 우리나라의 제사는 서구

---

28) 송기중 편, 『한·영 우리문화용어집 Glossary of Korean Culture』, 지문당, 2001, p. 168.

29) 〈황새결송〉에서는 '祭祀'(p. 641)가 'religious ceremonies'(황스, p. 49)로 옮겨져 있다.

에서의 것과 다른 양식이므로 이에 대한 변별도 요구된다. 용어구분이 필요하지만, 실제 영역의 예에서는 변별되어 있지 않다. 이와 같이 서구와 우리의 제사에 대한 전통이 다른 경우에는 적절한 용어를 만드는 것이 힘든데, 앞에 'Korean-', 'Western-', 'Chinese-' 식의 접두사를 붙이는 방법을 제안한다. 나라마다 용어에 대한 인식이 다른 경우에는 단지 단어 하나로서 그 담겨진 모든 것을 전달해 낸다는 것이 어렵기 때문이다.

〈한중록〉에서는 사도세자의 의대병(衣帶病)뿐 아니라, 여러 가지 전염병과 약의 이름들이 자주 나온다. 사실 병명은 영어에 일치하는 것들이 있지만, 약의 경우는 양방과 한방이 다르기 때문에 풀어서 써주어야 한다.

먼저 사도세자의 의대병은 다음과 같이 번역되었다.

의디(衣帶)의 탈(頉)(한한, p. 180)
himatiophobia(한그, p. 152)
obsession about wearing court costume(한최, p. 65)
phobia of clothing(한김, p. 281),

의디병환(한한, p. 196)
himatiophobia(한그, p. 163)
obsession with dressing(한최, p. 71)
clothing phobia(한김, p. 289)

의디증졍(衣帶症情)(한한, p. 202)
his illness(한그, p. 165)
his clothes phobia(한최, p. 72)
His clothing phobia(한김, p. 290)

의디병환(衣帶病患)(한한, p. 208)
his obsession with clothes(한최, p. 75)
his clothing phobia(한김, p. 293)

의디병환(衣帶病患)(한한, p. 234)

The phobia of clothes(한그, p. 186)

이들을 살펴보면, 그란트는 'himatiophobia'라는 용어를 일관되게 사용하고 있음을 알 수 있다. 또 김자현의 경우에는 'clothing phobia'라고 쓰고 있다. 이들은 용어를 일관되게 사용함으로써 의대병이 하나의 병명으로 인식되는 반면, 최양희는 여러 가지 용어를 사용함으로써 사도세자의 증상이 심각하다는 느낌이 덜하다. '청심원(淸心元)' 또는 '청심환(淸心丸)'(한한, p. 156, p. 268, p. 578)을 'chongshin[30] medicine'(한그, p. 139), 'tonic tablets'(한그, p. 429, p. 429), 'restorative pills'(한최, p. 56), 'tranquillizing drugs'(한최, p. 98), 'heart-clearing pills'(한김, p. 234, p. 272, p. 323)라고 한 번역에서 보면, 김자현의 경우에는 한 단어로 일관되게 번역한 반면, 그란트와 최양희는 같은 단어인데도 여러 가지 단어로 번역했음을 알 수 있다. 이는 하나의 예에 불과하다. 다른 단어들의 경우에도 이런 식의 번역이 많다. 한국 고소설의 영역본에는 생소한 문물과 관습이 많아 독자를 당황스럽게 하는데, 여기에 여러 가지 표현이 뒤섞여 영역된 작품은 영어권 독자들의 작품이해를 더 어렵게 만들 것이다. 사소한 단어 하나라도 책 전체를 관통하는 하나의 표현으로 일관해야 할 것이다.

한편 용어들을 그대로 옮겨주는 경우들도 보인다.

'셕고(席藁)'(한한, p. 268) 또는 셕고딕죄(席藁待罪)'(한한, p. 322)는 서양에는 없는 관습이다. 이는 'to do penance in sackcloth and ashes'(한그, p. 208), 'in ashes and sackcloth'(한그, p. 245), 'to prostrate himself on a mat and ask for punishment'(한최, p. 99) 또는 'awaiting the royal decision'(한김, p. 101), 'to kneel on a straw mat in the open air to await punishment'(한김, p. 323)라고 번역되었는데, 김자현의 번역 중에 'in the open air'라고 실내가 아닌 실외에

30) n은 m의 오기인 듯하다.

서 벌을 기다림을 표시하여 주었다. 이러한 관습을 전혀 알지 못하는 외국인에게는 도움이 되는 번역이라 볼 수 있다. 하지만 모두 다른 표현을 써서 같은 관습인지 파악이 어렵다. 좀 길긴 하지만, 'to kneel on a straw mat in the open air to await punishment'(한김, p. 323)가 가장 적절한 영역인 듯하다.

〈한듕록〉에 자주 등장하면서, 동시에 한국학에서 빈번하게 등장하는 여러 단어들이 있다.

노론(老論)(한한, p. 42)
the Noron, or Old Doctrine Party(한그, p. 54)
the Noron[31] faction(한최, p. 14)
Noron faction[32](한김, p. 71)

소론(少論)(한한, p. 418)
the Small Doctrine(한그, p. 313)
Soron(한김, p. 154)

이때, 그란트의 경우 노론을 'Old Doctrine'으로 했다면, 소론은 'Small Doctrine'이 아닌 'Young Doctrine'으로 해야 하지 않을까 한다. 어쨌든 여기에서 글자의 의미가 중요한 것이 아니기 때문에 두 가지 모두 적당하지 않으며, 최양희나 김자현의 경우처럼 노론, 소론을 그대로

31) 다음과 같은 후주가 달려 있음.
'One of the four political factions of the middle period of the Yi dynasty.'
Yang-hi Choe-Wall, 앞의 책, p. 14.

32) 다음과 같은 각주가 달려 있다.
'During this period there were two major factions, the Noron and the Soron. In the not too distant past, enmity between these two factions had reached a point of frequent purges, executions, and banishments. However, Yŏngjo's policy was to somehow maintain a tenuous balance.(후략)'
JaHyun Kim Haboush, trans., *The Memoirs of Lady Hyegyŏng: The Autobiographical Writings of a Crown Princess of Eighteenth-Century Korea*, Berkeley: University of California Press, 1996, p. 71.

써주고 자세한 설명을 주 처리하는 것이 좋을 듯하다. 또 영조가 시행했던, '탕평(蕩平)'(한, p. 418)은 'Impartiality'(한그, p. 312), 'the policy of grand harmony(*t'angp'yŏng*)'[33](한김, p. 154, p. 225)로 이야기했는데, 둘 다 나쁘지 않은 번역이지만, 그란트의 경우 이해를 위해서는 각주나 후주가 꼭 필요하다. 또 당파와 관련된 단어로 '남인(南人)'(한, p. 498)이 있는데, 이 또한 남쪽의 의미가 중요한 것이 아니다. 따라서 'Southerner'(한그, p. 371)와 같은 표기는 '남부지방에 사는 사람'이라는 의미가 강하므로, 'Namin'(한김, p. 193)[34]과 같이 써주고 주를 달아주는 것이 옳다.

간턱(揀擇)(한한, p. 18), 지간(再揀)(한한, p.232), 삼간(三揀)(한한, p. 232)

register their maiden daughters for the kant'aek. One girl would be selected from the kant'aek list to become the wife of the Crown Prince, the future queen of Korea(한그, p. 28), the screening commitee(한그, p. 185), the second screening test(한그, p. 185), the final(한그, p. 186)

the selection(한최, p. 85), the second selection(한최, p. 85), The third selection(한최, p. 85)

the selection(한김, p. 307), the second selection(한김, p. 307), the final presentation(한김, p. 307)

the first sitting(한리, p. 239), the second sitting(한리, p. 239), the third sitting(한리, p. 240)

그리고 세자 혹은 세손의 빈을 고르는 것을 간택이라고 하고, 이후 재간과 삼간을 거쳐 최종 선발하게 된다. 먼저 그란트는 간택의 의미를

---

33) JaHyun Kim Haboush, 같은 책, p. 350, 주 3) 참조.

34) 다음과 같은 각주가 달려 있다.
'A faction that had been out of power since 1694. Chŏngjo employed a number of Namin during his reign.' JaHyun Kim Haboush, 같은 책, p. 193, 주 *.

본문 중에 설명처럼 써주거나, 'the screening commitee'(한그, p. 185)라고 번역해서 썼다. 또 재간과 삼간을 번역한 것을 볼 때, 다 따로 쓰인 이 단어들이 의미의 일관성을 가지고 있다는 사실을 눈치 채기 어렵다. 최양희의 경우를 보자. 간택과 재간, 삼간을 글자 그대로 옮기고 있다. 김자현과 피터 리도 각자 기준에 따라 옮겼다. 세 단어의 밀접한 관련을 고려한다면, 다소 세련되지 못한 듯해도, 피터 리나 최양희처럼 일관성 있게, 글자 그대로 옮기는 것이 적합하다.

그리고 마지막으로 〈홍길동전〉에서 '병법(兵法)을 외와'(홍한, p. 411)를 'learn the martial arts'(홍필리, p. 121)로 옮겼는데, 병법은 실제 무예라기보다는 전술에 가까우므로, 'strategy' 정도로 옮기는 것이 나을 것이다.

고유문물을 표기할 때는, 한국어 그대로 옮겨주되 주를 통해 설명하는 것이 최상의 방법이며, 어떠한 경우라도 독자가 의미를 알 수 있도록 옮겨져야 할 것이다.

다음은 다른 언어들의 경우이지만, 한국의 고소설을 영어로 번역해서 영어문화권에 소개하는 작업에도 해당되는 이야기다.

> 헤게모니 문화가 피지배 문화의 텍스트들을 번역한다면, 그것들은 전형적으로 (a)신비스럽고 기이하고 이국적이며, 그래서 (b)이 분야의 소수의 전문가 그룹들에게만 흥미의 대상이 되는 심원한 것이다. 그 번역작품들은 (c)고통스러울 정도로 현학적인 직역이며, 불쾌할 정도로 어렵거나 (d)독자에게 학문적이고 전문가적인 해석을 부과하는 비평적 기구(서문과 주해)로 무장되어 있다. 자크몬드는 이러한 번역의 무겁고, 주해가 달려 있는 양상이 아랍 텍스트들에 대한 사실상의 번역과 논평들인 박사 학위 논문이나 예비 박사 학위 논문으로 사용되기 때문에, 젊은 오리엔탈리스트들은 그들 연구의 일부로서 이러한 번역에 열중한다. 비전문가인 독자들이 그러한 번역에 직면할 때 그들은 물론 그 어려움과 기이성 때문에 읽기를 미루고, 대신 오리엔탈리스트의 지침서로서 논평들을 신뢰하면서 읽는다. 따라서 '복잡한 오리엔트'(드골의 용어)의 이미지, 즉 완전히 다르고 멀리 떨어져 있는 타자 이미지가 강

화될 수밖에 없고, 동시에 오리엔탈리스트는 유일하게 믿을 수 있는 매개자가 된다.35)

우리가 세계문화를 피지배 문화와 헤게모니 문화로 나눌 때36), 우리 한국 고소설은 피지배 문화의 산물이며 영역작업을 통해서 이를 헤게모니 문화에 알리는 목적을 가진다. 헤게모니 문화에 우리 문학작품이 읽힘으로써 한국문화 전파와 세계문학의 흐름에 동참하는 역할도 수행하게 될 것이다. 그리고 그의 이론을 한국 고소설 영역본에 적용해 보면, 한국 고소설이 영어로 번역될 때 이것은 대중들에게 쉽게 읽힐 수 있는 독서물이 아닌 전문가들을 필요로 하는 고찰대상이 되기 쉽다. 본 논문에서 다룬 작품들도 이러한 성격의 것들이다. 한국의 문화라는 적절한 정보를 전달하는 역할도 하면서, 영어권 독자들이 읽다가 팽개치지 않을 정도의 난해하지 않은 번역이 되어야 할 것이다. 번역은 특수한 상황에 처할 때 역자 자신의 개인적인 숙고를 통해서 최선의 판단을 내려야 한다고 한다. 하지만 모든 경우에 한국고유의 것을 살린다는 원칙을 최대한 적용한다면 후대에 남는 좋은 번역이 될 것이다.

5) 인명과 호칭의 표기

인명의 경우에는 인물이 속한 나라에서 불리는 발음 그대로 써주는 것이 원칙이다. 따라서 한국 고소설의 경우에는 한국인뿐 아니라 중국인, 일본인 등이 등장하므로, 이들의 이름들도 원음대로 써주어야 한다. 물론, 〈구운몽〉의 경우와 같이 배경이 중국인 경우에는 등장인물들의 이름을 중국어 발음으로 써주어야 한다. 하지만 〈구운몽〉의 경우에는, 주

35) 더글러스 로빈슨 지음, 『번역과 제국-포스트식민주의 이론 해설』, 정혜욱 옮김, 東文選, 2002, pp. 55-56.

36) Jacquemond, Richard, "Translation and Cultural Hegemony: The Case of French-Arabic Translation", in Lawrence Venuti(ed) *Rethinking Translation*, pp. 139-158, London & New York: Routledge, 1992. 더글러스 로빈슨 지음, 앞의 책, p. 52에서 재인용.

인공들의 이름들과 별명들이 의미를 고려해 세심하게 지어졌기 때문에 이를 효과적으로 표기하기란 힘들다. 다음은 〈구운몽〉 등장인물들 이름의 표기다.

六如和尙 六觀大師, Master of the Six Temptations and the Great Teacher of the Yook-kwan(구게, p. 4), the Great Master Liu-kuan(구러, p. 17)

性眞 Song-jin(구게, p. 3), Hsing-chen(구러, p. 16)(앞의 것은 게일의 命名, 뒤의 것은 러트의 命名. 이하 상동)

英陽公主 鄭瓊貝 Jewel(공주가 되기 전), Blossom, Ying-yang Cheng Ch'iung-pei,

蘭陽公主 李簫和 Orchid, Lan-yang,

秦彩鳳 Phœnix, Ch'in Ts'ai-feng,

賈春雲 Cloudlet, Ch'un-yün,

桂蟾月 Moonlight, Kuei Ch'an-yüeh,

狄驚鴻 Wildgoose, Ti Ching-hung,

沈裊烟 Swallow, Chen Niao-yen,

白凌波 White-cap, Po Ling-po(구게, p. 282)(구러, p. 167)

게일은 이름의 뜻을 살려서 명명했고, 러트는 이름의 음을 그대로 옮긴 것을 볼 수 있다. 또 게일은 한국어 발음으로 써 주었고, 러트는 중국어 발음으로 바꾸어 옮겼다. 물론 러트도 이름의 의미를 밝혀주고는 있지만,[37] 본문에서는 처음 소개할 때 이외에는 음으로 옮겼다. 두 가지 경우 모두 일장일단이 있을 것이다. 등장인물이 많은 소설이다 보니, 게일과 같은 명명법은 독자가 기억하기 쉽지만, 몇 가지 재고해야 할 부분들이 있었다. 게일은 柳氏를 'You See'(구게, p. 18), 秦氏를 'Chin

37) 'blossom, orchid, rainbow phoenix, spring cloud, moonbeam(surname: cinnamon tree in the moon), startled wildgoose(surname: barbarian tribe), wreath of mist(surname: deep), white waves.' Rutt, Richard & Kim Chong-un, *Virtuous Women: Three Masterpieces of Traditional Korean Fiction*, Seoul: Korean National Commission for UNESCO, 1974, p. 13.

See'(구게, p. 21) 등으로 표기하고 있다. 氏를 See로 옮겼는데 옮긴 모양을 봐서는 See도 이름처럼 오해하기 쉽다. 氏는 고유명사가 아니므로, Miss You, Miss Chin과 같이 적절하게 번역해 줄 필요가 있다. 예를 들어 '양씨'(구이, p. 209)를 'General Yang'(구게, p. 173)으로, '유부인'(구이, p. 304)을 'Madame Yoo'(구게, p. 275)로, '진소저'(구이, p. 75)를 'Ch'in girl'(구러, p. 33)이라고 옮긴 것이 무난하다. 또 '柳生'(구이, p. 202)의 경우, 생은 벼슬 없는 이에 불과한데, 'Dr. Yoo'(구게, p. 166)로 쓴 것은 적절하지 않으며, '양생'(이, p. 78)을 'Mater Yang'(구게, p. 40)으로 옮기는 것이 옳다. 그리고 賈春雲을 春娘이라고 부르는 것을 'Cloudlet'(구게, p. 68)으로 옮겼다. 하지만 춘랑은 春을 딴 명명인데, Cloudlet은 雲을 딴 명명이다. 사람의 이름인 만큼 정확하게 옮길 필요가 있다.

> 저 낭자의 성은 계(桂)요, 명은 섬월(蟾月)이라(구이, p. 81)
>
> yonder fair dancer's family name is Kay Som-wol and her given name is Moonlight(구게, p. 42)

위의 문장에서는 성(family name)은 'Kay'까지이고, 'Som-wol'은 이름(given name)인데, 위와 같이 잘못 쓰였다.

〈임진록〉에서는 일본인들이 등장한다. 인명을 옮기는 데 있어서 역자 피터 리는 나름의 꼼꼼한 기준을 세워 적용하고 있다. 소설의 등장인물들 중에서 실존인물들과 아닌 인물들이 혼재되어 있는데, 실존인물은 일본어 발음 그대로 써주고 있다. 하지만 가상인물인 일본인의 한자이름은 일본어로 읽도록 만들어진 것이 아니라서 한국발음으로 옮겼다고 했다.[38)]

이상에서 보았듯이 게일은 한국어 발음으로, 러트와 피터 리는 인물

38) Peter H. Lee trans. *The Record of the Black Dragon Year*, p. 59의 주 5).

의 국적을 고려해 중국어 발음으로 옮겼으며, 게일은 이름도 번역을 해서 옮긴 것이 특징이다. 인명을 표기할 경우 이름의 뜻으로 옮기지 말고 발음을 옮기고, 필요한 경우 앞부분에서 인명이 가지고 있는 뜻을 밝혀 주어야 할 것이다. 그리고 등장인물의 국적을 고려해야 하며, 한국어 발음의 경우에는 매쿤－라이샤워 시스템을 따라 표기하는 것이 원칙이다.

한편 인물 간의 호칭이나 직종 명칭의 번역은 명확해야 한다.

문화의 차이는 호칭의 차이도 낳는다. 호칭에는 여러 가지가 담겨 있다. 한국어의 호칭에서는 영어호칭보다 부르는 사람과 불리는 사람의 관계에 대한 많은 정보를 준다. 특히 가족이나 친척의 호칭에서는 누가 연장자인지 금방 알 수 있다. 이는 일본에서도 마찬가지다.[39] 하지만 영어에는 우리말처럼 호칭이 세분화되어 있지 않아, 친척의 호칭은 외국인에게는 번역하기 무척 까다로운 부분이다. 따라서 이의 영어표기를 통일할 필요가 있다. 또 관직 이름들 또한 쏟아져 나오고 있어, 이를 적절하게 표기하기가 쉽지 않다. 관직명에 똑같이 대응되는 외국의 관직명이 있을 리 없기 때문이다. 호칭은 한국어와 영어의 차이를 가장 많이 느끼게 하는 부분이다.

> 단어의 번역을 대충 처리한 예는 우리 주변에서 얼마든지 발견된다. 'queen'의 경우도 마찬가지이다. (중략) 하지만 여왕과 왕비는 얼마나 엄청난 차이가 있는가. 만일 외국 사람이 신라의 선덕 여왕을 '왕비'라 하고 민비를 '여왕'이라고 했다면 우리나라 사람들이 얼마나 한심하다고 했을까. 그러면서도 우리나라 사람들은 엘리자베스 여왕을 비련의 '왕비'라고 부르면서 태연자약하다. 'queen'과 비슷한 예로 'uncle'과 'aunt'가 있다. 아주머니, 이모, 고

39) '또 "brother", "sister"와 같은 흔한 단어로 고민하는 경우도 있습니다. 연령을 모르면 일본어가 되지 않습니다. 만일 한자로 쓴다고 하면 "uncle", "aunt"도 곤란합니다. 제 인상에 지나지 않지만, 아시아계통의 작가가 쓴 소설에서는 장유유서가 알기 쉬운 느낌이 듭니다. 도저히 알 수 없으면 역자가 적절히 판단할 수밖에 없겠지요. 제멋대로 정해 버린 적도 있습니다.' 小川高義, 「소설의 번역－일본어의 특기特技」, 川本浩嗣·井上 健 編, 이현기 옮김, 『번역의 방법』, 고려대학교출판부, 2001, pp. 165-166.

모, 숙모, 작은 어머니 등이 모두 영어로는 'aunt' 한 단어로 표현된다. 따라서 앞뒤의 문맥을 살펴보고, 때로는 소설 전체를 다 뒤져서라도 이모인지 고모인지, 아니면 통 밝혀낼 수가 없어 그냥 아주머니라고 해야 할지를 번역가는 알아내야 할 의무가 있다.40)

한국어의 '큰아버지, 작은아버지, 외삼촌, 고모부, 이모부' 등이 영어로는 모두 'uncle'로 옮겨진다. 그렇다고, 예를 들어, 한국어의 '외삼촌'이 영어로는 'uncle'밖에는 없을까? 아니다. 한국어의 '외삼촌'에 해당되는 사람이 정확하게 가려내져야 할 경우 이는 영어로 'mother's (elder/younger) brother'가 되어야 한다.41)

위의 문제들은, 영어를 한국어로 옮기는 경우나, 한국어를 영어로 번역하는 작업에서 공통적으로 적용된다. 특히 〈한중록〉의 경우에는 친척간의 호칭이나 관직에 대한 용어가 많아 위와 같은 고민을 가장 많이 느끼게 해 준다.

작품의 성격상 등장인물들의 관계에 따른 호칭이 다양하게 나온다. 먼저 친척의 호칭을 살펴보자.

외가(外家)(한한, p. 360) the distaff side(한그, p. 272)/ 외조(外祖)(한한, p. 14) mother's grandfather(한그, p. 25)/ 숙계조부(叔季祖父)(한한, p. 376) your grandfather's middle younger and youngest brothers(한그, p. 284)/ 왕부(王父)(한한, p. 377) grandfather(한그, p. 284)/ 듕부(仲父)(한한, p. 322) my father's oldest younger brother(한그, p. 245), my father's younger brother(한그, p. 315)/ 숙부(叔父)(한한, p. 350) my father's middle younger brother(한그, p. 264)/ 계부(季父)(한한, p. 350) my father's youngest brother(한그, p. 264)/ 졔부(諸父)(한한, p. 379) your uncles(한그, p. 285)/ 계모(季母)(한한, p. 352) my youngest aunt(한그, p. 265), wife of my father's youngest brother(한그, p. 272)/ 고모(姑母)(한한, p. 362) a paternal aunt(한그, p. 172)/ 듕고모(仲姑母)(한한, p.

40) 안정효,『번역의 테크닉』, 현암사, 1996, p. 33.
41) 강원대학교 인문과학연구소 엮음,『번역의 이론과 실제』, 강원대학교출판부, 2003, p. 87.

370) my second paternal aunt(한그, p. 278)/ 계고모(季姑母)(한한, p. 371) my youngest paternal aunt(한그, p. 279)/ 당슉(堂叔)(한한, p. 407) father's cousin(한그, p. 407)/ 션형(先兄)(한한, p. 308) my elder brother (한그, p. 235)/ 션형부인(先兄夫人)(한한, p. 362) wife of my oldest brother(한그, p. 272)/ 즁졔(仲弟)(한한, p. 308) my oldest younger brother(한그, p. 235)/ 슉뎨(叔弟)(한한, p. 324) my middle younger brother(한그, p. 246)/ 계미(季妹)(한한, p. 338) my younger sister(한그, p. 256), my sister(한그, p. 273)/ 계뎨(季弟)(한한, p. 340) my youngest brother(한그, p. 257)/ 직죵형뎨(再從兄弟)(한한, p. 68) second cousins(한그, p. 80)/ 이죵(姨從)(한한, p. 352) the daughter of my maternal aunt (한그, p. 265)/ 죵뎨(從弟)(한한, p. 362) a cousin(한그, p. 272)/ 빅형(伯兄)(한한, p. 362) my oldest brother(한그, p. 272)/ 뉵촌(六寸)(한한, p. 396) a second cousin(한그, p. 298)/ 오촌고모(五寸姑母)의 아들(한한, p. 450) the son of my aunt twice removed(한그, p. 336)

위는 그란트의 영역본을 대상으로 뽑아본 것이다. 우리말 호칭의 복잡함을 새삼 실감하게 된다. 위처럼 역자가 세심하게 옮긴 호칭 중에서도, '외가'의 경우 'the distaff side'(한그, p. 272)로 제대로 번역되어 있는 경우가 있는가 하면, 뒷부분에서는 'the family of his grandfather-in-law'(한그, p. 431, p. 436)로 사돈댁을 뜻하는 말로 잘못 번역되어 있다. 외할아버지도 'maternal grandfather'(한김, p. 209, p. 218)가 아닌 'Grandfather-in-law'(한그, p. 429)로 사돈댁의 할아버지라는 말로 둔갑했다.

당숙도 마찬가지다. '당슉(堂叔)'(한한, p. 16)은 아버지의 사촌형제로 나에게는 오촌이다. 아저씨뻘 되는 사람인 셈으로 번역에 있어서는 'cousin'(한그, p. 27; 한김, p. 219)이 아닌, 'uncle'이 적절하다. 물론, 'father's cousin'(한그, p. 407)이나 'my uncle'(한최, p. 6; 한김, p. 56) 모두 맞는 표현이다.

가장 복잡한 것은 형제 간의 호칭이다. 자신을 중심으로 한 형제관계뿐 아니라, 아버지 혹은 어머니를 기준으로 부모님의 형제들을 맞게 호칭하기는 무척 복잡하다. 아버지의 형제 중 나이가 많은 순서로 중부, 숙부, 계부라고 호칭한다. 이를 'my father's oldest younger brother'(한그, p. 245), 'my father's middle younger brother'(한그, p. 264), 'my father's youngest brother'(한그, p. 264)라고 복잡하게 부른다. 고모도 마찬가지로 중고모－'my father's second oldest sister'(한김, p. 131), 계고모－'my father's younger sister'(한김, p. 132)라고 했다. 물론 간단히 'uncle'이나, 'aunt'라고 불러도 틀린 것은 아니지만, 워낙 'uncle'이나 'aunt'가 광범위한 호칭이라 자세히 써주는 편이 옳고, 외국인에게 우리의 호칭에 대한 관심을 보여줄 필요도 있다. 혜경궁 홍씨의 형제들도 마찬가지이다. 선형 또는 백형, 중제, 숙제, 계제를 각각 'my elder brother'(한그, p. 235) 혹은 'my oldest brother'(한그, p. 272), 'my oldest younger brother'(한그, p. 235), 'my middle younger brother'(한그, p. 246), 'my youngest brother'(한그, p. 257)로 표기하거나, 간단히 중제－'my second brother'(한김, p. 177), 숙제－'my second brother'(한김, p. 128), 'my third brother'(한김, p. 102, p. 170) 등과 같이 표기하기도 한다. 하지만 두 번째 방법에서는 역자가 형제의 순서를 헷갈리는 실수를 범한 것을 알 수 있다.

오촌고모(五寸姑母)의 아들(한한, p. 450)도 난감한 표현인데, 'the son of my aunt twice removed'(한그, p. 336)나, 'the son of my father's first female cousin'(한김, p. 170)으로 복잡하게 표현해 주어야 하는 것을 볼 수 있다.

친인척 간의 호칭뿐 아니라, 궁 내에서의 호칭도 표기가 어렵다. 최양희의 경우는 책의 뒷부분에, 김자현의 경우에는 책의 앞부분에 주요 인물들의 호칭을 밝혀놓았다. 이들의 표기는 역자마다 다른데, 어느 것이 효율적인지 살펴본다.

먼저 '사도세자'의 경우 〈한중록〉 내에서 '경모궁' 등 여러 가지 다른 이름으로 불린다. 이들을 원본대로 다양하게 번역할 경우 읽는 이가 혼란스럽다. 워낙 등장인물이 많고, 한자이름들이 낯설기 때문인데, 이때 한 가지 이름만을 선택해 써주는 것도 한 방법이 될 수 있겠다. 'the Crown Prince'(한그, p. 37), 'the Heir Apparent'(한그, p. 38), 'Crown Prince Changhon'(한그, p. 45), 'the Prince'(한그, p. 388), 'Crown Prince Changhŏn'(한최, p. 111), 'Crown Prince Sado'(한최, p. 111), 'Prince Sado'(한김, p. 43) 등의 호칭이 혼용되고 있는데, 이는 후에 정조나 순조가 세손이 된 후의 호칭과 매우 혼동된다. 예를 들어 순조가 세손이었을 때도 'the Prince'(한그, p. 202)라고 부르고 있는 것이 그것이다. 〈한중록〉에서 '세손'은 주로 순조의 즉위하기 이전을 칭한다. 순조를 'the Grandson'(한그, p. 207), 'The Royal Grandson'(한그, p. 207), 'the royal grandson'(한최, p. 98), 'the Grand Heir'(한김, p. 82) 등으로 통일되지 않게 부르기는 사도세자와 마찬가지다. 왕들이 재위하고 죽고 하는 과정에서 왕과 세자가 바뀌어서 호칭이 뒤죽박죽이 되는 문제가 생긴다. 이를 볼 때 김자현이 사도세자를 'Prince Sado'라고만 불렀듯이, 한 인물에는 한 가지 호칭만을 고집[42]한 것은 합리적인 방법이다. 세자빈 또한 'Crown Princess'(한그, p. 46, p. 58), 'the Crown Princess Consort'(한김, p. 59)이며, 세손빈궁 또한 'the Princess Consort'(한그, p. 206, p. 207, p. 213), 'the royal grand son's wife'(한최, p. 97), 'The Grand Heir Consort'(한김, p. 323) 등으로 혼돈되게 쓰여 있다. 상궁이나 궁녀[43]의 경우도 마찬가지다.

이 밖에 호칭이라기보다는 직업의 하나이지만, 짚고 넘어가야 할 중요한 명칭이 있다. 〈구운몽〉에서의 '기생'(the professional dancing and

42) JaHyun Kim Haboush, trans., *The Memoirs of Lady Hyegyŏng: The Autobiographical Writings of a Crown Princess of Eighteenth-Century Korea*, Berkeley: University of California Press, 1996, p. 37.

43) 상궁 'the lady'(구러, p. 118), 'a palace-woman'(구러, p. 122), 'the palace maids'(구게, p. 187).
궁녀 'the palace ladies'(구게, p. 130), 'the palace maids-in-waiting'(구게, p. 130), 'maids-in-waiting'(구게, p. 190).

singing girls)(구러, p. 13)이 바로 그것인데, 대부분 'a dancing girl'이나 'a singing girl'로 번역되어 있다.

명기(구이, p. 78) dancing girls(구게, p. 39), famous singing girls(구러, p. 35)
기생(구이, p. 79) the dancing girls(구게, p. 41), the dancing girls(구러, p. 35)
창기(구이, p. 87) a dancing-girl(구게, p. 47), an entertainer(구러, p. 40)

〈구운몽〉에서 그려지는 기생의 모습만 봐도 노래하고 춤추는 것 외에 詩書에도 능했다. 'an entertainer'(예능인)라는 말이 좀 더 많은 것을 포괄하고 있기는 하지만, 이도 적확한 용어는 아니다.

〈한중록〉에서도 이러한 혼란은 계속되는데, '기싱(妓生)'(한한, p. 244)은 문학작품뿐 아니라 한국의 옛 문화를 이야기할 때 자주 다뤄지는 중요한 용어이다. 하지만 서구에는 이와 똑같은 직업이 없기 때문에 이에 상당하는 용어가 없다. '기녀(妓女)'(한한, p. 272)도 '기생'과 같은 말로 '*kisaeng girls*'(한그, p. 210), '*the kisaeng*'(한최, p. 100)이라고 영역된다. 하지만 섣부르게 'a courtesan'(한김, p. 325), 즉 '고급창부'라고 번역한 경우도 있는데, 이는 기생의 역할을 한정하고 왜곡하는 아주 위험한 번역이다. 따라서 '기싱(妓生)'(한한, p. 244)을 '*Kisaeng girls*'(한그, p. 193), '*Kisaengs*'(한최, p. 90) 'many *kisaeng*'(한김, p. 313)[44]과 같이 그대로 음역해 주는 것이 최선의 방법인 듯하다. 여기에 주를 달아준다면, 가장 적절한 번역이 될 것이다.[45]

---

44) 여기에는 다음과 같은 각주가 달려 있다.
'A legally sanctioned courtesan. There were several categories of *kisaeng*.' JaHyun Kim Haboush, 앞의 책, p. 313.

45) 〈양반전〉에서도 같은 예가 보이는데, '妓'(양漢, p. 228) '기생'(양한, p. 79)을 'female entertainers'(양리, p. 225)라고 번역한 것은 무난하지만, 'courtesans'(양문, p. 42)라고 옮긴 것은 위험하다.

'냥반(兩班)'(한한, p. 562)도 비슷한 경우다. 이를 'a member of the nobility'(한그, p. 417)로 의역하기도 하고, '*a yangban*'(한김, p. 226)처럼 음역하고 각주를 달기도 했다. 앞에서 제목의 문제를 이야기할 때도 언급했지만, 이 경우에는 한국 고유의 신분 이름인 '양반'을 살려주어야 한다.

이와 같이 영역에 있어서 한국 고유의 인명과 호칭의 표기를 최대한 살려주되, 한국문화에 낯선 독자들을 위해 한 인물은 한 가지 인명이나 호칭으로 통일해 주는 것이 합리적인 방법이 될 것이다.

6) 고유명사의 표기

고유명사와 용어의 표기문제는 점차 해결되고 있는 듯하지만, 아직 공식적으로 통일된 바가 없다. 고유명사나 용어를 소리 나는 대로 옮길 것인지, 아니면 그 의미가 드러나게 써줄 것인지는 아직도 번역자들이 고민하고 있는 바이다. 어떤 이는 이러한 어휘를 공식화했으면 한다[46]는 제안을 하기도 했는데, 경청할 만한 의견이라고 생각한다.[47] 앞에서도 이야기했듯이 이 문제는 작품을 읽을 독자층이 누가 될 것인지를 미리 파악해서, 그에 따라 다르게 적용해야 할 것 같다. 한국문학 전공자들의 교재로 쓰일 경우에는, 고유명사를 소리나는 대로 그냥 표기하는 방향으로 하면 될 것이다. 그리고 그 의미는 주로 처리하든가 수업시간에 설명하든가 하는 방식으로 하면 될 것이다. 하지만 일반 독자들은 주를 읽으면서 작품을 읽을 만한 여력도 없고, 의미를 모르는 고유명사들은 독서의 흥미를 반감시킬 것이다. 그저 재미있게 읽을 대상으로 번역

---

46) 엘렌 르브렝, 「한국 현대 소설의 번역에 관하여」, 『한국 문학의 외국어 번역』, 민음사, 1997, p. 162.

47) 현재, 송기중이 편찬한 사전이 나와 있는데, 용어들을 영문으로 표기하고, 적당한 영역도 곁들였다. 하지만 학계의 衆論을 모은 것이 아니라, 분야별 전문가 개인이 英譯한 것으로 그 결과물은 공식화된 것이라고는 볼 수 없다.
송기중 편, 『한·영 우리문화용어집 Glossary of Korean Culture』, 지문당, 2001.

된다면, 쉽게 그 의미를 파악하고 넘어갈 수 있도록 표현되어야 한다. 하지만 지금까지 살펴본 작품들의 경우 연구, 학습 교재의 성격이 강하므로, 쉽게 이해하고 넘어갈 수 있는 설명투의 번역은 바람직하지 않다.

번역에 있어서 나라마다 문화가 다르므로, 동일한 단어로 치환하는 식의 번역이 불가능할 때가 많다. 더구나 고소설에서의 단어들은 현대 한국사회에서 쓰이지 않는 것들도 많아 더욱 그렇다. 이런 경우들을 실례를 들어 살펴보고 바람직한 방향을 모색해본다.

첫째, 고유단위의 표기는 한국의 것을 살려서 옮겨준다.

단위의 표기에서는 기본적으로 이를 영어사용국의 계량단위로 환산해서 표기할 것인가, 아니면 그냥 우리의 단위를 그냥 쓸 것인가의 고민에 빠진다. 여기서 더 나아가 '쌀 한 말'을 '쌀 한 자루'로 옮기는 게 낫다고 주장하는 번역가[48]도 있다. 문학텍스트 번역에서는 주를 달아 정확한 수치를 알려주는 것은 가급적 피하는 것이 좋고, 오히려 수치가 환기시키는 문맥상의 의미를 살리는 게 바람직하다는 것이 그의 주장인데, 이는 연구나 학습의 대상이 아닌 순수한 감상의 대상으로서의 문학작품을 번역할 때 적용되는 말일 것이다. 앞에서도 고찰했듯이, 한국어를 조금이라도 알고 있거나 배우려는 사람들에게는 한국의 고유단위를 살려주어야 한다. 우리 영어사용국의 계량단위로 환산을 한다면 대충 의미 전달은 되겠지만 우리 고유의 단위는 전달되지 않기 때문이다.

나이의 번역은 역자의 번역기준을 알 수 있는 좋은 예인데, 〈구운몽〉에서 게일과 러트는 각기 아주 다른 기준으로 옮겼다. 러트도 언급했듯이[49] 게일은 등장인물들의 나이에 몇 살을 더했다. 사실 한국의 나이는 서구의 나이보다 한 살 또는 두 살이 많다. 그럼에도 여기에 또 몇 살을 더한 것은 인물들이 사회적인 성공을 거두고 배우자를 만나기에 너무

48) 하이디 강, 「한국 소설의 독일어 번역에 관하여」, 『한국문학의 외국어 번역』, p. 351.
49) Rutt, Richard & Kim Chong-un, *Virtuous Women*, p. 11.

어리다고 생각했기 때문이었을 것이다.

장원은 양소유인대 회남 사람이라. 나이 십륙세요.(구이, p. 112)

I find that the winner is not of the capital, but is a certain Yang So-yoo from Hoi-nam. His age is eighteen.(구게, p. 71)

반면 러트는 나이도 서양의 나이계산법으로 바꾸어, 한국 나이보다 한 두살 어리게 표기했고[50], 시간도 서구식으로 바꾸어 육십갑자를 사용하고 있지 않다.[51] 그는 "The Song of a Faithful Wife, Ch'un-Hyang"에서도 마찬가지로, '이팔'(춘한, p. 316), '십육세'(춘한, p. 320) 등의 십육세의 나이를 서양의 나이로 환산하여 'fifteen years old'(춘러, p. 253, p. 260)로 옮기고 있다.

하지만 스킬렌드는 한국과 서양의 나이계산법의 차를 고려하지 않고 너무 어린 듯한 나이도 그대로 옮겼다. '년긔 십삼ᄉᆞ는 ᄒᆞ고'(심경, p. 499)의 '열서너살'을 'some thirteen or fourteen'(심스, p. 133)와 같이 옮겼다.

요즘도 우리 한국에서는 만 나이, 우리 나이를 구별해서 써야 하는 형편이기 때문에, 이에 대한 기준을 세울 필요가 있다. 〈한중록〉을 보면, 먼저 그란트는 61번째 생일인 회갑을 번역할 때, 'the sixty-first birthday'(한그, p. 242)와 'the sixtieth birthday'(한그, p. 242)를 혼용하고 있다. 이는 계산방법이 혼란스러웠기 때문이다. 김자현의 경우는 'his sixtieth birthday'(한김, p. 99)로 일관되게 쓰이고 있다. 이는 계산의 기준을 세웠기 때문이다. 김자현은 본문 앞의 주(note)에서 다음과

50) 위의 같은 부분에서 Rutt은 'fifteen years old'(구러, p. 54)라고 한 살 어리게 옮겼다.

51) 'the ages of characters, and the counting of time in general are expressed according to western computation, and are thus one or two years less than the figures given in the original texts, which use Korean computation.' Rutt, Richard & Kim Chong-un, *Virtuous Women*, Preface.

같이 밝히고 있다.

> In referring to age, I translate se as being in a certain year or I used true age in English usage. Fifteen se, for instance, becomes "he was in his fifteenth year" or "he was fourteen years of age." In traditional Korea, time was also measured in sixty-year cycles.(한김, p. 38)

예를 들어 한국 나이로 열다섯 살이라면, 이를 표기할 때 서양식으로 열네 살이라고 하든가, 열다섯 번째 해를 살고 있다고 말하는 것이다. 이 기준으로 표기한 예는 다음과 같다. 'The young Prince was in his eighth year'(한김, p. 293) 'now his son, at seven, was formally invested as the Grand Heir'(한김, p. 293)처럼 같은 나이를 두 가지로 표기했다. 하지만 굳이 두 가지 방법을 병행할 필요가 있는지 의문이며, 한국식으로 그대로 표기한다고 해서 큰 문제가 있는 것도 아닌데, 서양식으로 다시 계산해서 표기할 필요는 없다.

한편 김종운의 "The True History of Queen Inhyŏn"은 러트가 편집한 책의 일부인 만큼 러트의 영역기준에 따르고 있다. '여덟 살'(인한, p. 32)을 'seven-year-old'(인김, p. 207)라고 한다든가, '삼십칠세'(인한, p. 53)를 'thirty-five years old'(인김, p. 233)라고 옮기는 등 한 살 또는 두 살을 빼서 만 나이 즉, 서양의 나이로 바꾸고 있다. 또 박태보가 입조한 지 '열세 해'(인한, p. 20) 된 것을 햇수가 아닌 만해로 따져서 'twelve years'(인김, p. 197)로 옮기기도 했다. 그는 나이 계산에 예민함을 보이고 있는데, '상감의 춘추가 삼십이 거의 되셨건만'(인한, p. 13)을 'the king's age was approaching thirty by traditional method of counting'(인김, p. 189)이라고 원문을 그대로 옮긴 경우에는 굳이 한국 고유의 나이 계산법임을 밝히고 있는 것을 보아도 알 수 있다.[52]

---

52) 그리고 "The True History of Queen Inhyŏn"에서 박태보가 나중에 서울출입을 한 지 '십년'(인한, p. 21)이 되었다고 한 것을 앞과 통일해서, 'twelve years'(인김, p.

이상에서, 스킬렌드와 같이 원작 그대로 옮기거나, 게일처럼 원작에 몇 살을 더하거나, 러트나 김종운처럼 한두 살을 빼서 서양의 나이로 바꾸거나, 김자현과 같이 두 가지 표기를 써주는 등 나이의 표기에 있어서 모든 다양한 방법이 동원되고 있음을 볼 수 있다. 하지만 동양과 서양의 나이계산법의 차이를 인정해야 하며, 표기에 있어서도 한국의 나이 그대로를 표기해 주어야 한다. 게일이 너무 어리다고 생각하는 주인공의 나이도 실은 현대 서양의 관점에서 그러한 것이며, 동양 고전 속의 인물에게는 적은 나이가 아닌 것이다. 설중환[53]도 한국 고소설의 여주인공의 연령들이 15세 전후임에 주목하여 이들이 傳奇性을 수행하는 것에 대해 상세한 고찰을 하고, 나이가 큰 의미를 가지고 있음을 밝히고 있다. 이와 같이 깊은 상징을 가지고 있는 등장인물들의 나이를 역자 마음대로 함부로 바꿀 것이 아니며, 더구나 한국의 나이계산법은 태아가 엄마 뱃속에 있을 때부터를 생명으로 생각하는 우리 고유의 생명에 대한 의식이 담겨 있고, 현대의 한국사회에서도 보편적으로 통용되는 방법이므로, 이를 그대로 표기해 주는 것이 옳다.

단위의 경우에는 크게 연도의 표기문제와 도량형의 단위 표기문제로 나뉠 수 있겠다. 먼저 연도의 표기문제를 보자.

연도표기는 모두 한국 고유의 표기와 현대표기를 혼용하고 있다.

"The True History of Queen Inhyŏn"에서는 '정미(丁未) 사월 이십삼일'(인한, p. 10)을 'the twenty-third day of the fourth moon of 1667'(인김, p. 185)로 옮기고 있는데, 해 이름은 서기로 바꾸고, 일월은 음력 그대로 써주고 있다. 또 시간의 경우에도 다른 역자들과 마찬가지로 '묘시(卯時)'(인한, p. 53)를 'seven o'clock in the morning'(인김, p. 233)으로 옮기고 있다.

---

197)로 바꾸어주기도 했다.

53) 薛重煥, 「古代小說 女主人公들의 年齡－15歲前後를 中心으로－」, 『金鰲新話研究』, 高麗大學校 民族文化研究所, 1983.

〈한중록〉의 경우, 그란트는 연도의 표기를 두 가지 방법으로 하고 있다. 하나는 'In the year of Shin-yu'(한그, p. 23)라고 육십갑자로 그해의 이름을 써주는 방법이고, 다른 하나는 'in the thirty-fifth year of King Yongjo's reign'(한그, p. 256)처럼 왕의 재위기간을 기준으로 써주는 것이다. 이는 원문에 쓰인 대로 영역한 것들이다. 하지만 한국 사람들조차도 이러한 연도 표기에 익숙하지 않아 읽기에 무척 불편할 지경인데, 영어를 모국어로 하는 사람들에게는 말할 필요도 없을 것이다. 게다가 두 가지 방법이 혼용되고 있고, 심지어는 왕의 이름(묘호)도 붙이지 않은 채, 'in the forty-second year'(한그, p. 256)처럼 쓴 경우는 아주 당황스럽다. 한편 최양희는 'at noon on 6 August 1735'(한최, p. 1)와 같이 아주 철저하게 서기로 모두 바꾸고, 심지어는 연월일을 쓰는 순서조차 영어식으로 바꾸었다. 이와 같은 표기는 이해는 아주 쉽겠지만, 왠지 한국문학 작품에는 낯설다. 이 두 가지를 절충한 표기가 김자현의 것이다. 'at one o'clock in the morning on the eighteenth day of the sixth month of the *ŭlmyo* year(1735)'(한김, p. 50)와 같이 우리 고유의 해의 이름을 써주면서 괄호 안에 서기를 아라비아 숫자로 표기했다. 그란트의 방법처럼 헷갈리지도 않고, 최양희의 방법처럼 너무 서구적이지 않으면서도 이해가 쉬운 표기법이다. 피터 리는 더 친절하게, 'The first of the three sittings was held on the twenty-eighth day of the ninth month〔November 13〕'(한리, p. 238)와 같이 '음력〔양력〕'으로 표기해 주었다. 그의 또 다른 영역작 *The Record of the Black Dragon Year*에서도 연월일을 표기할 때, 다음과 같이 원문의 음력을 쓴 후, 괄호 안에 또 양력을 써주었다.

이때 임진년 하사월 이십 팔일이라(임한, p. 118)
it was the twenty-eighth of the fourth lunar month, summer, of the year of the Black Dragon(7 June 1592)(임리, p. 58)

시간도 마찬가지로 원문 그대로 고유의 시이름을 써주고, 현대의 시각으로 환산해서 괄호 안에 다시 써주었다. '사시(巳時)'(임한, p. 127)를 'the hour of the snake(9-11A.M.)'(임리, p. 69)로 '초경'(한, p. 131)을 'the first watch of the night(6-8P.M.)'(임리, p. 75)로 써주었다. 연월일의 경우와는 달리 시각은 申時, 午時 등의 재래의 시이름으로 옮기지 않고 있으며, 앞의 〈한중록〉의 세 영역본 모두 하루 24시간 단위로 환산해서 표기했다.

〈양반전〉에서는 시간의 표기를 서구의 기준으로 바꾸었는데, '乾隆十年 九月日'(양漢, p. 227)을 피터 리는 'On a certain day of the ninth month of the tenth year of Ch'ien-lung(1745)'(양리, p. 223)이라고 그대로 옮겼지만, 문희경의 경우에는 'In September of the twenty-first year of King Yongjo's reign'(양문, p. 40, p. 41)과 같이 영조 21년으로 환산해서 써넣었다. 주지하다시피 '건륭'은 중국 청나라 고종 때의 연호이다. 주체적이지 못하다고 생각한 역자가 바꾸어서 옮긴 것으로 보인다. 연대의 표기는 간단한 듯하지만, 이처럼 나름의 주체성까지도 담고 있어 표기에 신중을 기해야 한다. 그리고 시각의 경우에는 '오경'(양漢, p. 227, p. 76)을 'at the fifth watch'(양리, p. 223)라고 그대로 옮긴 피터 리와는 달리 문희경은 'before dawn'(양문, p. 40)이라고 의미만을 전달하고 있다.

연도의 표기는 역자마다 큰 차이를 보이지 않고 있다. 다만 최양희의 경우는 지나치게 영어화되어 한국 고소설의 분위기에 어울리지 않는다.

도량형의 단위 표기문제는 훨씬 더 복잡하다. 한국 고유의 단위를 모두 음 그대로 표기해 옮긴 경우는 한 작품도 없었다. 대부분 그대로 옮긴 단위와 서양의 것으로 환산해서 옮긴 경우였고, 러트와 스킬렌드와 같은 일부 역자는 모두 서양의 단위로 환산해서 써주고 있다. 러트의 경우에는 독자들의 독서의 즐거움을 위해 친숙한 단위들로 바꿔주었기 때문일 것이고, 스킬렌드 또한 영역본에 주를 달거나 하지 않는 영역자이므로 독자들이 혼란스럽지 않게 서양의 도량형으로 옮긴 것이다.

먼저 스킬렌드의 경우 "The Story of Sim Chung"에서 고유단위를 서양의 도량형으로 모두 바꾸었다. 예를 들어, '빅미 삼빅셕'(심경, p. 493)을 'three hundred bushels of polished rice'(심스, p. 116)로 바꾸거나, '빅니 밧의 ᄂᆞ와 젼송ᄒᆞ며'(심경, p. 503)를 'twenty five miles'(심스, p. 147)로, '빅이'(심경, p. 504)를 'a hundred miles'(심스, p. 150)로 옮기고 있다. 둘 다 모두 먼 거리라는 의미만 환기시키면 되는 경우지만, 같은 '백 리'를 하나는 정확히 환산을 해서 써주고 다른 하나는 그냥 '백 마일'로 옮긴 것은 통일성이 없다. 그의 또 다른 영역작 "The Stork Decides a Case"에도 역시 단위의 표기는 서양의 것으로 옮겼다. 쌀을 세는 '석'(황한, p. 631)은 'bagfuls'(황스, p. 44)로, 돈을 세는 단위인 '냥'(황한, p. 634)은 'pieces of gold'(황스, p. 45)로 대충의 의미만을 전달하고 있다. 여기서 '냥'의 표기는 이 책의 다른 영역작 문희경의 〈허생전〉과도 통일되어 있다.

황금 일천 근과 비단 팔백 필(구이, p. 269)
gold a thousand pieces, eight hundred rolls of silk(구게, p. 240)
a thousand gold ingots and eight hundred rolls of silk(구러, p. 144)

여기서도 보면, 단위들이 정확하지 않다. 그냥 많다는 분위기만 전해주고 있을 따름이다.

그리고 나머지 역자들의 경우도 표기를 혼용하고 있다. 게일은 *The Cloud Dream of the Nine*에서, 단위를 번역하기도 하고 그냥 '길'(구이, p. 192)을 '*kil*'(구게, p. 155)로 음대로 옮겨주기도 했다. 또 같은 '근'이라도 'pieces'로 쓰기도 하고, '황금 백 근'(구이, p. 154)을 'a hundred talents of gold'(구게, p. 114)로 번역하기도 해서, 전체적으로 단위의 통일이 전혀 이루어지지 않고 있다.

여러 영역본이 있는 〈한중록〉에서도 단위들은 문제다. '일승미(一升

米)'(한한, p. 18)는 한 되의 쌀로, '되'는 1.8리터 정도 되는 양이다. 이를 'two quarts of rice'(한그, p. 28)라고 단위계산을 해서 옮겼다. 2쿼트가 2.28리터이니 거의 비슷한 양으로 옮긴 것이다. 'one peck'(한김, p. 57)으로 옮긴 것도 있는데, 1펙은 9리터 정도 되니 거의 열 배 되는 양으로 옮겼다. 아주 적은 양의 쌀을 이야기해야 하는데, 열 배가 되는 양으로 옮겼으니 차라리 '적은 양'이라고 의역을 하느니만 못하게 되었다.

다음에서 리(里)를 옮긴 예를 본다.

<u>쳔니</u>의 쥰구(千里의 駿駒)(한한, p. 66), <u>쳔니</u>(千里) 관외(關外)에서(한한, p. 70)

the fabled flying horse that bounds <u>ten thousand leagues</u> in a single day(한그, p. 78)

<u>a thousand leagues</u> removed from Seoul(한그, p. 82)

먼저 '천 리의 준구'는 '천리마'를 말하는 것인데, 그란트는 'league'라는 단위를 빌려 썼다. 그 길이에 있어서는 엄청난 차이[54]를 보이고 있지만, '천 리'라는 것이 실제 길이라기보다는 긴 거리라는 의미를 전달하는 단어로, 뜻만 통하면 되는 것이므로 큰 문제가 되지 않는다. 하지만 그는 뒷부분에서는 '쳔니(千里)'(한한, p. 516)를 'thousand *li*'(한그, p. 385)라고 표기하고 있다. 같은 단위를 일관성 없게 표기했다는 점에서는 문제가 된다. 최양희는 단위를 굳이 나타내지 않고, 'a prize race horse'(한최, p. 23), 'in that distant province'(한최, p. 24)라는 식으로 '먼 거리'라는 의미만 전달했다. 또 김자현은 'a thousand *ri*'(한김, p. 79, p. 203)라고 표기했다. 여기에 '리'를 설명하는 주[55]도 달았다.

그리고 러트의 경우 "A Nine Cloud Dream"에서 '천리마(千里馬)'(구

54) 1 league는 3mile이며 1mile은 1.609km이다. 따라서 1league는 4.827km이며 1리는 0.393km이니 엄청난 차이를 보이는 계량단위를 쓴 셈이다.

55) 'One *ri* is about one third of a mile.' JaHyun Kim Haboush, 앞의 책, p. 79.

이, p. 161)를 'his fastest horses'(구러, p. 80)로 의역해서 옮긴 적도 있지만, '수천리 따'(구이, p. 297)를 'two thousand leagues of land'(구러, p. 160)로 '리'를 'league'로 그대로 옮겼다. 천리부운총(千里浮雲驄)(구이, p. 282)의 경우에는 'This horse's name is Thousand Mile Cloud Breed'(구게, p. 253) 또는 'its name is Thousand-league Cloud'(구러, p. 152)라고 각기 다른 단위를 썼는데, 사실 1리는 0.393km이며, 1mile은 1.609km, 1league는 3mile이므로 세 단위의 차이는 엄청나다. 이 경우에는, 천 리라는 것이 실제 길이라기보다는 긴 거리라는 의미를 전달하는 단어이므로, 어느 단위로 옮겨도 큰 문제가 없겠지만, 실제 거리표기의 경우에는 정확히 옮겨야 한다. 따라서 *ri*로 표기하고, 주를 달아주는 것이 옳다.

러트는 "The Song of a Faithful Wife, Ch'un-Hyang"에서는 '리'를 '*li*'로 쓰고 있는 경우도 있다. 그는 서문[56]에서 '리'는 한 시간 동안 걸을 수 있는 거리라는 설명을 써놓은 후, 이를 '*li*'로 표기하기로 하고 있는 것이다. 그런데 본문에서는 'a thousand *li*'(춘러, p. 263)라고 쓰거나, 'ten leagues'(춘러, p. 281)로 혼용하고 있다.

다른 단위들의 예도 본다. '두어 간(間)'(한한, p. 156), '반 간(間)'(한한, p. 156)에서 間은 180cm, 즉 1.8m의 길이를 의미한다. 그란트가 영역한 것을 보면, 'whose roof was adjoined to'(한그, p. 139)라고 의미만 전달하거나 'three feet high'(한그, p. 139)라고 정확히[57] 옮겼다. 최양희의 경우에는 'four metres'(한최, p. 56), 'one metre'(한최, p. 56)로 옮겼고, 김자현도 마찬가지로 'four meters'(한김, p. 271), 'one meter'(한김, p. 271)라고 옮겼는데, 거의 비슷한 거리로 계산해서 옮겼다. 한국의 도량형을 의미대로 옮기는 경우에도, 일관성을 찾기 힘들다. 마샬 필의 경우에 "The Song of Shim Ch'ŏng"에서 쌀을 세는 '석'은

---

56) Rutt, Richard & Kim Chong-un, *Virtuous Women*, p. 242.
57) 1피트가 30cm이므로, 3피트면 90cm인 반 간과 정확히 일치하는 거리다.

'sacks'(심필, p. 153)로 옮기고, '되'를 '*toe*', 푼을 '*p'un*'(심필, p. 154)으로 음대로 표기한 뒤, 후주에서 실제 양을 서양의 도량형으로 알려주고 있다. '양'은 음대로 'yang', '동'은 의미로 'bolt'로(심필, p. 166), '리'도 의미로 'league'(심필, p. 178)로 옮기고 있다. 이와 같이 도량형을 의미대로 옮기는 경우와 음대로 옮기는 경우가 혼용되고 있는데, 이에 대한 기준이 필요하다.

최근에 단위에 대한 새로운 시도도 있다. 피터 리는 그의 *The Record of the Black Dragon Year* 뒤에 참고자료로서 어휘풀이 항목[58]을 두어 영문 고유명사들을 설명해 주고 있다. 인명, 지명과 함께 약간의 도량형 단위들에 대해 써주고 있다. 여기서 설명하고 있는 단위들로는 치, 간, 양, 푼, 리, 석이 있다. 그는 이들을 모두 한국어 발음 그대로 써주어 표기했고, 서양의 도량형으로 환산해서 설명해 주고 있다. 하지만 그는 본문에서 이러한 단위들을 대부분 서양의 도량형으로(척－feet, 장－fathom, 근－pound, 리－tricent) 표기하고 있고, 일부는 서양 도량형에 한국어 발음을(자－feet(*cha*), 석－sacks(*sŏk*)) 쓰거나, 한국어 발음대로(냥－*nyang*, 간－*kan*) 써주고 있다. 특히 '리'는 삼 백 보를 의미하는 'tricent'로 옮겼는데, 이는 빅터 메어(Victor Mair)의 제안[59]을 따른 것이다. 이는 그동안 그가 '*ri*'라는 단위를 써온 것과는 다른 새로운 시도이다. 하지만 다른 표기들과 통일되지 않는 기준의 이러한 표기는 혼란만 가져올 뿐이다. 한국 고유의 표기를 그대로 써주는 것이 훨씬 합리적일 것이다.

〈허생전〉의 "地不滿千里"(허漢, p. 212)에서 '里'는 거리의 단위이다. 이를 문희경은 "The island measures not even a hundred leagues

58) Peter H. Lee trans., *The Record of the Black Dragon Year*, pp. 195-215.
59) Victor Mair, *The Columbia Anthology of Traditional Chinese Literature*, New York: Columbia University Press, 1994, p. xxxi.
Peter H. Lee trans., *The Record of the Black Dragon Year*, p. 175에서 재인용.

wide"(허문, p. 29)로 옮겼다. 영미의 거리 단위인 league를 사용해서 섬이 좁다는 사실을 표현했다. 반면 피터 리는 우리 단위를 그대로 써서 'one thousand *ri* wide'(허리, p. 215)라고 했으며, 매칸의 경우에는 'such a small place'(허맥, p. 88)라고 의미만을 전달했다. 의미만을 전달하거나 영어사용국의 거리 단위를 쓰는 경우 모두 나름의 장점이 있지만, 교재로 사용된다는 사실을 감안하고, 한국문화를 알린다는 취지에서 우리 고유의 단위를 살려주어야 한다. 특히 '리', '석', '양', '길', '되'와 같은 것들은 현재에도 쓰이고 있는 우리 고유의 단위이다. 서구에서의 mile이 그들의 고유의 거리인 것처럼 말이다. 한편 한국어를 전혀 모르고 순수한 독서의 즐거움을 누리려는 독자들을 위한 대중소설의 성격이라면 서구의 단위로 바꾸어야 한다. 이때, 서양 토속적 단위 '마일'을 한국의 토속적 단위 '리'로 바꾸는 것도 좋다[60]는 제안을 역으로 이용해서, 한국의 '리'를 서구의 토속적 단위로 바꾸는 것도 권장할 만한 일이다. 옛글의 분위기를 살릴 수 있기 때문이다.[61] 하지만 교재로 번역되는 경우에는 우리 고유의 단위를 그대로 써주고 주를 다는 것이 최선의 방법이다. 이때, 그란트나 러트의 영역본에서는 '리'가 '*li*'로 김자현이나 피터 리의 영역본에서는 '*ri*'로 표기되었는데, 이들의 통일이 필요하다. 많은 영역자들이 '*ri*'라는 표기를 쓰는데, 이는 단위라는 특성상 거의 대부분의 경우 숫자의 뒤에 오므로 'r'에 가까운 발음이 나오기 때문일 것이다. 따라서 두 가지 표기 중에서는 '*ri*'를 쓰는 것이 옳다. 이와 같이 한국 고유의 단위를 써주다 보면, 서구의 독자에게도 익숙한 것이 될 것이다.

둘째, 지명이나 건물명의 표기에는 일정한 기준이 있어야 한다.

---

60) 안정효, 『번역의 공격과 수비』, 宇石, 2002, p. 185.

61) 하지만 '마일'을 토속단위라고 불러도 좋을지 의문이다. 물론 서구에서 예전부터 써 온 단위이기는 하지만, 한국에서의 '리'가 거의 사라진 단위인 데 반해, '마일'은 미국 등지에서 여전히 가장 많이 사용되고 있는 거리단위이기 때문이다.

지명이나 건물명에는 뜻이 담겨 있다. 이러한 명칭을 음 그대로 로마자로 옮긴다면, 명칭이 뜻하는 의미는 알 길이 없다. 만일 뜻풀이를 해서 그 내용을 번역하는 법을 택할 경우에는 영어권 독자가 우리의 고유명사를 알고 있다 하더라도, 한국인과 소통이 되지 않는 문제가 있다. '남산'을 'South Mountain'이라고 부르면 한국인들은 알아들을 수 없기 때문이다. 고소설에서의 지명이나 건물명이 현재 한국생활에서 쓰이지 않는 것들도 있지만, 외국인에게 우리 것을 알린다는 목적을 효과적으로 달성하지 못할 것이다.

이 경우, 먼저 매큔-라이샤워 표기법에 따라 한국어 음을 알파벳으로 옮긴 후, 쉼표를 찍고 의미를 써주는 것을 제안하고 싶다. 이 경우에는 번거로운 측면은 있지만, 독서에 별다른 장애가 되지 않으면서 최대한 정보를 담을 수 있기 때문이다.

스킬렌드는 철저하게 영어로 번역해서 옮겼다. "The Story of Sim Chung"에서 그는 고유명사를 하나도 음대로 옮긴 것이 없다. 예를 들어, '긔월산 운심동 긔법당'(심경, p. 493)을 'the building of a Hall of the Law at the Heart in the Clouds Retreat in the Bright Moon Mountains'(심스, p. 115)라고 옮긴 것이나, '남경', '북경'(심경, p. 494)을 'the Southern Capital', 'the Northern Capital'(심스, p. 117)로 바꾼 것을 보면, 쉽게 읽히는 영역을 지향했음을 알 수 있다.

한편 한국어음을 살려서 번역한 경우들도 나름의 문제를 가지고 있다. 〈허생전〉에서 '南山'(허漢, p. 211)은 '*Namsan*'(허문, p. 27), 'Mount South'(허리, p. 213), 'South Mountain'(허맥, p. 86)으로 표현되고 있는데, 세 경우 모두 적절하지 못하다. '남산'의 '남'은 물론 남쪽이라는 의미를 가지고 있지만, 하나의 고유명사일 뿐이다. '남'을 'South'라고 풀어서 써주어야 한다면, '雪嶽山', '智異山', '白頭山' 등을 모두 한자 의미를 풀어 번역해야 한다는 논리가 된다. 'Nam-San, Mt. South'라고 두 가지 방법을 함께 표기한다면, 간결하면서도 이해가 쉬운 표기가 될 것이다. '雲從街'(허漢, p. 211)의 경우에도 'the market- place'(허문, p. 27), 'Unjong Street'(허리, p. 213), 'the market street'(허맥, p. 86)라고 옮기고 있는데, 이것도 앞의 '남산'의 경우처럼, 'Unjong-Ga, the market St.'으로 표기하는 것이 합리적이다.

"Student Yi Peers Over the Wall"에서 피터 리는 자신의 다른 영역 작품들과 일관되게 글자의 의미를 살려서 번역해 주었다. 예를 들어, '駱駝橋'(이漢, p. 173)를 'the Camel Bridge'(이리, p. 79)로, '巫山'(이漢, p. 174)을 'Witches' Mountain(이리, p. 80)으로 옮기는 식이다. 이 경우에도 음을 병기해 주는 것이 필요하다.

궁전의 건물 표기법은 역자의 번역기준을 확연하게 드러내 주는 예가 된다. 〈한중록〉에서의 몇 개의 건물을 예로 들어본다.

경춘젼(景春殿)(한한, p. 22) Kyoungchun-jon, or Bright Spring Hall(한그, p. 32), Kyŏngch'un-jŏn Mansion(한최, p. 10), Kyŏngch'un Pavillion (한김, p. 63), a building called Kyŏngch'un Hall(한리, p. 239)

통명뎐(通明殿)(한한, p. 30) T'ongmyongchon, the Hall of Bright Thinking(한그, p. 40), T'ongmyŏng-jŏn Mansion(한최, p. 10), T'ongmyŏng Pavillion(한김, p. 63)

가효당(嘉孝堂)(한한, p. 86) Kahyo-tang, Hall of Noble Filiality(한그, p. 98), Kahyodang(한최, p. 30), Kahyo Hall, the Hall of Praiseworthy Filiality(한김, p. 88)

집복헌(集福軒)(한한, p. 96) Jipbok Hall(한그, p. 106), Chippok-hŏn Side Apartment(한최, p. 34), Chippok House(한김, p. 244)

져승젼(儲承殿)(한한, p. 96) Jeoseung Palace(한그, p. 106), Chŏsŭng-jŏn Mansion(한최, p. 34), Chŏsŭng Pavilion(한김, p. 244)

위에서 그란트의 표기법은 건물이름을 음역한 후, 필요에 따라서 뜻풀이를 달아주었다. 그란트는 건물이름뿐 아니라, 용어들에도 이러한 방법을 택했다.

> 紅牌(한한, p. 42 주 八) Hongp'ae, a large red certificate denoting passage of the Higher Examination(한그, p. 53)

이는 큰 문제가 없는 표기법이기는 하지만, 역자가 수고스럽고, 표기 또한 번거롭다. 최양희의 경우에는 원음[62]을 써준 후, Mansion, Hall, Apartment 등 건물의 종류를 표기했다. 하지만 이는 '驛前 앞' 식의 표기가 되고 만다. 경춘전의 경우 殿과 Mansion이 동어반복인 셈이다. 또 'Chippok-hŏn Side Apartment'에서 Apartment가 집합건물의 한 칸을 뜻하는 말이라는 것을 생각해 볼 때, 적절한 용어가 아닌 듯하다. 이처럼 건물에는 'Hyoso-jŏn Shrine'(한최, p. 74)와 같은 표기를 썼으면서, 산이름인 '틔산(泰山)'(한한, p. 206)은 'Mount T'ae(T'ae in Korean)'(한최, p. 75)와 같이 '산'을 뜻으로 표기했다. 표기의 일관성이 없음을 보여주는 예다. 김자현의 경우는 그냥 Kyŏngch'un이라는 건물이름 뒤에 Pavillion이라는 건물의 종류명을 붙였다. 위의 세 경우 중에서 최양희의 경우는 동어반복의 문제를 가지고 있고, 그란트나 김자현의 경우는 틀렸다고 볼 수는 없으나, 그란트의 방법을 취하되, 건물이름의 뜻풀이는 주로 처리하는 것이 바람직할 듯하다.

마샬 필의 경우 영역본들이 많은 고민 끝에 나온 흔적들이 보인다. 하지만 용어들의 표기에 있어서 몇 가지 살펴볼 것들이 보인다. "The Tale of Hong Kiltong"에서 '닉당(內堂)'(홍한, p. 7)과 '닉당'(홍한, p. 15)을 각각 'the inner room'(홍필리, p. 120)과 'the women's quarters'

62) 최양희와 김자현은 매큔-라이샤워 시스템(McCune-Reischauer System)을 따르고 있다.

(홍필리, p. 122)로 옮겼다. 한 가지 용어는 하나의 표현으로 옮기는 것이 옳다.

한편 러트는 "The True History of Queen Inhyŏn"의 서문에서 동네 이름에 쓰이는 동, 골 표기의 의미와 궁중이 내전과 외전으로 나뉘어 있다는 사실, 왕실 등장인물들을 묘호로 표기했다는 사실들을 미리 밝히고 있는데, 바람직한 방법이다.[63)]

셋째, 종교용어들의 번역은 종교적 분위기를 살려주어야 한다.

종교용어는 종교적 연상을 가져올 수 있는 단어로 대치하되 앞에 'Buddhist-'와 같은 접두사를 붙여주는 것을 제안한다.

러트는 *A Nine Cloud Dream*에서 '칠보'(구이, p. 48)를 'some gems'(구러, p. 17)로 번역했다. 주지하다시피 칠보는 불교에서 일곱 가지 보석을 가리킨다. 그 종류가 어떤 것인가는 여러 가지 설이 있지만, 보통 the Seven Treasures(gold, silver, lapis, crystal, coral, agate, pearl)라는 용어로 번역된다. 나름의 의미를 가진 말인데도 불구하고, 러트가 이를 그냥 '보석들' 정도로 번역한 것은 일반 독자들의 독서의 즐거움을 위해서인 듯하다. 그는 뒷부분의 '칠보궁궐'(구이, p. 243)은 'the Palace of the Seven Treasures'(구러, p. 129)라고 그대로 번역을 해 주었는데, 게일이 'the Palace of the Seven Precious Things'(구게, p. 208)라고 쓴 뒤에 후주[64)]를 달아서 부연설명을 한 것과는 대조적이다.

이외에도 〈구운몽〉에는 그 성격상 여러 가지 종교용어가 등장하는데, 이 용어들을 적절하게 번역하는 것이 어렵다. 예를 들어, '포단(蒲團)'(노존B, p. 25)은 'prayer mat'(구러, p. 20)로 '염주(念珠)'(노존B, p. 25)

63) Rutt, Richard & Kim Chong-un, *Virtuous Women: Three Masterpieces of Traditional Korean Fiction*, Seoul: Korean National Commission for UNESCO, 1974, pp. 183-184.

64) '*Seven Precious Things*. 1st, the full moon; 2nd, lovely ladies; 3rd, horses; 4th, elephants; 5th, the guardians of the treasury; 6th, great generals; 7th, wonder-working pearls.' James S. Gale trans., *The Cloud Dream of the Nine*, London: Daniel O'Connor, 1922, p. 306, 주 40).

는 'the beads of the rosary'(구러, p. 20)으로 번역되어 있다. 'prayer mat'는 이슬람교도가 기도할 때 사용하는 무릎깔개이고, 'rosary'는 가톨릭에서의 묵주를 가리킨다. 이와 같이 '일백 여덟 낱 염주'(구이, p. 323)를 게일은 그냥 'a string of a hundred and eight beads'(구게, p. 296)라고 옮기기도 하고, 러트는 'a rosary of a hundred and eight beads'(구러, p. 175)라고 번역하기도 했다. 그냥 물건이름을 그대로 옮기면 물건은 연상되지만, 물건이 가지고 있는 고유의 종교적인 의미는 전달되지 않는다. 러트가 이슬람교와 가톨릭에서의 용어를 빌어온 것도 이러한 종교적인 연상을 노린 것일 것이다. 하지만 포단과 염주는 불교에서 쓰는 물건들인데, 다른 종교의 용어로 옮긴다면 원의미가 전달되지 않을 것이다. 불교에서의 '여관'(여도사)을 'a nun'(구러, p. 77)으로, '비구니'는 'nuns'(구러, p. 177)로 옮기거나, '고승'을 'an old monk'(구러, p. 16)로 옮기는 것, '중'을 'priests'(구게, p. 168)로 옮기는 것들 또한 기독교의 용어를 그대로 따온 것으로 무성의하다. 앞에 'Buddhist'를 붙여주면 의미 전달이 훨씬 나을 것이다. '도사'를 'a Taoist priestess'(구러, p. 34)나 'a Taoist master'(구러, p. 45)로 옮기는 것이 그 예다. 무엇보다 중요한 것은 한 용어를 번역하는 데 있어서, 한 단어만을 일관성 있게 쓰는 것이 독자들의 혼동을 피할 수 있을 것이다.

선녀를 'genii'(구게, p. 4) 또는 'fairies'(구게, p. 220)라고 쓴다든가, 도사를 'a Taoist genius'(구게, p. 31), 'the genius sage'(구게, p. 33), 'the lord of the genii'(구게, p. 33), 'the genius'(구게, p. 34), 'the genii'(구게, p. 57)로 다양하게 쓰는 것은 혼돈만을 가지고 올 뿐이다. 가장 근본적인 문제는 합의된 용어가 없다는 것이다.

마샬 필의 "The Tale of Hong Kiltong"에서도 이러한 문제들은 발견되는데, '슈승'(홍한, p. 415)을 'the abbot'(홍필리, p. 128)으로, '졔승'(한, p. 415)을 'monks'(홍필리, p. 128)으로 '숑낙'(홍한, p. 415)을 'a nun's pine-bark cap'(홍필리, p. 129)으로 번역한 것을 보면, 모두

불교용어임에도 가톨릭 용어인 대수도원장, 수사, 수녀로 옮긴 것을 알 수 있다. 종교적인 분위기를 살리는 번역이라는 점에서는 긍정적이지만, 특정 종교를 드러내지 못한다는 점에서 문제가 되는 부분이다. 역시 앞에 'Buddhist'를 붙여주는 것이 좋을 것이다.

넷째, 책이름들은 책의 내용을 짐작할 수 있어야 한다.

조선시대에 읽던 책들은 중국의 것이라 그냥 'Chinese Literature'라고 번역하고 넘어가는 경우도 많다. 하지만 책 내용도 짐작하기 힘들고 독자들에게 한국이 중국에 비해 독립적인 문화가 없었던 것으로 비추어 질 염려가 있다.

팽조방서(彭祖方書)(구이, p. 73)는 上古의 仙人 彭祖가 지은 글이다. 이를 게일은 팽조방의 책이라고 이해해서 the Book 'Paing cho-pang'(구게, p. 33)으로 표기했다. 물론 오역이다. this book of P'ang-tsu's magic(구러, p. 32)으로 옮긴 러트의 번역이 적절하다. 책이름의 번역이 많은 지식을 요구함을 보여주는 예다.

〈한듕록〉에는 〈소학〉, 〈효경〉, 〈좌전〉, 〈서전〉과 같은 사서경전들과 당시 유행하던 〈삼국지〉, 〈수호전〉과 같은 중국소설들, 〈유씨삼대록〉과 같은 한국소설이 보인다.

쇼혹(小學)(한한, p. 30) The Hsiao Hsueh, or The Book of Lesser Learning(한그, p. 41), the Hsiao-hsüeh(Sohak in Korean)[65](한최, p. 10), the Elementary Learning(Sohak/Hsiao-hsüeh)(한김, p. 64), the Lesser Learning(한리, p. 242)

효경(孝經)(한한, p. 58) The Hsiao Ching or The Classic of Filial Piety(한그, p. 69), the Hsiao Ching(Hyogyŏng in Korean[66](한최, p.

---

65) 여기에는 〈소학〉에 대한 자세한 후주가 달려 있다.
Yang-hi Choe-Wall, 앞의 책, p. 10.

66) 여기에는 〈효경〉에 대한 자세한 후주가 달려 있다.
Yang-hi Choe-Wall, 앞의 책, p. 20.

20), the Classic of filial Piety(Hyogyŏng/Hsiao-ching)(한김, p. 76)

좌뎐(左傳)(한한, p. 508) 'Cha's interpretation of Spring and Autumn'(한그, p. 380), Tso chuan(Tso commentary)(한김, p. 200)

삼국지(三國志) 슈호뎐(水滸傳)(한한, p. 498) Sna-juo-chihgyen-i and Shui-hu-chuan(한그, p. 370), the Romance of the Three Kingdoms (San-kuo-chih yen-i) or Water Margin(Shui-hu-chuan)(한김, p. 193)

유씨삼대록(버클리, p. 591) Yu Ssi samdae rok(The record of the Yu family for three generations)[67](한김, p. 126)

이상에서 보면, 〈유씨삼대록〉을 뺀 나머지는 중국책이므로 모두 중국어 음역으로 되어 있다. 그리고 김자현은 모든 책의 한자어 의미도 써주었다. 그란트도 〈삼국지〉를 제외한 나머지는 음역과 뜻풀이를 모두 했다. 대부분의 표기에서 김자현의 것이 꼼꼼하지만, 〈좌전〉의 경우는 그란트의 것이 상세하다. 주지하다시피 좌구명이 풀이한 〈春秋〉를 〈春秋左氏傳〉 혹은 〈左傳〉이라고 한다. 이를 완벽하게 설명하고 있는 것이 그란트의 표기이지만, 원음을 병기하지 않은 점이 아쉽다.

또 조카딸에게 '소학(小學)과 열녀전(烈女傳)을 가르치'(한한, p. 32)는 부분이 있는데, 이는 'the classical Chinese literature'(한김, p. 207)라고 옮겨져 있다. 주지하다시피 〈소학〉과 〈열녀전〉은 여아들의 교양서이다. 이를 그냥 '중국 고전문학'이라고 옮긴다면, 독자들은 예전의 한국은 중국의 고전문학을 교양서로 삼았다고 오해할 것이다.

〈양반전〉에서의 단어 표기들을 본다면, '古文眞寶 唐詩品彙'(양漢, p. 228)를 피터 리는 '*the True Treasure of Classic Literature and the*

67) 후주가 달려 있다. 이 부분은 버클리본에만 있어, 따라서 예도 하나이다. 버클리본은 다음에 실린 것을 보았다.
洪起元 校註, 「惠慶宮 洪氏 親筆典本(寶藏一)」, 『泣血錄(읍혈녹)』, 民俗苑, 1992.

Anthology of T'ang Poetry'(양리, p. 223)로 상세히 옮겼고, 문희경은 'old classics and Chinese poems from the Chung Era'(양문, p. 40)로 의미만 전달되게 옮겼다. 여기서 문희경의 경우에는 唐을 왜 靑으로 옮겼는지 알 수 없다. 다른 책이름 '東萊博義'(양漢, p. 227; 양한, p. 76)도 마찬가지로 피터 리는 글자 그대로 '*the Critical Writings of Tung-lai*'(양리, p. 223)라고 옮겼고, 문희경은 'old Chinese classics'(양문, p. 40)라고 책이라는 의미만 전달되게 옮겼다.

책의 원음을 써준 후 뜻도 병기해 주는 것이 가장 바람직한 방법이고, 어떠한 경우라도 최소한 책의 내용을 짐작할 수 있도록 표기해 주어야 할 것이며, 'Chinese Literature' 또는 'Chinese classic'과 같은 표현을 삼가야 할 것이다.

다섯째, 철학용어는 담긴 뜻을 살려 적절히 옮겨져야 한다.

철학용어가 과연 번역 가능한 것인가에 대해서도 회의를 가지는 사람들이 많다. 추상적인 개념을 다른 언어로는 적절히 옮길 수 없다고 보는 것이 옳을 것이다. 실제로, 한국어로 표현되어온 철학 개념들을 한국인 모두가 자연스럽게 이해하고 있다고도 보기 힘들다. 한국인에게도 주가 필요할지 모르는 철학개념을 한 개의 영어단어로 옮긴다고 해서, 영어권 독자가 단번에 이해할 것을 기대할 수는 없을 것이다. 하지만 한국에서의 철학용어들이 거의가 중국에서 온 것이 많고, 중국의 철학은 영어문화권에 알려진 지 오래되어 통일된 용어가 있는 개념들이 많다. 역자가 노력을 기울이면, 적절한 용례들을 많이 찾을 수 있을 것이다. 그러나 영역고소설들에서는 용어의 통일이 되어 있지 않음을 볼 수 있다.

〈허생전〉을 읽는 중에는 德이나 道와 같은 철학적 용어의 표현도 통일되어야 할 필요를 느꼈다. 德(허漢, p. 212)을 피터 리는 'virtuous'(허리, p. 215), 매칸은 'virtue'(허맥, p. 88)로 해석했다. 이는 적절한 번역인 것 같다. 하지만 문희경은 'wisdom'(허문, p. 30)으로 표현했다. 德과 智慧는 엄연히 다른 것이다. 문희경은 아마도 道와 德의 해석을 두고 고민 끝에 德을 'wisdom'으로 표현한 것 같다. 왜냐하면 이야기의 뒷부분에 "萬金何肥於道哉"(허漢, p. 213), "만금이 아무리 중한들 어찌 도를 살지게 한단 말야"(허한, p. 16)라는 구절이 있는데, 문희경은 이 구절을 "However precious gold is, how can it render a man more virtuous"(허문, p. 32)라고 옮겨서, 道를 'virtue'로 해석했기 때문이다. 매칸 또한 "But what can even ten thousand do to put flesh on the bones of virtue?"(허맥, p. 91)라고 문희경과 같이 道를 virtue로 해석했다. 매칸의 경우에는 道와 德을 모두 'virtue'로 해석한 셈이다. 하지만 道는 德과는 명백히 다르므로, 道에는 또 다른 번역어가 필요하다. 피터 리는 "How could ten thousand in cash nourish the Way?"(허리, p. 217)라고 옮겨서 道를 'Way'라고 표기했다. 道를 원래 자전적 의미인 '길'이라고 그대로 옮긴 것이다. 대문자 W로 쓰긴 했지만, 이는 설명이 필요한 부분이다. 道와 德 같은 철학적 개념은 중국에서 온 것이므로, 'Way[Tao]'와 같이 중국어 발음을 병기해 주는 일이 흔한데, 이도 한 방법이다. 여기서 'Tao'는 일종의 기호처럼, 'Way'가 '길'이 아닌 '도'의 의미로 쓰였다는 사실을 알려주고 있는 셈이다.

〈홍길동전〉에서도 마찬가지로, '도롤 닷가'(홍한, p. 412)라는 부분이 있는데, 영문으로는 'perfected the Way'(홍필리, p. 122)로 옮겼다. 또 '오륜이 이시믹 인의녜지(仁義禮智) 분명ᄒᆞ거놀'(홍한, p. 418)을 'the five relationships; and these relationships are relized through the constant virtues of humanity, righteousness, propriety, wisdom, and faithfulness'(홍필리, p. 136)로 옮기고 있는데, 오륜을 단지 '다섯 가지 관계'로 옮겨서는 안 될 것이며, 이 관계들에서의 지켜야 할 윤리라는 의미가 온전히 살아 있어야 할 것이다. 또 인의예지 또한 정확히 대응되게 옮겨져 있지 않아 'faithfulness'가 더 들어가 있다. 이는 역자가 '오륜'의 다섯 가지를 살리려는 의도로 쓴 것인 듯하다.

이상에서 보면, 한국 고유 단위나 용어들의 표현이 혼용되고 있음을 알 수 있다. 이와 같은 표기법이 빨리 통일되어야 전체적인 작품 이해에 도움이 될 것이다.

7) 원작 문체의 표현

서사 작품에 있어서 번역단위를 나눈다면, 텍스트 전체가 되어야 할 것이다. 만약 번역자가 각각의 문장이나 단락을 번역의 최소단위로 보고 그것을 작품 전체와 연계하여 번역하지 않는다면, 그는 텍스트들과 바꾸어 쓸 수 있는 내용만을 옮기는 외에 그 밖의 모든 요소는 희생시키는 위험을 초래하고 말 것이다.[68] 여기서 '그 밖의 모든 요소'에는 '문체'의 문제도 들어갈 것이다. 영역작업이 문학작품의 줄거리를 그냥 옮기는 것이 아니라, 영미권의 독자들에게 우리가 문학작품에서 느꼈던 재미와 감동을 전달하려는 것이 목적이므로, 〈구운몽〉이나 〈한중록〉과 같은 작품의 우아한 문체나, 〈춘향전〉과 〈심청전〉과 같은 발랄한 문체를 나름대로 살려서 옮겨야 한다. 하지만 현대문학이 아닌 고전문학의 경우에 이를 살리는 것은 쉬운 일이 아니며, 판소리계 소설과 같이 운율을 가진 산문의 경우에는 더욱 그렇다.

번역가이자 작가인 안정효는 '본디 작품이 난삽하거나 애매모호하고 지루한 문체로 되었다면 번역된 문장도 답답하고 부족한 분위기를 일부러 가꾸어 다듬지 말고 있는 그대로 전해야 그것이 충실하고도 당연한 번역이라'[69]고까지 했다. 그는 '서양인의 장문(長文)을 그대로 살리지 않고 토막토막 난도질해 놓고는 '간결해서 좋은 번역'이라'[70] 한다며 비난한다. 그는 심지어 '원문과 번역문에서는 쉼표의 개수가 똑같아야 한다고 고집'[71]하기까지 한다. 지나치다 싶기도 하지만, 이 정도의 마음가

68) 수잔 바스넷 지음, 『번역학 이론과 실제』, 김지원·이근희 옮김, 한신문화사, 2004, p. 195.
69) 안정효, 『번역의 테크닉』, 현암사, 1996, p. 43.
70) 같은 책, p. 77.
71) 같은 책, p. 88.

짐을 가지지 않고서는 원작의 분위기를 훼손하지 않는 좋은 번역이 나오기 힘들 것이다.

*Memoirs of a Korean Queen*의 역자인 최양희는 영역의 과정에서 이조 궁중어의 우아함을 드러내기 위해, 고어를 사용했다.[72] 또 영문학자인 이성원은 최양희의 영역작을 '서술자인 혜경궁 홍씨의 비극 속에서도 품위를 잃지 않는 마음자세를 잘 드러내어, 〈한중록〉 원전에서 느낄 수 있는 감동을 읽는 이들에게 전달하는 데 성공하고 있다'[73]라고 평가하고 있다. 또 그는[74] 〈한중록〉을 영역하는 데 있어서, 궁중 문체를 살리는 데에는 직접화법보다는 간접화법이 효과적이라고 말하고 있다. 그리고 파우저도 〈한중록〉을 예로 들며 과거에 일어난 사건들을 회상하면서 숙고를 거쳐서 기록한 것이므로, 간접화법이 적절하다고[75] 했다. 또 일기라는 장르의 특성상 간결한 언어로 옮기는 것이 적절하다는 지적도[76] 있었다.

우연히 모두 〈한중록〉을 대상으로 하고 있는데, 여기서는 이외에도 〈구운몽〉과 〈춘향전〉도 함께 다루면서 원전의 문체를 표현하는 여러 기법들에 대해서 살펴본다.

---

72) '교착성이 강한 한국어의 동사나 수식어는 그 변화가 흐르는 물처럼 서로 섞이고 어우러져서, 이것을 영어로 번역하면 꽤 다른 느낌을 주게 된다. 특히 이조 궁중어의 동사나 수식어의 어휘 변화는 매우 유창하고 우아하나 이 효과를 영문에 그대로 담는 것은 참으로 힘든 일이다. 이 난관을 해결하는 한 방법으로 고어를 사용하여 옛글과 같은 느낌을 주게 했다.' 최양희, 「『한중록』의 영역에 부쳐」, 『한국문학의 외국어 번역』, 민음사, 1997. 앞의 논문, p. 28.

73) 이성원, 「최양희 교수의 발표에 대한 논평」, 『한국 문학의 외국어 번역』, 민음사, 1997, p. 61.

74) 이성원, 앞의 논문, p. 58.

75) 'In many cases, indirect speech is more accurate than direct speech because events are often meditated through the narrator's recollection of past events, many of which take place in dreams.' Robert J. Fouser, 「Selection and Stylistics in Translating Classical Korean Literature」, 『民族文化研究』 第31號, 高大民族文化硏究院, 1998, p. 352.

76) 'As a genre, diaries use simple language and follow a loose rhetorical organization.' 같은 곳.

먼저 〈구운몽〉의 경우 원전이 한글이냐 한문이냐에 대한 논란이 있지만, 어느 경우라도 지식인 김만중이 쓴 典雅한 문체임은 분명하다. 한국어로 읽을 때의 이러한 분위기를 역자들은 다른 방식으로 옮겼다. 먼저 게일의 경우에는 원문의 분위기를 옮기기 위해서 文語와 古語를 많이 쓰고 있지만,[77] 러트는 그가 서문에서 밝히고 있듯이 일반 독자들의 독서 편의를 위해서 될 수 있는 대로 現代語로 옮긴 것을 볼 수 있다.

게일은 'well-nigh'(구게, p. 12), 'Hither'(구게, p. 14)와 같은 文語들, 'harlot'(구게, p. 14), 'thy'(구게, p. 28), 'thee'(구게, p. 49), 'lo'(구게, p. 63)와 같은 古語들을 많이 쓰고 있으며, 이러한 단어들을 통해서 典雅한 고소설의 분위기를 살리려고 했다. 토번, 대완국, 대진국과 같은 옛 나라의 명칭에서도 이러한 특징은 드러난다.

대완국(구이, p. 282), Persian(구게, p. 253), Afghanistan(구러, p. 152)

토번국(구이, p. 190), Tibet(구게, p. 152), Tibetan(구러, p. 98)

대진국(구이, p. 164), the western empire of Rome(구게, p. 127), Syria(구러, p. 82)

게일은 지명을 당시의 옛 명칭으로 옮겼고, 러트는 현대의 지명으로 바꾸어서 옮긴 것을 볼 수 있다. 게일은 옛글의 분위기를 살리려 했고, 러트는 일반 독자를 배려하려 한 것이다.

이와 같이 의미뿐 아니라, 그 뉘앙스도 같이 살려주는 방향으로 번역하는 것이 번역자의 일이다. 예를 들어, 양소유가 길에서 만난 소년에게 '존성대명(尊姓大名)을 듣기 원하노라'(구이, p. 155)고 말한 경우 이를 'What is your name?'(구러, p. 76)으로 옮기는 것은 원문에 담긴 예의 바른 표현이 묻어 있지 않다. 러트는 아마도 상대가 어린 소년이라서 이

---

77) 게일이 문어를 많이 사용하고 있다는 것은 장효현에 의해서도 지적된 바 있다. 장효현, 앞의 논문, p. 719.

렇게 옮긴 듯하다. 게일은 같은 부분을 '… want to know who you are and your honourable name'(구게, p. 115)으로 옮겼다. 훨씬 본문의 분위기를 살리고 있다.

〈한중록〉 또한 왕실가문의 인물이 쓴 작품이며, 궁중을 배경으로 하고 있는 만큼 글에서 보이는 우아함이 있다. 〈한중록〉의 문체에 대한 국어학자의 연구도 있는데, 심재기는 〈한중만록〉, 〈계축일기〉, 〈동명일기〉, 〈인현왕후전〉을 대상으로 내간체 문장의 특징을 살펴보았다. 그가 첫 열 개의 문장을 대상으로 낸 통계에 의하면, '대체로 10개 이상의 단위문장으로 구성된 중복문이며 복문구조가 중문구조의 약 3배 정도를 가지고 있다. 또 취급된 40개 문장은 하나도 단문이 없다는 것도 주목되어야 한다'[78]고 했다.

이와 같이 우아하고, 길고 복잡한 문장을 역자들은 어떻게 살려냈는지 알아본다. 그란트의 경우에는 영어에서 쓰이고 있는 불어와 라틴어 단어들을 많이 사용하고 있다. 이는 한국어에 있어서 한자어를 사용하여 품위를 나타내는 것과 같은 맥락이며, 한국의 사투리를 영어로 나타내기 위해 영국의 지방사투리로 표현하는 것과 같은 이치다.[79] 불어의 경우에는, '친근(親近)이 안치시고 진정 교훈(敎訓)ᄒᆞ시는 일은'(한한, p. 116), '슈작(酬酌)'(한한, p. 148), '상의(相議)'(한한, p. 290)와 같은 말들이 모두 'tête-à-tête'(한그, p. 118, p. 135, p. 222)로 번역되고 있다. 의역이지만, 'ᄌᆞ비(差備)'(한한, p. 124)를 'raison d'etre'(한그, p. 122)라고 한다든가, 'noblesses oblige'(한그, p. 183), 'paux pas'(한그, p. 186), 'faux pas'(한그, p. 213)라고 쓰고 있다. 그리고 라틴어도 'mea culpa'(한그, p. 162), 'bona fide'(한그, p. 161), 'in extremis'(한그, p. 210) 등 여러 곳에서 보이고 있다. 김자현의 경우에도 불어단어 'lèse-majesté'(한김, p. 312)가 보이고 있는데, 이는 원문의 '부도지셜

78) 심재기, 『국어문체 변천사』, 집문당, 1999, p. 55.
79) 하지만 번역가들의 경험으로는 큰 효과가 없었다고 한다.

(不道之說)'(한한, p. 245)이 함축적 의미를 가진 한자어라 이에 걸맞은 단어를 찾은 결과라고 보인다.

한국작품의 英譯이 아닌 영어작품의 韓譯의 경우이지만, 안정효는 '라틴어에서 파생된 단어가 나오면 한자식(漢字式) 표현을 쓰고, 앵글로색슨계 단어는 순수한 우리 토속어로 바꿔놓는 방법 역시 작품의 본디 문체를 전달하는 데 큰 도움이 되며, 그렇게 신경을 써서 선정한 어휘는 그것이 담긴 문장 전체의 지적인 수준 등을 전달하는 데도 대단히 효과적'[80]이라고 이야기하고 있다. 한국어에서 영어이든, 영어에서 한국어이든 라틴어계의 단어와 한자어를 대응시키는 것은 유용한 번역방법임에 틀림없다.

또 그란트는 혜경궁 홍씨의 애통한 심정을 살리는 방법으로 감탄문을 많이 사용하고 있다. 다음과 같이 혜경궁 홍씨가 직접 터뜨리는 감탄사들은 그냥 바로 옮겼을 때가 훨씬 실감이 나고 살아 있다. '엇디 이샹ᄒᆞ고 셜운 일이 아니리오'(한한, p. 142)를 'to my amazement and grief'(한최, p. 51)라고 하는 것보다는, 'How strange and how sad!'(한김, p. 265) 'Oh, the pity of it!'(한그, p. 131)이라고 하는 것이 훨씬 독자의 마음을 움직인다.[81] 이외에도 다음과 같은 예들이 있는데, 한눈에 보아도 역자들의 개성이 확연히 드러나 있다.

엇디 셟고 셟디 아니ᄒᆞ리오.(한한, p. 120)
Alas! My grief seems to know no end!(한그, p. 120)
to my utmost sorrow(한최, p. 43)

80) 안정효, 『번역의 테크닉』, 현암사, 1996, pp. 44-45.
81) 같은 감탄문도 'O Heaven, O, Heaven, I pray to you with tears that I might be spread in order to see to it that my brother is exonerated'(한그, p. 373)보다는 'Oh! Heaven! I pray and beseech! Let me remain here to witness the restoration of my brother's innocence before I die. Day and night I pray in tears and blood'(한김, p. 195)처럼 짧은 문장으로 끊어서 옮기는 것이, 훨씬 감정의 전달에 효과적이다.

It was a sad, sad day.(한김, p. 256)

이런 지원(至冤)이 어디 이시리오.(한한, p. 118)
Woe is me to think over this again!(한그, p. 119)
to my utmost grief(한최, p. 42)
번역 안 함(한김, p. 254)

최양희의 경우는 감탄을 자제하고, 그란트의 경우는 최대한 감정을 드러내 옮기고 있다.

이외에도 전체적으로 그란트는 단어의 선택이 훌륭하다. 따라서 적절하지만 어려운 단어를 사용하므로 긴 설명이 필요 없다. 따라서 짧게 끊어지는 문장으로 이루어진다. 어려운 단어를 쓰지만, 가벼운 느낌을 주는 것은 바로 이 때문이다. 이는 길고 복잡한 문장으로써 우아한 내간체를 표현한 최양희의 번역방법과 정반대이다.

최양희의 번역에서는 문장의 우아함을 살리기 위해 원문의 간접화법을 그대로 옮긴 것이 보인다. 앞에서도 이야기했지만 이성원[82]은 〈한중록〉의 서술적 특징과 격조가, 등장인물이 하는 말을 따옴표를 사용하여 직접화법의 형태로 전달하는 경우와 모든 것이 서술자의 서술에 용해되어 간접화법의 형식으로 전달되는 경우의 효과가 판이하다고 했다. 사실 〈한중록〉의 원문은 간접화법으로 이루어졌다고 볼 수 있다. 이를 직접화법으로 옮기고 나면 경박한 느낌이 풍기는 것 또한 사실이다.

혹(或)이 ᄒᆞ더 션비 ᄌᆞ식(子息)이 간턱(揀擇)의 참예(參預)치 아니ᄒᆞ나 해(害)로오미 업술디니 단ᄌᆞ(單子)를 마라 빈가(貧家)의 의상(衣裳) 출히는 폐(弊)를 덜미 맛당하다 ᄒᆞ니 션인(先人)이 갈오샤더 너 셔록지신(世祿之臣)이오 쏠이 지상(宰相)의 손네(孫女)니 엇디 감히 긔망(欺罔)ᄒᆞ리오 ᄒᆞ시고 단ᄌᆞ(單子)를 ᄒᆞ시나(한한, p. 18)

82) 이성원, 「최양희 교수의 발표에 대한 논평」, 『한국 문학의 외국어 번역』, 민음사, 1997, p. 58.

My father's friends urges him not to comply. "There will be no trouble if you don't register your daughter. Don't do it. A poor family like your own cannot afford the high expense of preparing the clothing required during the selection process." "I am an officer of the goverment," father replied. "I receive a stipend from the Royal Treasury, and my child is the granddaughter of a Prime Minister to the King. I dare not deceitfully withhold her name." My father registered me for the selection. I was nine years old.(한그, pp. 28-29)

It was said that it would do no harm if a poor scholar did not report his daughter, in order to avoid the expense of preparing a costume. However, father submitted my name on the grounds that he was serving official from a family which had seen generations of government service, and that his daughter was the grandchild of a minister. He would not therefore deceive the government by failing to report.(한최, p. 6)

At first, Mother did not wish to send in my name for the royal selection. She thought that there would be no harm done if a scholar's daughter were withheld from the list. But Father said, "As a subject, one does not dare to deceive the throne." And he sent in my name.(한김, p. 57)

Someone said, "There will be no harm done if you don't register your daughter. A poor family like yours should be spared the burden of preparing the clothing reqired for the process." "No," replied father. "We have been salaried officials for generations. I receive a stipend from the court, and my child is the granddaughter of the Minister of Rites. I dare not deceive the court." Father then registered me.(한리, p. 238)

그란트와 피터 리의 번역은 직접화법을 썼고, 최양희의 번역은 간접화법, 김자현은 반반씩을 사용했다. 어찌 보면, 그란트와 피터 리의 번역은 생동감 있는 분위기를 전달하고 있다. 하지만 이러한 직접화법은 가벼운 느낌을 주어서, 혜경궁 홍씨의 우아한 문체를 살리지 못한다는 단점을 가지고 있다. 한편 작품 전체로 볼 때 이성원이 지적한 그란트와 최양희의 번역에 있어서, 직접화법의 사용빈도는 그리 차이를 보이고 있지 않다. 그가 최양희의 경우 간접화법을 위주로 사용했다고 느끼는 것은, 아마도 최양희가 직접화법을 옮기는 경우에도 그란트와는 다른 분위기로 번역했기 때문일 것이다.

이죵(姨從)들이 미양(每樣) ᄒᆞ되 사ᄅᆞᆷ이 다 ᄒᆞᆫ 어미로되 우리는 홀노 두 어미가 잇노라 ᄒᆞ더니라.(한한, p. 16)

"Other people have only one mother," my cousins would often boast, "but we have two!"(한그, p. 26)

My cousins used to say, 'Everyone in the world has a mother, but we have two.'(한최, p. 5)[83]

같은 말을 인용해도 전혀 다른 분위기를 느낄 수 있다. 그란트의 경우에는 좀 더 활발함을 느낄 수 있고, 최양희의 경우에는 차분하다. 이와 같이 최양희의 문체는 감탄을 자제하고 있다.

또 만연체의 특성을 띠기도 한다.

아기닉 자셔히 다히디 못홀 마터라도 각박(刻薄)히 무르시니 본대 부왕(父王) 면전(面前)에서는 분명(分明) 아오시는 것이라도 주볏주볏하오시는데 듕회(衆會) 듕(中)의 못다히도록 무르오시니 더욱 두렵고 겁이 나 못다히면(한한, p. 116)

His questions would be unkind, concentrating on points to which his son could not give a clear reply, so the prince, who was generally hesitant in answering his father even on points about which he was certain, would become panic-stricken and unable to speak before such a

83) 예문에서 알 수 있듯이 최양희의 책에 있어서는 모든 큰 따옴표가 있어야 할 자리에 작은 따옴표로 표기되어 있다. 그 의도는 알 수 없다.

large audience.(한최, pp. 41-42)

아주 길고 복잡한 복문이다. 이러한 문체들이 혜경궁 홍씨의 우아한 내간체를 살리는 그의 방법이었다. 단어들이 쉽지만, 문장이 가벼워 보이지 않는 것은 이렇게 문장의 호흡이 길기 때문이다.

앞의 작품들과는 다르게 〈춘향전〉과 같은 판소리계 소설을 옮기는 데는 또 다른 까다로움이 있다. 특히 러트가 대본으로 삼은 것은 〈열녀춘향수절가〉로 판소리의 성격이 살아 있는 이본이다. 이 중에서도, 인용된 시가의 운율이나 동음이의어들을 살려서 번역하기란 보통 일이 아니다. 모두 제대로 옮길 수는 없었지만, 가끔 그는 재치 있게 韻과 동음이의어를 살리고 있다. 예를 들어 '사랑가'의 경우는 다음과 같이 운을 살려 옮겼다.

> 사랑 사랑 닉사랑이야, 동졍칠빅 월하초 무산갓치 노픈 사랑, 목단무번슈의 여쳔 창히갓치 집픈 사랑, 오산젼 달 발근듸 츄산쳔봉 원월사랑, 진경한무하올젹 차문취소하던 사랑, 유유낙일 월염간의 도리화기 비친 사랑,…(춘한, p. 328)

Oh, love, my love, my love!
Love high as Wu-shan in the moonlight
by the seven-hundred-*li* lake of Tung-t'ing;
Love boundless as the sky over the sea, and deep as the ocean;
Love like the moon shining on a thousand peaks of jade mountains
in autumn;
Love that asks to play the flute for dancing;
Love like peach and plum blossom seen through the screen
in the evening sunlight;(춘러, p. 274)

이는 '사랑'을 'love'로 바꾸어서 운을 살린 경우이다. 다음의 '정자(情字)노래'는 '정'을 '*jŏng*'으로 음을 옮겨서 운을 살리고 있다.

… ◑ 한틱조히◑ 우졍◑ 삼틱육경 빅관조졍◑ 도량 쳥졍◑ 각시친졍 친고통졍◑ 난셰평졍 우리 두리 쳔연인졍◑…(춘한, p. 329)

The first Han emperor's pavillion, *Hyu-jŏng*
Three generations of statesmen, officials to fill the court, *chojŏng*
Monastic quietness, *ch'ŏngjŏng*
The women's courtyard, *ch'injŏng*
Friendship's shared feelings, *t'ongjŏng*
The shattered world set at peace, *p'yongjŏng*
We two will have a thousand years of love, *injŏng*(춘러, p. 278)

이 경우에는 앞의 사랑가보다는 내용전달에 있어서 서구인에게 덜 호소력이 있겠지만, 나름대로 기지를 발휘한 영역이다.

이 밖에 〈구운몽〉이나 〈이생규장전〉에는 시들이 많이 등장하는데, 번역이 쉽지 않다. 시들은 운을 맞춰서 번역해야 하기 때문에, 무척 어려운 작업이었을 것이다. 다음은 〈구운몽〉에서 게일이 번역한 시 중의 한 편이다.

The flowers of spring are filled with awe and drop their heads for shame,
The sense her song, they feel her step, the fragrance of her name;
The passing shadows stay their course, unwilled to steal away,
The lighted halls of gladsomeness proclaim my winning day.(구게, p. 45)

게일의 시들은 영문으로도 거의 모두가 운을 맞추었다. 그의 시들을 살펴보면, 운을 맞추는 데 상당히 공을 들인 것을 볼 수 있으며, 그의 언어감각에 놀라움을 금치 못하게 된다. 이에 반해서, 러트는 운은 신경쓰지 않고 있어 거의 모든 그의 시들이 운이 안 맞는다. 시 번역의 어려움은 내용의 전달뿐 아니라, 형태상의 표현문제도 있음을 알 수 있다.

한편 고소설에는 '각설'이라는 말이 자주 나온다. 이는 주지하다시피 딴 말을 꺼내거나 본래의 이야기로 돌아갈 때와 같이 화제를 바꿀 때 쓴다. 피터 리는 *The Record of the Black Dragon Year*에서 이를 'Now it is said that'(임리, p. 57), 'The story resumes'(임리, p. 58), 'Continuing with our story'(임리, p. 60) 등으로 다양하게 번역하고 있다. 마샬 필의 "The Song of Shim Ch'ŏng"에서 '각셜이라'(심완, p. 194)는 'The story changes'(필, p. 172)라고 옮겨져 있다. '각설'이나 '차설', 또는 '화설' 등은 우리 고소설 고유의 특징적인 표현으로 위와 같이 충실하게 번역할 필요가 있는데, 한 가지 표현으로 통일되는 것이 바람직하다.

이와 같이 문체의 표현은 영역에 있어서 가장 어려운 작업이자 중요한 과정이다. 원작품의 문체를 제대로 옮겨주는 작업까지 마친다면 훌륭한 영역본이 완성될 수 있을 것이다.

이상 영역작업에 있어서의 여러 가지 문제들을 살펴보았는데, 현대 한국어로 옮기기도 난해한 한국 고소설을 현대 영어로 옮기기란 엄청난 작업임을 알 수 있었다. 완벽하게 옮긴다는 것은 애초에 불가능한 일이라 하더라도, 지금까지의 작업을 참고로 하여 좀 더 나은 번역이 나왔으면 하는 바람이다.

2. 영역본의 의의

한국문학, 특히 고소설을 세계에 알리는 것은 필요하고 또 중요한 일이라고 모두 공감하지만 그 의미에 대해서 구체적으로 살펴볼 기회는 없었으므로, 여기서 고민해 보기로 한다.

미국 내 대학 중 한국문학 강의가 이루어지고 있는 대학은 몇 안 된다.[84] 그리고 교육이 이루어지고 있는 대부분의 대학에서도 동아시아 문학의 일부분으로서 다루어지고 있는데, 주로 일본문학과 중국문학이

다루어지고 한국문학은 여기에 구색을 맞추기 위해 있는 형편이다.[85] 사실 현재 동양학의 중심은 중국학, 일본학이지 한국학이라고 말할 수 없는 실정으로, 한국문화 나름의 변별성을 확보해 21세기 문화 경쟁의 시대에 살아남기 위한 노력이 필요하다.[86] 먼저 미국 내 한국문학 작품의 유통에 대해서 살펴보았는데, 한국문학 작품 전체를 살펴보는 것은 너무 광범위해서, 한국 고소설의 영역작품에 국한하여 조사해 보았다. 그 결과 한국 현대문학 작품의 영역은 날로 증가하는 추세이지만, 한국 고소설의 영역작업은 오히려 정체되어 있다는 사실을 알 수 있었다. 다음은 최근, 즉 1980년부터 2002년까지 영문으로 번역된 한국문학 작품 수의 장르별 통계다.[87]

전체(Total) 105/ 현대시(Modern poetry) 25/ 고전시가(Classical poetry) 7/ 현대단편선집(Anthology of modern short stories) 27/ 현대소설(Modern novel) 33/ 고전산문(Classical prose) 6/ 희곡(Drama) 2/ 특별판(Special issue) 3/ 비평(Criticism) 2/ 동화(Fairy tales) 0[88]

한눈에 보아도 현대문학 작품이 압도적으로 많다. 이와 같이 고소설 영역작업은 그 긴 역사에 비해서는 많은 작품을 내지 못하고 있다. 전체 한국문학 작품 영역작업의 양은 상승곡선을 그리고 있지만, 많은 사람들이 현대문학 작품들에 매달려 있기 때문인 듯하다. 현대문학 작품의 번역이 접근이 쉽기도 하지만, 현재 영역작업은 노벨문학상 수상에 초

84) 전반적인 해외에서의 한국문학 연구동향은 다음을 참조.
설성경 외, 『세계 속의 한국문학-통일 한국문학의 진로와 세계화 방안-』, 새미, 2002, pp. 359-370.

85) 하와이 대학을 예로 들면, 일본어문학 교수가 35명, 중국어문학 교수가 11명, 한국어문학 교수가 3명으로 한국어문학 전공자 수가 적었다.

86) 인권환, 「한국 민속학 100년, 그 연구 성과와 과제」, 인권환 외, 『고전문학연구의 쟁점적 과제와 전망 上』, 월인, 2003, pp. 286-287.

87) 여러 번역 언어들 중에서 영어로 번역된 작품 수가 가장 많다.

88) The Korea Literature Translation Institute, *An Annotated Bibliography of Korean Literature in translation 1980-2002*, 한국문학번역원, 2002, p. 6.

점이 맞춰져 있기 때문이기도 하다. 하지만 서구독자에게 호소력이 있는 장르는 고전이다. 대만의 경우 한국문학에 대한 인식은 서방 여러 나라의 그것에 비하여 상대적으로 약세에 처해 있는데, 그 이유 중의 하나는 전통적으로 중국과 유사한 환경에서 생활해 온 인접국으로 그 이질감의 희소성에서 찾아진다고 한다.[89] 이를 역으로 생각해 보면, 서구독자들에게는 동양의 고전문학이 매력적일 것이다. 한편 현대문학 작품을 소개하는 데에 있어서도 고전에서부터 현대에 이르기까지 체계적인 소개가 필요하다.[90] 그리고 아무리 재능 있는 작가, 시인들이 창작활동을 하고 있고, 또 그네들의 작품이 번역되어 해외에 소개된다고 할지라도, 천 년이 훨씬 넘는 우리의 문학전통에서 찬연히 빛을 발하고 있는 고전이 번역 소개되지 않고서는 우리 현대문학도 그 값어치에 해당하는 대접을 받기란 기대하기가 어렵다는 의견[91]은 경청할 만한 지적이다. 그리고 외국독자들이 관심을 가지는 한국문화와 역사에 대한 지식을 잘 제공하는 작품들을 골라 우선적으로 번역해야 하지 않겠는가[92]라는 의견에 부합하는 작품 역시 고소설이다. 하지만 아직도 번역가들 사이에서도 고소설의 번역은 하찮은 것으로 여기고 있을 정도로 한국 내에서의 고전 번역에 대한 인식은 후진적이다.

> 대단히 뛰어난 번역가인 존 홀시타인(John Holstein)이 『춘향전』을 번역하느라고 그의 아까운 재능을 낭비한다는 얘기를 듣고 참으로 답답했다. 이렇듯 정작 일할 만한 번역가에게는 여건이 이루어지지를 않고, 해외로 진출하려는 욕심이 심한 작가는 부려먹기에 좋은 만만한 번역자만 찾아다니는 현

89) 曾天富, 「대만에서의 한국 고전문학 번역현황과 그 전망」, 『民族文化硏究』 第31號, 高麗大學校 民族文化硏究院, 1998. 12, p. 404.

90) 케빈 오록, 「한국 현대 시의 번역」, 『한국 문학의 외국어 번역』, 민음사, 1997, p. 89.

91) 이성일, 「우리 고전 번역의 필요성」, 『民族文化硏究』 第31號, 高麗大學校 民族文化硏究院, 1998. 12, p. 318.

92) 엘렌 르브렝, 「한국 현대소설의 번역에 관하여」, 『한국 문학의 외국어 번역』, p. 161.

실이니 답답할 수밖에 없다.[93] (*밑줄은 필자)

현대문학 작품을 번역해서 널리 읽히게 하는 것에 더 가치를 두고 있음을 알 수 있다.

영어권이 아닌 러시아, 체코, 폴란드 등의 슬라브세계에서는 일찍이 1950년대부터 우리의 고전이 번역되었으며, 한국학 전공자들이 근대문학에 앞서 고전문학을 우선적으로 꾸준히 번역해 온 모범적인 사례도 있다.[94] 하지만 영어권에서는 아직도 영역 안 된 중요 작품들이 많다. 앞으로 새로운 고소설 작품이 영역된다면, 외국의 한국문학 연구자들은 연구대상을 넓힐 수 있고, 일반 독자들은 한국의 전통문화를 새롭게 알 수 있는 기회를 갖게 될 것이다.

특히 몇 년 전 영국의 저명한 소설가 마거릿 드래블(Margaret Drabble)이 〈한중록(閑中錄)〉을 소재로 신작 장편소설 〈레드 퀸(The Red Queen)〉을 바이킹 출판사에서 냈다. 소설에는 혜경궁 홍씨가 유령이 되어 화자로 등장하고, 김대중, 김정일, 히딩크 등 현대의 인물들까지도 등장하는 흥미로운 구성으로 되어 있다. 그가 이러한 소설을 쓰게 된 것은 몇 해 전 대산문화재단 초청으로 한국을 찾았을 때 영역 〈한중록〉을 접한 것이 계기가 되었다고 한다.[95] 영역 고소설이 세계문학의 흐름에 동참해 영향을 끼치게 된 좋은 예로, 고소설 영역의 필요성을 다시금 생각하게 해 준다.

---

93) 안정효, 『안정효의 영어 길들이기－영역편』, 현암사, 1998, p. 109.

94) 최건영, 「슬라브 문화권에서 번역문학의 의미」, 『번역문학』, 1996년 가을 창간호, 나남출판, pp. 96-101.

95) 최홍렬 기자, "혜경궁 홍씨 '한중록' 英 장편소설 소재로", 조선일보, 2004. 8. 21, sec. A, 16.

V. 고소설 영역의 과제와 방향

번역이 50퍼센트만 되어도 성공이라는 말이 있다. 그만큼 번역은 어려운 작업이라는 말일 텐데, 앞에서 살펴본 작품들의 상당수는 그 이상의 성공을 거두었다고 말할 수 있다. 하지만 이상 살펴본 바와 같이, 우리 고소설 英譯에 있어서의 문제점들이 보였고, 이들이 앞으로의 영역작업에서 개선되었으면 하는 바람에서 몇 가지 제안을 해 본다.

1. 영역대상작의 선정문제

1) 영문으로 쓰인 한국문학 개론서의 한국 고소설에 대한 시각

한국 고소설 영역작업에 앞서 이루어져야 할 것은 영어문화권에서의 한국 고소설 인식에 대한 고찰이다. 영어문화권의 독자들이 고소설 중 알고 있는 작품의 목록과 작품에 대한 시각을 제대로 파악해야, 영역작품의 선정이나 영역작업의 방향을 올바로 규정할 수 있기 때문이다. 영어문화권 독자들이 한국 고소설에 대한 지식을 얻는 통로 중 가장 중요한 것은 영문으로 쓰인 한국문학 개론서와 한국문학 앤솔러지일 것이다.

현재 미국대학 내에서 한국문학 교육은 주로 현대문학을 위주로 이루어지고 있는 형편이다. 고전문학은 현대문학에 비해 어려워서 학생들의 호응을 얻기 힘들 것이다.[1] 하지만 이런 형편에도 한국 고전문학을 번

1) '… we need to nurture younger generations of scholars who can teach and research both classical and modern literature. But most of our students wish to major in modern literature, because classical literature requires many more years of arduous training.' Peter H. Lee, *Explorations in Korean Literary*

역하고 한국문학사를 쓰고, 이를 연구하는 작업에 열중하고 있는 재미 학자들도 있는데, 이 중 대표적인 학자로 얼마 전 UCLA에서 은퇴한 피터 리가 있다. 그는 이미 1960년대부터 미국에 한국문학을 소개하고 가르쳐온 학자이며, 미국에서의 한국문학 연구의 독보적인 존재로서 1980년대까지 미국대륙에서의 한국문학 연구를 홀로 이끌어갔다.[2] 그의 저서들은 현재까지도 미국 내 한국문학 연구에 있어서 아주 큰 비중을 차지하고 있다. 이외에도 하버드 대학(Harvard University)에서 강의하고 있는 매칸도 한국 고전문학에 관한 여러 저서를 남기고 있다. 그리고 미국 내에서 한국 고전문학을 연구하는 이들의 저서와 한국에서 한국 고전문학을 영어권에 알리는 작업을 해온 연구자들의 영문판 책들도 있다.

먼저 살펴본 것은 국외에서 쓰이고 있는 한국문학 소개 개론서들[3]이다. 영어로 쓰인 영문 고소설 개론서로는 다음과 같은 책들이 있다. 외국에서 출판된, Peter H. Lee의 *Korean literature: Topics and Themes*[4]와 *A History of Korean Literature*[5], 김흥규의 *Understanding Korean Literature*[6], 김기청의 *Classical Korean Literature*[7]와 한국

History, Institute for Modern Korean Studies, Yonsei Universtiy Press, 1998, p. 11.

2) 중국문학이나 일본문학 전공교수가 없는 대학교는 거의 없지만 1980년대 말까지는 미국의 대학교에서 한국문학 전공교수가 겨우 Hawaii대의 Peter Lee 교수 한 사람뿐이었다.
John B. Duncan, 「韓國學의 國際化를 위한 敎材開發」, 『21세기 한국학의 국제화 학술회의 발표문』, 고려대학교 BK21 한국학교육·연구단, 2000, p. 93.

3) 물론 고소설 작품에 대한 영문 연구논문들도 많이 나와 있지만, 본고에서 다루기엔 너무나 분량이나 성격이 광범위해 여기서는 고소설 개론서에 한정하여 살펴본다.

4) Peter H. Lee, *Korean Literature: Topics and Themes*, The University of Arizona Press, 1965.

5) Peter H. Lee, ed., *A History of Korean Literature*, Cambridge University Press, 2003.

6) Kim, Hung-Gyu, Robert J. Fouser, *Understanding Korean Literature*, M. E. Sharpe, 1997.

7) Kichung Kim, *An Introduction to Classical Korean Literature—From Hyangga to P'ansori*, An East Gate Book, 1996.

에서 출판된 이태동의 *The Korean Novels of Korea*,[8] 정인섭의 *An Introduction to Korean Literature*,[9] 서두수의 *Korean Literary Reader with a Short History of Korean Literature*[10] 등이 있다.

여기서는 앞의 소설 영역본들과 마찬가지로 외국에서 출판된 책을 중심으로 살펴본다. 외국에서 출판된 책들이 영어권 독자들에게 많이 읽혔기 때문이다. 이 중에서 김흥규의 *Understanding Korean Literature*[11]는 이미 한국에서 발간된 한국문학 개론서를 영역하여 미국시장에 낸 사례다. 한글판을 충실하게 번역했으나, 한글판과 비교해 보면, '3. 韓國文學의 갈래' 항목과 '4. 言語文體와 律格'의 차례가 바뀌어 있음을 볼 수 있다. 영문판에는 '3. Language, Style, and Meter', '4. Genres of Korean Literature'로 옮겨져 있다. 한국의 독자들에게는 책에서의 핵심적인 항목인 갈래 이야기를 한 후, 부수적인 문제를 다루고 있지만, 한국문학을 잘 모르는 외국의 독자에게는 문체와 율격의 문제를 이야기한 후 장르문제를 다루는 것이 이해에 도움이 될 것이므로 순서를 조정한 듯하다. 아무튼 이와 같이 한국의 개론서가 영역된 것은 학회지의 발간과는 달리 한국의 연구 성과를 직접 대중에게 소개한다는 점에서 훌륭한 작업이었다. 또한 한국문학 전반을 소개하는 개론서로서 국내의 강의에서 쓰이고 있는 책이니만큼 영어권에서의 한국문학 연구와 한국 내에서의 연구 사이에 간극을 없애는 데 일조할 수 있겠다. 하지만 이 책의 경우는 한국의 연구 성과이므로, 본 장의 논의대상에서는 제외한다.

나머지 세 권의 개론서에서는 시대에 따라 내용의 변화도 뚜렷하다.

---

8) Lee Tae-Dong edited, *The Korean Novels of Korea*, Seoul: Korean Culture & Arts Foundation, 1981.

9) In-sŏb Zŏng Litt. D, *An Introduction to Korean Literature*, Hyangnin-Sa, 1970.

10) Doo Soo Suh, *Korean Literary Reader with a Short History of Korean Literature*, Dong-A Publishing Company, 1965.

11) Kim, Hung-Gyu, Robert J. Fouser, *Understanding Korean Literature*, M. E. Sharpe, 1997.

먼저 피터 리의 *Korean literature: Topics and Themes*(1965)는 당시로서는 한국의 연구 성과를 충실히 반영한 개론서로, 많은 작품들을 소개하고 있다. 먼저 '한문서사'(Fiction in Chinese)와 '한글서사'(Fiction in Korean)들을 소개하고 있는데, 비록 제목 소개뿐이지만, 패관문학(collections of tales and anecdotes)들까지 언급하고 있다. 그리고 '연극'(The Drama)이라는 장에서는 한 페이지를 할애해서 판소리를 소개하고 있는데, 〈춘향전〉, 〈심청전〉, 〈숙영낭자전〉이 판소리에서 나온 작품들이라고 했다. '오늘날 판소리는 인기 없는 예술'12)이라며 장을 마치고 있는데, 판소리를 중요시하지 않았던 당시로서는 당연한 시각이라고 하겠다. 또 〈홍길동전〉은 문제가 있는 소설로 중국 〈수호지〉의 영향을 받았으면서도, 플롯과 인물형상화(characterization)에 있어서 중국의 것보다 뒤떨어진다고 평가했다. 뿐만 아니라 역사소설 대부분은 〈삼국지연의〉의 영향을 받았다고 폄하하고 있는 것과는 달리 〈한중록〉에 대해서는 궁중일기이지만, 소설로 읽힐 만큼 충분히 예술적이며, 간결하지만 감동적으로 기록되어 있다고 찬사를 보내고 있다. 춘향전 주인공들의 이름 표기를 'Spring Fragrance'(성춘향), 'Yi Toryŏng'(이몽룡)이라고 한 것을 보면 당시에는 표기에 대한 고민이 없었던 것으로 보인다.

다음에 나온 김기청의 책은 30년의 세월이 흐른 만큼 변화도 많다. *Classical Korean Literature－From Hyangga to P'ansori*(1996)에서는 전체적으로 시가와 서사에 대한 항목이 균형을 이루고 있지만, 작자의 관심 작품에 논의를 집중했음을 볼 수 있다. 궁중문학과 〈홍길동전〉, 〈구운몽〉과 〈운영전〉, 연암 박지원, 판소리에 대해서 깊이 있게 논의하고 있다. 논자가 의도한 바인지는 알 수 없지만, 영역된 주요 한국 고소설 작품들을 대상으로 하고 있음을 볼 수 있다. 이 책에서도 〈한중록〉은 아주 중요한 작품으로 다루어지고 있다. 또 연암의 작품에 대한 고찰 끝

12) 'Today the *p'ansori* is no longer a popular art.' Peter H. Lee, *Korean literature: Topics and Themes*, The University of Arizona Press, 1965, p. 87.

부분에는 〈열녀함양박씨전〉의 영역문을 싣고 있다. 그의 말대로 최초이자 유일한 영역본이다. 그리고 앞의 피터 리의 책과는 달리 판소리를 중요하게 다루고 있다. 사실 판소리는 외국인들이 흥미를 가질 수 있는 독특한 장르다. 그는 판소리의 특징들과 〈적벽가〉, 〈흥부가〉, 〈수궁가〉, 〈춘향가〉에 대해서 소개하고 있는데, 가끔씩 보이는 셰익스피어 작품들과의 비교는 무리라는 느낌이 든다.

그리고 가장 최근의 피터 리 편집의 *A History of Korean Literature*(2003)는 편집이라고는 하지만, 그가 대부분의 글을 썼다. 한국 고전문학 작품들에 관한 많은 논점들을 다루고 있는데, 전체 580여 쪽 중에서 30여 쪽만이 고소설에 관한 글이다. 게다가 다른 항목들이 피터 리의 글로 이루어진 반면 고소설 항목들은 김흥규의 글로 이루어져 있다. 피터 리의 관심분야가 시가 쪽이기 때문일 것이다. 고소설에 관한 항목으로는 '조선시대 한문소설'(Chosŏn fiction in Chinese), '조선시대 한글소설'(Chosŏn fiction in Korean)이 있는데, 저자가 한국 내에서 활동하고 있는 학자이니만큼 한국 내에서의 연구성과를 잘 반영한 글들이다. 전기, 가전, 야담, 장편소설, 영웅소설, 몽유록, 애정소설, 가문소설, 가정소설, 판소리계 소설, 세태소설, 신작구소설에 대해서 고르게 언급하고 있다.

이상에서 살펴본 개론서들과 앞의 장에서 다룬 앤솔러지들을 볼 때, 한국 내에서의 한국문학 개론서들과는 작품 선정에 있어서 차이를 보이고 있음을 알 수 있다. 영역본이 소개된 작품들에 대해서는 작품에 대한 언급도 자세하고, 논의도 활발함을 볼 수 있어 영역작업의 중요성을 알 수 있다. 한국 고소설 작품 개개가 한국문학사에서 차지하고 있는 위치와 영문 한국문학사에서의 위치가 다른 것이다. 또 문학사를 바라보는 시각에 있어서도 다른 점들을 발견할 수 있다. 1965년판과 2003년판의 문학사는 시각차가 뚜렷한데, 고소설 영역작이 소개되기 전에 이러한 시각의 변화가 선행되어야 영어권 독자들에게 올바르게 수용될 수 있을 것이다.

2) 작품선정의 문제

고전문학 번역 시장은 제한적이어서, 한국 고전문학은 다른 주요 동아시아 문학의 현대, 고전문학의 번역에 뒤떨어져 왔다.[13] 이는 시장원리에 의한 것으로 한국문학 작품들이 동양의 다른 나라 작품들보다 번역서가 적고, 그중에서도 한국 고전문학은 한국 현대문학 작품들보다 번역서가 적다. 하지만 고전문학 그중에서도 특히 고소설을 두고볼 때, 시장성이 없다고 말할 수도 없다. 외국인의 흥미를 끌 수 있는 역사, 철학, 사회적 독특함이 넘치고 있는 우리 고소설들은 번역만 잘 한다면, 나름의 문화적 고유성을 지니는 훌륭한 교양서가 된다. 따라서 우리 문학의 대표성을 띨 수 있는 적절한 작품을 선택하는 것이 가장 중요한 작업이라고 할 수 있겠다.

한편 이러한 작품의 선정 주체는 번역가가 되어야 한다는 의견이 많다. 팔릴 만한 책을 선별할 수 있는 번역가들이 작품의 선정까지도 맡아야 된다는 주장이나,[14] 번역작품의 각 언어권별로 독자의 취향과 선호도가 다른 만큼, 작품 선정은 번역가의 몫일 수밖에 없다는 의견[15]도 있고, 게다가 아무리 유명한 평론가라 하더라도 국문학자들의 국제 감각이 늘 정확하다고는 볼 수 없다는 의견[16]도 있다. 물론 현대문학 작품의 경우에는 서구인의 관심사와 다른 내용일 경우 독자들로부터 외면당하는 일이 많다고 하지만, 고소설의 경우는 동양의 고전이라는 점에서 거의 모든 작품이 공통적인 매력을 가지고 있다. 그리고 현대문학과는 달리 고소설의 英譯 작업은 상업적인 측면에서만 풀 문제가 아니다.

13) Robert J. Fouser, 「Selection and Stylistics in Translating Classical Korean Literature」, 『民族文化研究』 第31號, 高麗大學校 民族文化研究院, 1998. 12, p. 325.
14) 안정효, 『번역의 테크닉』, 현암사, 1996, p. 25.
15) 안소현, 「균형잡기」, 『한국문학의 외국어 번역』, 민음사, 1997, p. 225.
16) 서지문, 「한국문학의 해외선양 사업을 위한 건의」, 『문화예술』, 1993. 4, p. 14.

한국문학 작품의 다양한 면을 보여줄 수 있도록 여러 장르에서 고루 영역작업이 이루어져야 하므로, 고소설 영역작품의 선정은 국문학자에 의해 이루어져야 할 것이다. 한국 고소설은 다양한 하위 장르가 있는 만큼, 고전문학 연구자들이 한국 고전문학사에서 가치 있는 고소설 작품들을 선정해서 번역을 권장하는 작업이 절대적으로 필요하다.

지금까지 영역된 작품목록을 살펴보면, 한국 고소설 영역본의 수는 적지 않으나, 같은 작품의 중복번역이 많음을 알 수 있다. 피터 리가 앤솔러지에 선정한 작품들을 보더라도, 여덟 작품 가운데 연암 박지원의 작품이 두 개나 들어 있다. 작가를 알기 힘든 작품이 대부분인 한국 고소설의 특성상 작가별로 작품을 영역하는 것은 고려의 대상이 아니며, 하위 장르를 고려해 이루어져야 할 것이다.

현재 한국 내 고전문학계에서 중요 작품으로 평가되고 있는 고소설들의 경우는 물론이고, 한국 외에서 쓰인 영문 한국문학사에서 중요 소설로 거론되고 있는 작품들조차도 아직 영역되지 못하고 있는 형편이다. 게다가 영역된 고소설 작품 중에서도, 예전의 영역본들은 소설작품들이 민담형태로 줄거리만 옮겨진 경우도 많았고, 원전에 충실하게 번역된 작품들도 중복 영역된 작품들이 많다.

파우저는 그의 글에서[17], 판소리(*p'ansori*)와 건국신화(foundation myths), 패관문학(short stories in classical Chinese) 등은 영역대상이었지만, 고소설(classical novels), 설화(folk tales), 몽유록(dream records), 야담(*yadam*), 문학비평(literary criticism)은 상대적으로 주목받지 못했다고 지적하고 있다. 그리고 오직 고소설 중에는 〈홍길동전〉과 〈구운몽〉, 판소리 중에서는 〈춘향전〉과 〈심청전〉만이 영역되었다고 소개하고 있다. 하지만 이는 그의 정보부족으로 인한 실수이며, 본고에서도 살폈듯이 이외에도 여러 편의 소설들이 영역되었다. 또한 서사문

17) 원문에는 서사와 시가가 모두 이야기되고 있으나, 여기서는 서사만을 언급한다. Robert J. Fouser, 같은 논문, p. 327.

학의 하위분류에 대해서도 약간의 문제가 있는 듯하다. 우리가 고소설이라고 부를 수 있는 범주에는 판소리계 소설과 몽유록도 넣을 수 있을 것이며, 한국의 국문학계에서는 새로운 장르를 명명하는 일이 많아지고 있다. 또 방대한 영역작업의 시작은 설화와 고소설에서부터 시작되어야 할 것인데, 설화는 이미 많은 영역본들이 나오고 가장 시장에서 찾아보기 쉬운 장르이다. 하지만 채집된 설화를 그대로 옮긴 경우를 찾기 힘들며, 단순히 어린이를 위한 이야기책 정도의 영역본들이 흔하다. 한편 고소설의 경우에는 앞서도 언급하였듯이 한국에 대한 많은 것을 전해줄 수 있는 장르다. 고소설 내에서의 하위 장르를 살펴보고 이들에게 영역자의 관심이 고루 안배되었는지 생각해 보는 것이 영역의 선행 작업이 되어야 할 것이다.

고소설의 하위 장르의 한 예를 보면 傳奇小說, 夢遊錄, 歷史軍談小說, 英雄小說, 愛情小說, 家庭小說, 판소리系 小說, 世態小說, 長篇小說로 나뉘어 있다.18) 영역자들의 관심을 얻은 경우가 그나마 역사군담소설과 판소리계 소설이지만, 물론 이들도 주요 작품들이 모두 영역된 것은 아니다. 먼저 판소리계 소설로 〈춘향전〉과 〈심청전〉처럼 외국에서 출간된 것 이외에도, 〈흥부전〉과 〈토끼전〉도 번역된 것이 주목을 요한다. 대표적인 판소리계 소설들이 번역되었지만, 모두 좋은 번역을 얻었다고 볼 수는 없다.

위에서 몽유록과 장편소설을 제외하면, 최소 한 작품씩은 영역되었다. 하지만 국내에서 출간된 것들은 안 읽힌 것이 많다. 또한 영역된 작품이 대표성을 띠고 있지도 못하다. '전기소설'을 예로 들어본다. 한국문학계에서 전기소설에 대한 관심은 비교적 최근에 시작되었는데, '전기소설'들은 한국문학사에서 초기 소설의 위치를 지니며, 여러 가지 형태로 존재하고

18) 무려 62편의 고소설에 대한 글을 모은 최근 간행된 『古小說研究史』에서의 분류를 참고했다. 刊行委員會, 一葦 禹快濟 博士 華甲記念 論文集, 『古小說研究史』, 月印, 2002.

있다. 이들은 모두 작품성도 있고, 독서물로서의 흥미도 가지고 있어 한국문학사에서 중요한 위치를 차지하는 작품들이지만, 영역되어 있지 않다. 이러한 작품들 중 하나가 『金鰲新話』이다. 다들 알다시피, 『금오신화』는 本格的인 創作小說의 嚆矢[19]로 알려져 있어 그 의미가 크며, 〈萬福寺樗蒲記〉, 〈李生窺墻傳〉, 〈醉遊浮碧亭記〉, 〈南炎浮洲志〉, 〈龍宮赴宴錄〉 등의 주옥 같은 작품들이[20] 포함되어 있다. 이들은 흔히 '傳奇소설'로 분류되는데, 이외에도 〈雲英傳〉, 〈周生傳〉, 〈崔陟傳〉 등이 '전기소설'의 범주에 포함된다.

여기에서는 하나의 예로 전기소설을 예로 들었지만, 영역되어야 할 작품들은 많다. 판소리계 소설들도 아직 모두 영역이 안 되었으며, 많은 영웅소설들과 애정소설, 가정소설들도 영역의 필요가 있다. 이들은 분량에 있어서도 적당하고, 흥미성도 가지고 있어, 독자층을 확보하는 데 유리할 것이다. 우리 고전소설 중에서는 장편 가문소설을 제외하고는 대부분이 번역 가능하다고 볼 수 있겠다. 또한 여기에 한문단편들이나 여류문학가들의 수필들도 좋은 번역자료들이다.

2. 영역의 방식

한국문학을 세계화하는 데 있어서의 기본은 번역이다.

여러 학자들의 번역에 대한 의견들을 살펴보면, 완전한 번역이란 것은 불가능하다는 말[21]까지 있다. 하지만 번역의 한계를 인정한다 하더

---

19) 薛重煥, 『金鰲新話研究』, 高麗大學校 民族文化研究所, 1983, p. 227.

20) 그런데 이 중에서는 〈이생규장전〉만이 피터 리의 영역으로 소개되었다.
Peter H. Lee, "Student Yi Peers Over the Wall", *Anthology of Korean Literature*, Honolulu: University of Hawaii Press, 1981; 1990.

21) '무엇보다도 중요한 것은, 번역 불가능성에 대하여 철저하게 자각적이어야 한다는 일입니다. 번역이 가능한 것은, 어디까지나 의미의 수준입니다. 한껏 애써 봐야, 문체의 대략적인 형태의 수준까지입니다. 각각의 언어 체계 내에서의 말의 생활상은, 완전히 비대칭이라는 것을 계속적으로 인지하는 일을 되풀이하면서, 왕복운동을 계속하여 실천하는 것이 번역이라는 행위의 가혹함과, 동시에 즐거움이 나타나는 것

라도, 번역자로서 최선을 다할 의무는 있는 것이다. 이 장에서는 한국 고소설을 영어로 번역하는 데 있어서 고려해야 할 점들을 번역론에 기대어 생각해 본다.

번역론은 사실 신생학문으로, 그동안 언어학적 측면에서만 다루어온 분야지만 최근 독립된 학문으로 자리매김해서 많은 이론들이 나왔다. 그동안 우리나라에서는 한국문학을 외국어로 번역한다거나 외국문학을 한국어로 번역하는 문제에 대한 실제적인 고찰이 드물었다. 외국의 이론서들을 번역한 것이 상대적으로 많이 나와 있는데, 언어의 종류를 가릴 것 없이 번역의 과정과 결과에서 드러나는 문제는 공통된다.

먼저 생각해 볼 문제는 왜 英譯인가라는 것이다. 다른 언어도 있는데, 한국 고소설을 영어로 번역하는 것이 왜 중요한지의 문제는 굳이 언급하지 않아도 이미 당위적인 사실이 되어버렸다. 문학작품의 목적이 독자에게 읽히기라면 널리 읽히기 위한 방식은 영어로 글을 쓰는 것이다.

> 오늘날 세계에서 책이 읽히도록 하는 유일한 방식은 영어로 쓰거나 영어—혹은 부차적으로 프랑스어나 스페인어 혹은 독일어—로 번역되는 것이라는 것은 상식이다. (중략) 즉 영어는 지금까지의 사상과 이야기들, 그리고 명성을 국제적으로 산포하는 최상의 언어이다.
>
> 이러한 문화적 현실과 이에 수반되는 무의식적 가정들은 명백히 식민주의와 포스트식민주의의 관계에 의해 형성되었다. 영어는 오늘날 1세기 반 동안의 세계 지배, 즉 처음에는 영국에 의해 나중에는 미국의 정치적·경제적·군사적·문화적 세계 지배로 인해 '세계 공통어'가 되었다. 제국의 중심 언어는 권력·문화·지식의 언어로서 제국의 변방으로 산포되어서 주변부의 토착 언어들보다 더 많은 사람들이 구사하고 있는 언어인 동시에, 이 언어는 또한 무의식적으로 부여된 권력, 즉 영어로 말하고 글을 쓰는 사람들은 그렇지 않은 사람보다 더 많은 지식을 지니고 있고, 더 많이 지배력을 행사한다는 거의 보편화된 의미를 수반한다.22)

이라고 생각합니다.' 川本浩嗣·井上 健 編, 『번역의 방법』, 이현기 옮김, 고려대학교출판부, 2001, p. 313.

22) 더글러스 로빈슨 지음, 『번역과 제국-포스트식민주의 이론 해설』, 정혜욱 옮김, 東

더글러스 로빈슨의 위의 말이 아니더라도 영어로 번역하는 것은 다른 언어로 번역하는 것보다 큰 성과를 얻는다.

번역은 창작이 아니다. 원작을 그대로 옮기는 것이 번역의 원칙이지만, 두 개의 다른 언어가 각각 나름의 언어적 구조와 문화적 배경을 가지고 있기 때문에 작품을 다른 언어로 그대로 옮기는 일은 거의 불가능하다. 그렇기 때문에 좋은 번역이란 무엇인가에 대한 의견이 분분할 수 밖에 없고, 각각의 의견은 나름의 장단점을 가지고 있기 때문에 어느 것이 옳다고 이야기할 수도 없다. 다음의 이야기는 이러한 현실을 설명해 주고 있다.

> 이탈리아의 나폴리 부근 프로치다섬에 번역가들의 작업과 교류를 위한 국제적 시설이 있다. 그 설립자가 언젠가 농담 비슷하게 나한테 들려준 이야기가 있다. 그녀는 번역에 관한 토론회는 가급적 열지 않는다고 말했다. 각자가 자기 나름의 해결책을 주장하면서 그것을 '죽기 살기로 사수'하기 때문에, 때로는 대립하는 사람들끼리 말도 안 하고 지내는 사태가 비일비재하다는 것이다.23)

하나의 의견은 원작을 원천어(source language)에서 목표어(target language)로 옮기는 과정에서 어차피 원작을 그대로 옮긴다는 것은 불가능하니, 목표어 독자들이 술술 읽어 내려갈 수 있는 번역이 좋다는 것이다. 이는 단어와 관용구들도 목표어의 것으로 완전히 바꾸어 주는 식의 번역이다. 또 다른 의견은 원작을 최대한 원문 그대로 옮겨 놓는 것이 옳은 번역태도라는 주장이다. 원천어의 단어와 문체들을 살려 번역해야만 원작자의 의도와 원작이 가지고 있는 분위기를 그대로 전달할 수 있다는 것이다.

필자의 견해로는 두 가지 모두 타당한 주장이며, 모두 필요한 번역방

文選, 2002, p. 57.

23) 쓰지 유미 지음, 이희재 옮김, 『번역사 산책』, 궁리, 2001, p. 152.

법이라고 생각한다. 이 두 가지 의견은 서로 대립되는 것이 아니라 단지 경우에 따라 적절하게 적용해야 하는 선택의 문제라고 보아야 할 것이다. '한국 고소설의 번역'이라는 특정 경우에서는 어느 방법이 적절할지 생각해 본다.

이를 위해서, 우선 우리 고소설의 영역본을 읽는 독자들의 성격을 먼저 파악해야 할 것이다. 사보이는 독자를 크게 네 집단으로 나누었다.

> 첫째는 원어를 모르는 사람들로서 호기심, 또는 외국문학에 대한 순수한 흥미로 번역문을 읽는 집단이다. 이런 독자에게 가장 알맞은 번역은 자유번역이다. 호기심을 만족시키고, 깊은 생각을 하거나 애쓰지 않고도 손쉽게 읽을 수 있는 것이 자유번역이기 때문이다. 두 번째는 원어를 배우고 있는 학생이다. 번역을 학습도구로 이용하므로 이런 집단의 사람들에게는 문자 그대로의 번역이 가장 알맞다. 셋째는 양쪽 언어를 아는 학자거나 이중언어 사용자들이다. 학술적인 관심을 가지고 읽으며 신랄한 비난을 퍼붓기를 즐기는 사람들이다. 넷째는 외국어를 한때 알았다가 잊은 사람들이다. 이런 유형의 사람들은 번역 같은 번역을 좋아한다. 회고적인 만족감을 주기 때문이다.24)

이는 한국문학 영역본의 독자들에게도 비슷하게 적용되는데, 영어권의 독자들은 크게 두 가지로 나뉠 수 있을 것이다. 첫째, 한국어를 모르는 독자들과 둘째, 한국어를 조금이라도 아는 독자들이다. 한국어를 모르는 독자는 그야말로 순수한 독서의 즐거움을 누리기 위한 독자들이다. 이들에게는 영어에 맞게 표현된 내용이면서도 그들의 이국취미를 만족시켜 줄 수 있는 영역작이 필요하다. 그리고 한국어를 조금이라도 아는 이들에게는 한국어를 그대로 번역한 영역작이 요구된다. 한국어에 대한 학습이 필요한 이도 있을 것이고, 오역을 절대 허용하지 않는 비평가나 한인교포들도 있을 것이기 때문이다.

---

24) Savoy, Theodore, *The Art of Translation*, London: Jonathan Cape, 1968. 유영난 지음, 『번역이란 무엇인가―박완서의 「엄마의 말뚝1」영역을 중심으로―』, 태학사, 1991, p. 12에서 재인용.

한국 고소설 영역작들 중 본서에서 대상으로 하고 있는 것들은 거의 대부분이 한국어를 조금이라도 아는 독자들이 만족할 만한 번역들이다. 원작을 충실히 옮긴 것들인데, 특히 최근의 번역들은 각주나 후주를 동원해서 본문에서 미진한 것들을 설명하고 있다. 이러한 식의 번역이 독서의 즐거움을 반감시킨다고 생각하는 이들도 있지만, 이는 한국어를 전혀 모르는 독자들이 가질 수 있는 불만이다. 이러한 입장 차는 줄일 수 없는 것이므로 그대로 인정하고 넘어가고, 대신 독자층을 이분화하여 그에 맞는 영역본을 내는 것이 합리적인 방법이 될 것이다. 좋은 번역에 대한 정의는 번역가들의 가치관에 따라 다르므로, 번역서 또한 두 가지 양상으로 나타나는 것이다.

사실 일반 독자들의 독서물로서의 우리나라 옛이야기들은 미국의 일반서점에서도 종종 볼 수 있다. *The Korean Cinderella*[25]와 같이 어린이를 대상으로 한 그림책이라든가, *Tales of a Korean Grandmother*[26]과 같은 옛날 이야기책들이 그것이다. 이러한 책들은 원전에 충실한 번역본들과는 비교도 안 되게 많이 수정된 이야기들이지만, 원전에 충실함과 상관없이 재미있게 읽힐 수 있다. 생소한 용어는 이해하기 쉽게 본문 내에서 설명하는 방식의 번역을 해, 영어권 독자가 읽기에 어려움이 없게 했는데, 이러한 번역은 일반 독자들에게 큰 호응을 얻을 수 있다. 이 경우, 영역자가 한국의 설화 본래의 문체를 무시하고, 본디부터 영어로 쓰인 작품처럼 부드럽게 읽히도록 옮겨놓아, 영어권 독자들이 쉽게 읽고 나름의 감동을 느꼈다고 하자. 이때 이 영역본들 나름의 성과를 얻었다고 할 수 있을 것이다. 하지만 이것을 한국인의 입장에서 보았을 때 좋은 번역이라고는 부를 수 없을 것이다. 한국의 정서도 정보도 온전히 전달되지 못했을 것이기 때문이다. 한편 영어권 독자의 입장에서도 읽

25) Shirley Climo, *The Korean Cinderella*, A Trophy Picture Book, 1993.
26) Frances Carpenter, *Tales of a Korean Grandmother*, Tuttle Publishing, 2000.

는 것들이 많다. 번역이 외국 문화의 이질성을 반영해서 異文化에 대한 소개와 동시에 새로운 어휘와 어법과 표현을 만들어내어 영어의 자산을 풍부하게 하는 역할을 할 수 있는 통로를 막는 것이기 때문이다.

한편 학자들을 대상으로 한 영역본들은 원전에 충실하게 번역되어야 한다. 이러한 책들은 원전을 그대로 옮긴 뒤, 주를 활용해서 설명해 나가면 될 것이다. 김자현의 *The Memoirs of Lady Hyegyŏng*[27]에서처럼 원전을 그대로 옮기고 각주와 후주를 마음껏 활용하는 경우, 일반 독자가 이 많은 주를 일일이 찾아 읽는 것은 어렵겠지만, 학문적 연구의 대상으로서는 훌륭하다. 한국 원전에 주가 달려 있는 부분은 당연히 영역본에도 주가 필요하다. 여기에 외국인에게 생소한 용어들과 관습이나 역사적 배경도 주에서 설명되어야 할 것이다. 그리고 문체의 문제도 중요하지만, 단어의 정확한 번역과 문맥의 완전한 전달이 번역의 1차적인 목표가 되어야 한다. 본문에서건 주를 통해서건 뜻이 정확하게 이해되도록 옮긴 영역에 높은 점수를 주어야 할 것이다. 또 연구대상으로도 읽힐 작품이라면 영역본의 원전의 페이지수를 적어주는 것도 좋은 방법이다. 마샬 필의 "The Song of Shim Ch'ŏng"이 그랬는데, 영역자의 잠깐의 수고로 읽는 사람들에게 큰 도움이 되었다.

> (중국의) 루신은 누구나 눈살을 찌푸릴 만큼 난해한 직역조를 단호히 고집했다. 루신의 번역은 '땀이 날 만큼' 어렵고 거의 손가락으로 짚어나가지 않으면 읽기 어려울 정도였다. 그러나 새로운 말과 작풍의 도입은 노력과 속박을 동반한다는 것이 그의 지론이었고 그렇게 해서 루신은 중국어의 개혁을 이루어냈다고 한다.[28]

물론 영어권 독자가 도저히 읽을 수 없는 정도의 번역을 해서는 안 될 것이지만, 위의 예에서 볼 수 있듯이 한국문학을 그대로 옮기려는 시

27) JaHyun Kim Haboush, 앞의 책.
28) 쓰지 유미 지음, 『번역사 산책』, 이희재 옮김, 궁리, 2001, p. 151.

도는 어느 정도 영어의 자산을 풍부하게 하는 데에도 일조할 수 있을 것이다. 실제로 현대 미국어는 같은 영어이지만, 영국에서 쓰고 있는 단어수보다 월등히 많다. 이는 미국 내 다민족의 언어와 문화들이 반영된 결과이다.

한국어를 조금이라도 알거나, 한국어를 알지 못해도 한국문화에 대한 호기심을 가진 독자를 위해 한국 고소설을 영어로 옮긴다면, 루신의 번역 정도는 아니더라도, 한국어를 그대로 옮기려는 시도가 필요하다. 이와 같이 한국 고소설의 문체 등을 그대로 반영한 번역은 읽는 이들에게 약간의 어려움이 있지만, 약간의 보완이 있다면 일반 독자들에게도 호응을 얻을 수 있을 것이다. 영역문의 앞부분에 작품과 관련된 문화, 사회, 문학적 배경에 대한 설명을 넣고, 또 경우에 따라서 본문 안에 각주를 이용해서 생소한 용어들과 관습들에 대해서 설명한다면, 위와 같은 축어역(逐語譯)적인 번역도 효과적으로 읽힐 수 있을 것이다. 그리고 이러한 번역방법은 점차 한국 고소설의 영역작업에서 확대되고 있다. 또 한국 고소설 영역본의 경우에는 독자층이 한국에 대한 호기심을 가지고 있는 경우가 많으므로 이와 같은 번역이 절대 권장된다. '번역의 매개역할은 목표어의 문화양식에 새로운 문화적 공간을 창출할 수 있는 창조적 구성력을 불러일으키는 데에도 적지 않게 기여한다'[29]는 면에서 볼 때, 영어권의 수용자적인 입장에서도 불리할 것이 없는 방법이 될 것이다.

또 한 가지 고려해야 할 점은 세계 여러 나라들 간의 소통이 빠른 속도로 활발해지고 있다는 것이다. 과거 1892년에 나온 로니의 〈춘향전〉의 불역판[30]은 원작을 많이 개작했다. 당시 문화적 소개가 전혀 되어 있지 않은 상황에서 우리 고전을 이질적인 문화권에 수용시키기 위해

29) 강원대학교 인문과학연구소 엮음, 『번역의 이론과 실제』, 강원대학교출판부, 2003, p. 18.

30) *Printemps parfumé, roman coréen*, Petite collection Guillaume, Traduction de J. H. Rosny, E. Dentu, éditeur, Paris, 1892.

번역과정에서 필요한 선택을 했다고 보는 한 연구자의 말[31]처럼, 당시 서양에서는 지금과 비교할 수 없을 정도로 동양, 특히 한국에 대해서 무지했을 것이다. 하지만 현재에는 서구인들도 동양의 역사적 전통이나 관습에 대해서 어느 정도는 입체적인 이해를 하고 있고,[32] 한국 문학작품들도 많이 접하고 있다. 물론 아직 중국과 차별되는 한국 고유문화에 대해서는 이해가 부족한 상황이지만 말이다. 따라서 한국의 문화를 낯선 상태대로 영어문화권에 소개하여, 우리 문학과 문화에 대한 이해를 돕는 것이 현 단계에서 우리가 할 일이다. 또한 번역판이 원작보다 수명이 짧다고 하지만, 백 년이 넘은 영역집이 아직도 출판되고 있는 실정을 볼 때, 지금의 번역판이 후대까지 읽히리라는 예상도 해 볼 수 있다. 또 앞으로는 문화권 간의 이해의 폭이 넓어질 것이라는 것 또한 기대되는 바다. 따라서 현재에 다소 무리라고 싶을 정도의 낯선 문화의 소개는 미래를 내다보는 적절하고 필요한 투자 행위가 될 것이다.

3. 그 밖의 문제들

지금까지의 한국문학 영역작업을 다룬 논문들에서는 현대문학 작품을 중심으로 영역의 문제를 다루어 왔고, 여러 논의들이 있었다. 기존 논의의 일부는 고전문학에도 해당되는데, 본고에서는 고소설 영역작을 고찰한 후 느낀 고소설에 해당되는 부분들에 대해서 이야기해 보겠다.

첫째, 우리 고유 용어들의 표기법을 통일해야 한다.

앞의 여러 영역본들을 통해서 지적된 문제점들 중의 하나가 우리 고유 용어들의 표기법이다. 앞에서도 이야기했듯이 고소설에서의 낯선 부분들을 그대로 서구의 독자들에게 보여주는 것이 바람직한 만큼 고유용

31) 유석호, 「홍종우의 《춘향전》 불역의 문제점」, 『번역문학』, 나남출판, 1996년 창간호, p. 94.

32) 서지문, 「제1회 번역문학 심포지움 토론문」, 『번역문학』, 나남출판, 1996년 창간호, p. 103.

어들도 그대로 소개해야 할 것인데, 쉽게 전달할 수 있는 한 가지 방법으로 통일될 필요가 있다. 'the civil service examination〔kwagŏ〕'과 같은 방법이 지금까지 써왔던 것 중에 가장 적절하다. 영문용어를 쓰고, 뒤에 한글을 로마자로 표기한 것인데, 앞에서 영어로 풀어 쓴 용어를 통해 의미를 쉽게 전달하면서도 뒤의 한글 로마자표기를 통해 한국 고유의 용어임을 알려주어 그것이 가지고 있는 함축된 의미를 상기하게 해줄 수 있는 좋은 방법이라 생각된다.

둘째, 장기적인 관점에서는 한국 고전문학 연구자의 영어구사능력을 키우고, 단기적으로는 외국의 한국문학 연구자와 한국 내의 고전문학 연구자의 공동번역을 권장한다.

우리 100여 년의 한국 고소설 英譯史에 있어서, 번역자들은 몇 명 안 되는 것을 볼 수 있다. 초기의 선교사들에서, 한국문학 소개에 관심 있는 한국의 영문학자들을 거쳐, 현재에는 한국문학을 연구하는 외국의 학자들로 그 세대가 옮겨옴을 볼 수 있다. 3기의 번역자들 중에서 한국 고전문학만을 번역하거나 연구하는 사람은 한 명도 없다는 것이 특이하다. 대부분 한국 현대문학의 번역을 주로 하면서, 한국 고전문학에도 손을 대고 있는 형편이다. 현대문학의 번역보다는 고전문학의 번역이 여러 가지 능력과 더 많은 시간을 요구하기 때문이다. 고전문학만을 번역하고 연구하는 인력이 많아진다면, 현재의 질을 뛰어넘는 많은 양의 번역작을 기대할 수 있을 것이다. 하지만 피터 리의 염려처럼, 미국의 학생들에게 한국 고전문학 연구는 너무 많은 시간과 숙련이 요구되기 때문에 대부분이 한국 현대문학만을 공부하려 한다.[33] 그가 제안하는 방법은 한국의 국문학 전공학생들이 영어구사능력을 키워 영역에 힘쓰는 것이지만,[34] 이는 시간을 요한다.

---

33) Peter H. Lee, "Korean Literature in the United States", *Explorations in Korean Literary History*, Institute for Modern Korean Studies, Yonsei University Press, 1998, p. 11.

앞에서 살펴본 고소설의 영역자들 중에서 현재 생존해 있으면서 연구 활동도 활발히 하고 있는 이는 매칸, 피터 리, 김자현, 문희경, 최양희가 전부다. 게다가 이들 중에는 영문학, 한국사학 전공자들도 있어, 순수한 한국문학 전공자는 몇 안 된다. 영어구사능력이 훌륭한 영역가 중에서 한국 고소설의 해독을 거의 완벽히 할 수 있는 사람은 한두 명 정도밖에 안 되는 것을 알 수 있다. 따라서 현실적으로 원어민 수준의 영어구사능력자와 또 한 명의 한국의 고전문학 연구자가 파트너로 공동작업을 하는 것이 이상적이다. 한국 고소설 영역본의 경우 지금까지 誤譯이 없는 작품이 하나도 없었을 만큼 고소설 영역은 어려운 작업이다. 이러한 부분을 보완해 주기 위해 고전문학 연구자인 파트너가 필요하다. 공동번역이 필요 없다고 주장하는 사람들도[35] 있지만, 지금까지 나온 번역들을 보면 공동작업이 낳는 효과는 무척 크다. 위에서 살펴본 한국 고소설의 번역들만 보더라도, 훌륭한 번역은 한국과 외국에서 두루 공부한 한국교포학자들이거나, 한국학자의 도움을 받은 외국인에 의해서 이루어졌다. 장기적으로는 두 개의 언어에 능숙한 학자들이 많이 나오게 되겠지만, 현재로서는 두 명의 공동작업이 가장 좋은 결과를 기대할 수 있다.

셋째, 영역본의 출간은 현명하게 출판사를 선택하여 이루어져야 한다.[36]

물론 영어소설 발간의 경우이지만, '현명한 출판사 선택이야말로 작가가 성공하기 위해서는 가장 필수적이고 중요한 과정'[37]이라고까지 이야기된다. 훌륭한 출판사일수록 판매와 홍보 활동이 적극적이며 효과적이

---

34) 'Students majoring in Korean literature in Korea should acquire proficiency in English so that they can translate directly from the original, classical or modern.' 같은 곳.

35) 이성원, 「최양희 교수의 발표에 대한 논평」, 『한국문학의 외국어 번역』, 민음사, 1997, p. 63.

36) 이 부분은 필자가 논할 만한 성격의 것은 아니지만, 중요한 문제이므로 언급하고 넘어간다.

37) 안정효, 『안정효의 영어 길들이기－영역편』, 현암사, 1998, p. 58.

기 때문이다. 차선책으로 한국 내에서 훌륭하게 제작해서 현지 서적상이나 수입 서적상을 통해서 보급하는 방법을 모색하는 길을 제시[38]한 경우도 있지만, 실제 별 성과를 얻지 못한 것을 볼 수 있었다.

지금까지 발간된 한국 고소설 영역작품들을 살펴보면, 외국에서 발간된 것, 한국에서 발간된 것으로 나뉠 수 있다. 이 중에서 외국에서 발간된 작품들은 영역자의 국적에 상관없이 외국독자들에 의해 읽히거나 연구대상으로 유통되고 있어, 출판지가 한국이냐 외국이냐의 여부에 따라 작품의 운명이 결정되는 것을 알 수 있다.

또 앞에서 보았듯이 〈구운몽〉의 영역본들이 세 개의 출판사를 통해 미국에서 다시 재간되었다. 우리 고소설을 일본 출판사가 다시 훌륭하게 찍어낸 것을 보면서, 우리가 해외의 한국 고소설 출판시장에 대해서 무관심했음을 새삼 느꼈다.

이상 여러 사례들을 볼 때, 앞으로 영역 출간될 한국 고소설 작품들이 활발하게 유통되려면, 좋은 외국 출판사를 통해 출판해야 함을 알 수 있다.[39]

그리고 마지막으로 고려해야 할 점은 고소설이 가지고 있는 특징들 때문에 한국문화에 대해 왜곡된 시각을 갖게 될 위험이다. 먼저 한국 고소설에서 중국의 영향이 심하게 드러나는 문제다. 중국 역사나 故事, 古書들의 인용들이 그것인데, 이들을 적절한 설명과 함께 현명하게 번역할 필요가 있다. 앞에서 본 것처럼 중국의 책이라고 무조건 무책임하게 'Chinese Literature'라고 번역하고 넘어가는 것은 곤란하다. 그리고 또 고려해야 할 점은 한국의 과거 생활방식이 외국인의 눈에 미개한 것으로 비춰질 수도 있을 염려다. 하지만 이러한 한국의 고유문물에 대한 표

38) 김재현 지음, 『번역의 원리와 실제-우리 시의 영문 번역을 중심으로』, 한신문화사, 1995, p. 34.

39) 외국에 제대로 보급하려면, 해외의 출판사들을 동원해야 한다는 의견은 권영민에 의해서도 제기되었다.
권영민, 「한국문학의 세계화, 그 가능성의 모색」, 『문학사상』, 1996. 1, p. 72.

현들은 읽기 전에 일정 정도의 사전소개를 해서, 서구 기준에서의 미달되는 문화가 아닌 동양 고유의 일정 수준의 문화를 가지고 있는 것으로 제대로 이해되도록 해야 할 것이다. 러트가 〈춘향전〉의 번역 앞에 작품 이해에 필요한 사회·문학적인 배경을 요약정리해 놓았는데, 서구인의 한국문학 이해에 매우 유용하고도 편리한 방법이라고 생각한다.

반면, 〈한중록〉과 같은 작품에서 한국 왕실문화의 한 면을 볼 수 있다든가, 〈임진록〉과 같은 작품에서 한국인의 반일감정에 대한 역사적 배경을 이해할 수 있는 것들이 외국인이 한국 고소설을 통해서 얻을 수 있는 또 다른 성과다.

물론 시간이 걸리겠지만, 한국문학의 번역은 한국문학의 세계화의 기본을 이루는 것이므로 시간과 노력을 투자할 가치가 있다. 한국문학의 번역이 먼저 이루어지고 난 후에야, 해외에서의 한국문학 연구가 활성화될 것을 기대할 수 있기 때문이다.[40] 해외에서의 한국문학 연구가 활발해지는 것에 대한 이득이 무엇이 있느냐고 반문하는 사람들도 있겠지만, 크게는 한국의 문화를 알리고 세계문학의 흐름에 동참하는 성과를 얻을 수 있을 것이고, 또 국문학 연구라는 좁은 범위에서 본다면 국외에서의 연구자들이 양성되어 이들이 한국 내에서의 혹 국수주의나 민족주의로 흐를 수 있는 연구의 방향을 지적해 줄 수도 있을 것이며,[41] 동양문학 내에서의 한국문학의 위치도 조망해 볼 수 있을 것이다.

그리고 본고에서 미처 다루지 못한 점은 수용자들의 문제다. 사실 독자들은 작품의 수용자이면서 동시에 생산자들이다. 같은 작품이라도 받

---

40) 영문으로 쓰인 한국문학 연구논저를 외국에 소개하는 것도 의미 있는 일이다. 하지만 한국 고전소설은 외국에서 이루어지고 있는 연구성과(Secondary Texts)에서 거론되고 있는 주요 작품 원전의 번역(Primary Texts)도 제대로 이루어지지 않고 있는 형편이다.

41) 최근 한국문학에서의 민족주의적 경향은 문학에 대한 관점을 전환시켜 준 계기가 되었지만 이념적 편향성에 빠질 위험도 적지 않다. 우리는 이러한 위험성을 밖에서 지적해 줄 수도 있다. Peter Lee, 「세계문학 속에서의 한국문학」, 『문학사상』, 1996. 1, p. 65.

아들이는 이에 따라 다른 모습으로 보일 것이기 때문이다. 더구나 문화권과 시대가 다른 독자가 한국 고소설을 받아들이는 양상은 우리와는 또 다른 모습일 것이다. 이에 대한 연구는 후고를 기약한다.

Ⅵ. 결 론

영역된 한국 고소설들은 59판 29종으로 그 양에 있어서 적다고 할 수 없지만, 중복 번역된 작품이 많아 영역된 작품의 수는 한정되어 있어 앞으로 더 많은 영역작품이 나와야 하는 실정이다. 일단은 이 상황에서 기존의 영역된 작품 전반에 대한 반성적인 연구가 있고난 다음에 그 결과를 반영한 영역작업이 이루어져야 하는 것이 순서일 것 같다. 이러한 의도로 그동안 관심을 받지 못했던 한국 고소설의 영역본을 살펴보았다.

한국의 고소설이 영역된 지는 120여 년이 되었다. 1889년 알렌에 의해 *Korean Tales*[1]가 미국에서 출판되었는데, 최근 재간되어 미국시장에 나왔다. 그러나 원대본으로 삼은 작품이 한국 고소설의 선본이 아니라 현재 민담집의 성격으로 유통되고 있다. 하지만 〈흥부전〉, 〈춘향전〉, 〈심청전〉, 〈홍길동전〉 등의 중요 소설들이 망라되어 있는 첫 영역본으로서는 기대 이상의 훌륭한 영역본이다. 이후 영역의 역사를 크게 3기로 나누어 보았다. 먼저 1889년부터 1949년까지를 1기로 볼 수 있는데, 대부분의 영역본이 한국 외에서 출판되었다. 이 시기에는 선교사들을 중심으로 한국문화를 소개하기 위한 수단으로 한국의 고소설을 영역해 소개하고 있다. 당시로서는 훌륭한 영역본들로서 특히 알렌의 *Korean Tales*가 한 개의 출판사에서, 게일의 *The Cloud Dream of the Nine*이 세 개의 출판사에서 최근 미국에서 재간되었다. 다음 1950년부터 1979년까지를 2기로 볼 수 있겠다. 이 시기에는 러트를 제외한 모든 영역자

1) H. N. Allen, M. D., Korean Tales, New York & London: The Nickerbocker Press, 1889.

들이 한국인이며, 거의 모든 영역본들이 한국에서 출판되었다. 한국인들이 스스로 우리 것을 외국에 알려야겠다는 자각을 한 시기로 볼 수 있겠다. 마지막으로 1980년부터 현재까지를 3기라고 부를 수 있는데, 대부분의 영역본이 한국 외에서 출판되었다. 이 시기에는 양도 급격히 많아지고, 영역의 경향도 원전을 충실히 번역하여 학술적인 해설을 함께 싣고 있는 경우가 대부분이다. 영역자들이 한국학을 전공하는 외국의 학자들이라 고소설 작품에의 접근방법이 이전의 한국문화 소개 차원과는 다르게 나타나고 있는 것이다. 하지만 3기 내에서도 최근 10년간은 부진을 보이고 있다. 한국 고전문학의 번역에서 촉발된 한국문학 영역에의 관심이 현대문학으로 쏠리고 있는 느낌이다.

다음으로 한국 고소설 영역본들의 실제 작품들을 살펴 원대본이 어느 것인지 밝히고, 영역작 전반에 대한 평가를 했다.

먼저 국문소설들을 살펴보았다. 〈구운몽〉은 무려 여덟 명의 여성과 결혼하는 중혼의 연애담이라는 점에서 서구인의 흥미를 끌고 있는 작품이다. 장편의 소설이지만, 게일과 러트 모두 충실한 번역을 해내고 있다. 하지만 두 영역본 간의 시차가 있는 만큼 영역의 양상도 다른데, 러트의 것은 현대 독자들이 쉽게 읽을 수 있도록 번역되어 있다.

〈홍길동전〉은 마샬 필의 번역이, 〈임진록〉은 피터 리의 영역본이 있다. 특히 〈임진록〉은 단행본으로 원대본을 함께 싣고 있다. 원문, 영역문뿐만 아니라 전체적으로 서문, 영역, 원작, 참고사항 등으로 이루어져 있어 이 책 한 권만으로도 영역작을 이해하는 데 충분한 자료들이 담겨 있다. 또 서문에서 일본인이 한국인의 코를 잘라 쌓았다는 '코무덤'의 존재도 언급하고 있는데, 고소설이야말로 이러한 사실들을 서구인에게 자연스레 알리는 좋은 도구임을 보여주는 부분이다.

〈황새결송〉이 스킬렌드의 번역으로, 〈장끼전〉이 피터 리의 영역으로 나와 있는데, 짧은 단편들인데다가 까다로운 동물 이름들이라든가, 어려운 수식어를 번역하지 않고 넘어가는 바람에 쉽고 간단히 읽을 수 있는 영역작들이 되었다.

두 번째로 판소리계 소설은 그 문체의 특이함으로 특히 번역이 어려운데, 〈심청전〉의 경우 판소리의 영향이 큰 완판본은 마샬 필이, 소설적이고 간결한 경판본은 스킬렌드가 영역본을 내었다. 마샬 필은 완판본을 판소리 창본의 형식으로 옮겼는데, 정권진 창본을 참조하여 장단의 이름을 일일이 표시하고, 창과 아니리를 구분해서 형태상으로 차이를 보이게 옮겼다. 그리고 원전을 충실히 옮기면서 주를 통한 상세한 설명도 곁들이고 있는데, 문맥상 오류가 있는 부분들에는 일단 원전을 그대로 옮겨준 후 후주에서 바로잡고 있다. 스킬렌드는 완판본의 경우 대중의 흥미에 영합하여 고쳐진 내용에다 율문으로 되어 있어, 진정한 소설이라 부를 수 있는가라는 의문을 제기하고 있다. 따라서 그는 경판이야말로, 꾸밈이 없어 지루한 감이 있지만, 대중에 영합하지 않는 자신의 도덕적 이상을 구현해낸 진짜 문학작품이라 이야기하고 있다. 그는 영국인이니만큼 〈심청전〉뿐 아니라, 〈황새결송〉 두 편 모두 대영박물관에 소장되어 있는 이본을 사용하고 있다. 러트는 스킬렌드와 달리 〈춘향전〉의 적층문학적 성격을 강조하며, 이본도 〈열녀춘향수절가〉를 사용하고 있다. 그는 이야기가 네 단계로 이루어져 있는 것이 영화시나리오를 닮았다고 이야기하며, 〈춘향전〉이 원작 그대로 만들어진 영화로도 성공을 거둔 것을 실례로 들었다. 또 사또의 사디스트적인(sadistic) 폭력에 반감을 나타내며 이 부분이 가장 서구 취향에 맞지 않는다고 했다.

세 번째로 한문소설은 다른 어느 작품들보다 영역에 어려움이 많다. 그럼에도 불구하고, 연암의 세 단편인 〈허생전〉이 세 편, 〈양반전〉이 두 편, 〈호질〉이 한 편, 〈열녀함양박씨전〉이 한 편의 영역본을 가지고 있고, 〈이생규장전〉이 한 편의 영역본을 가지고 있다. 이들 모두 좋은 번역들임에도, 한문소설인지라 많은 오역들이 보였다. 그럼에도 불구하고, 〈허생전〉의 경우에는 개성이 뚜렷한 세 종의 영역본이 있어 독서자의 취향에 따라 선택이 가능하다.

네 번째로 궁정서사류를 살펴보았다. 〈한중록〉이나 〈인현왕후전〉은 한국 학계에서 소설이냐의 여부가 계속 논란거리로 남아 있어, 본고에서는 궁정서사류라는 분류로 고찰했다. 그런데 영어권에서는 고소설의 하나로 여겨지며 한국 내에서보다 더 많은 주목을 받고 있다. 아마도 동양 왕실의 이야기인데다가 그 내용의 놀라움 때문에 인기를 얻고 있는 듯하다. 사실 고소설 작품 하나가 한 개의 좋은 영역본을 얻기가 힘든 실정에서 〈한중록〉은 세 개의 좋은 영역본이 나와 있는 행운작이다. 한국인들도 주 없이 읽어내려가기 힘든 〈한중록〉은 그란트의 영역본에서는 어려운 용어를 본문 중에서 설명하거나 영어단어로 치환하고 있고, 최양희나 김자현의 경우에는 주를 활용하고 있다. 특히 김자현의 경우에는 한국 사학자로서의 역자의 장점을 살려 상세한 역사적 배경까지 주에 설명해 주고 있다. 최근의 번역으로 올수록 주를 다양하게 활용하고, 용어와 연대의 표기에 대한 확고한 기준을 세워 일관되게 적용하는 특징을 보이고 있는데, 〈한중록〉의 번역들에서도 이를 분명하게 볼 수 있다. 또 같은 궁정서사류인 〈인현왕후전〉은 김종운의 영역으로 나와 있는데, 그는 원작을 약간씩 축약시켜 영역했다. 물론 전체적으로 충실한 번역이지만, 본 논문에서 살펴본 영역본들이 거의 모두 원문을 그대로 옮기고 있기 때문에, *The True History of Queen Inhyŏn*이 가장 심한 축약을 보이고 있다고 말할 수 있다.

다음으로 고소설 영역본의 문제점을 유형별로 살펴보았다. 영역작들을 통해서 본 실제적인 문제들을 단어와 한자의 올바른 이해, 문맥의 이해, 속담·관용구의 표현, 고유문물과 생활풍습의 전달, 인명과 호칭의 표기, 고유명사의 표기, 원작 문체의 표현이라는 소항목으로 나누어, 오역이 보였던 예와 해당되는 다른 예들을 살펴보았다. 원작 문체를 그대로 옮긴다는 것은 영역작업에 있어서 중요하지만, 무척 어려운 부분이다. 〈한중록〉의 경우 우아한 궁중의 언어를 살리려면 간접화법이 효과적이라든가, 〈구운몽〉의 전아한 문체를 옮기기 위해 고어를 사용한다든가

하는 기존의 의견 이외에도, 우아한 언어 사용을 위해 불어와 라틴어를 많이 사용한다든가, 단문보다는 복문을 사용하여 문장의 호흡을 길게 하는 방법들도 쓰였다. 그리고 시에 있어서 운을 맞추는 문제들은 거의 불가능해 보이지만, 게일은 〈구운몽〉에서 원시의 의미를 전달하면서 영시에서도 운을 맞추는 실력을 보였다. 워낙 언어적 감각이 뛰어난 이이기에 가능했던 일이다. 또 판소리계 소설에서의 동음이의어들이나 시가의 운율을 옮기는 것도 쉽지 않은 일이지만, 재치 있게 옮겨놓은 것들을 볼 수 있었다. 또 속담이나 관용구의 경우에는 원문을 그대로 옮겨준 후 주를 달거나, 본문 중에 설명을 써주거나, 그대로 써주고 말거나, 서구의 속담으로 치환하는 방법이 있었다. 장단점들이 있었지만, 역시 주를 활용하는 첫 번째 방법이 가장 합리적이며 정확하다. 그리고 한국 고유의 문물이나 명사들을 표기할 경우에는 한국의 것을 그대로 옮겨주는 것이 중요하다. 독자들에게 많은 정보를 줄 수 있기 때문이다. 뿐만 아니라 인명과 지명의 경우에는 이름의 뜻이 아닌 음으로 옮겨야 하며, 고유단위 또한 서구의 도량형으로 모두 환산하는 것은 권장할 만한 방법이 못 되었다.

한국 고소설의 영역작업은 영어와 한국어 특히 한문까지도 능숙해야 한다는 점에서 쉽지 않은 작업이다. 따라서 원전을 제대로 옮겼는지의 여부에 대한 검증작업 또한 어려운 일이다. 한국 고소설 영역작업에 한국 고전문학 연구자가 참여할 수 없는 현실을 인정한다 하더라도, 영역작에 대한 문제점을 지적할 의무는 있는 것이다. 여기서 지적된 문제점들은 앞으로의 영역작업에서 개선되어야 할 부분들이다. 이러한 문제들이 해결되고, 원작의 분위기를 살려 정확하게 옮겨서 독자들이 원작에서 느낄 수 있는 감흥을 영역본에서도 똑같이 느낄 수 있다면, 성공한 영역작이 될 것이다.

그리고 고소설 영역본의 의의에 대해서 생각해 보았다. 한국문학이 세계문학의 흐름에 동참하기 위해서는 번역이 되어 널리 읽혀야 할 것이다. 특히 요즘 현대문학이 활발하게 여러 언어로 번역되고 있지만, 현대문학의 근간을 이루고 있는 한국 고전문학이 먼저 소개되어야 할 필요는 절실하다. 오랜 역사를 지닌 고전문학이 소개되어야 현대문학도 그에 걸맞는 대접을 받을 수 있기 때문이다. 그리고 몇 년 전 영국의 소설가 마거릿 드래블(Margaret Drabble)이 영역 〈한중록(閑中錄)〉을 소재로 신작 장편소설 〈레드 퀸(The Red Queen)〉을 발간한 것은 한국영역 고소설이 세계문학의 흐름에 동참하게 된 좋은 예다. 또 문학이 정치와 밀접한 관련을 맺고 있는 현실에 비추어 볼 때, 여러 언어 중에서 영어로 번역하는 것이 가장 큰 효과를 얻을 수 있다. 이러한 필요에 의해서 고소설의 영역작업은 장려되어야 한다.

그리고 이상에서 살펴본 것을 토대로 한국 고소설 영역작업에서 고려되어야 할 점들을 제안해 보았다. 먼저 영역대상작의 선정은 매우 기본적인 문제이면서도 소홀한 감이 있다. 우선 영문으로 쓰인 개론서들에서 다루어지고 있는 한국 고소설 작품들에 대해서 살펴본 후, 영역을 권장할 만한 작품들을 선정해 보았다. 다음, 바람직한 영역의 방법이 어떤 것인가라는 문제는 독자층의 문제와 맞물려 있다. 한국 고소설 영역본을 읽는 영어권 독자는 한국어를 알거나 조금 알아서 배우고자 하는 부류와 한국어를 전혀 모르는 독자로 나눌 수 있다. 후자의 한국어를 모르는 독자는 순수한 독서의 즐거움을 누리기 위한 것이므로, 영어로 완전히 번역되어 술술 읽히는 영역본을 원할 것이다. 이들에게는 독서에 방해가 되는 주를 사용해서는 안 될 것이며, 본문에 설명을 집어넣는 방식으로 어려운 부분들을 해결해 나가야 할 것이다. 하지만 전자의 한국어를 조금이라도 아는 독자는 한국어를 그대로 옮기는 것을 원할 것이며, 영어화된 번역은 원하지 않을 것이다. 이들을 위해서는 원작에 아주 충실한 번역을 해야 하며, 본문에서 부족한 부분들을 주를 활용해서 설명해 나가야 할 것이다. 이들 중에는 한국어 학습을 원하는 이들도 있을 것이고, 한국문화에 대한 호기심을 가진 이들도 있을 것이며, 오역을 허용하지 않는 비평가나 한인교포들도 있을 것이기 때문이다. 본고에서 다룬 한국 고소설 영역본들은 거의 대부분이 전자의 독자들을 대상으로 하고 있다. 이들은 원작을 충실히 옮기고 있다. 특히 최근의 영역작들은 각주나 후주를 마음껏 활용하고 있고, 영역문의 앞부분에 작품에 관련된 문화, 사회, 문학적 배경에 대한 설명을 넣는 경우까지 있다. 독서의 즐거움과 함께 이국취미도 만족시킬 수 있는 것이다. 그 밖에도 고유용어 표기법의 통일문제, 목표독자층의 선정문제, 공동번역의 문제, 출판사의 선정문제 등에 대해서도 생각해 보았다.

논문의 성격상 영역본들의 잘못된 점들만을 들춰내는 모습이 되었지만, 이상에서 지적한 여러 문제점에도 불구하고 한국 고소설 영역작품들이 이루어온 성과는 훌륭하다. 다만 아쉬운 점은 고소설의 영역작업이 현재 양적으로 매우 침체되었으며, 질적인 발전 또한 답보상태라는 것이다. 본고의 결과물이 앞으로의 영역작업에도 도움이 되고, 침체되어 있는 한국 고소설의 영역작업에의 관심을 불러일으키길 바라면서, 한국문학이 세계문학의 흐름에 주류로 동참하는 데 영역고소설이 큰 역할을 할 수 있길 기대한다.

참고문헌

◇ 자료

1. 국외출판

◈ 〈홍부전〉 "Hyung Bo Nahl Bo or, The Swallo-King's Rewards"
〈춘향전〉 "Chun Yang The Faithful Dancing-Girl Wife"
〈심청전〉 "Sim Chung The Dutiful Daughter"
〈홍길동전〉 "HONG KIL TONG or, The Adventures of an Abused Boy"
Allen, H. N. M. D., *Korean Tales*, New York & London: The Nickerbocker Press, 1889.
Horace N. Allen, *Korean Tales*, Ams Pr; Reprint editon, January 1, 1992.

◈ 〈한중록〉
Choe, Yang-hi, *Memoirs of a Korean Queen*, London & New York: Kegan Paul Int'l. Ltd., 1985.

◈ *〈호질〉 "'Hozil' or the Tiger's Admonition", trans. Moon Hi Kyung
*〈허생전〉 "The Tale of Huh-saeng", trans. Moon Hi Kyung
*〈양반전〉 "The Tale of Yangban", trans. Moon Hi Kyung
*〈삼설기〉 "Samsolgi The Stork Decides a Case", trans. W. E. Skillend
*〈심청전〉 "The Story of Sim Chung", trans. W. E. Skillend
Chung, Chong-wha, *Korean Classical Literature: An Anthology*, London: Kegan Paul International, 1989.

◈ 〈구운몽〉
Gale, James S. trans., *The Cloud Dream of the Nine*, London: Daniel O'Connor, 1922.
Manjung Kim, *Kuunmong—The Cloud Dream of the Nine*, trans. James S. Gale, Kurodahan Press, Dec. 2003.

---

* 편자가 직접 영역한 것이 아닌 작품에는 별표(*)를 붙였다.

Kim Man-choong, *The Cloud Dream of the Nine*, Kessinger Publishing, June 2004.

Kim Man-choong, *The Cloud Dream of the Nine*, Wildside Press, July 2004.

◈ 〈한중록〉

Grant, Bruce K. & Kim Chin-man, *Han Joong Nok Reminiscences in Retirement*, New York: Larchwood Publications Ltd., 1980.

◈ 〈한중록〉

Haboush, JaHyun Kim, trans., *The Memoirs of Lady Hyegyŏng: The Autobiographical Writings of a Crown Princess of Eighteenth-Century Korea*, Berkeley: University of California Press, 1996.

◈ 〈열녀함양박씨전〉 "The Life of Mrs. Pak of Hamyang, a Faithful Wife, With Comments"

Kim, Kichung, *An Introduction to Korean Literature—from Hyangga to P'ansori*, New York: M.E. Sharp Inc. 1996.

◈ 〈임진록〉

Lee, Peter H. trans., *The Record of the Black Dragon Year*, Institute of Korean Culture · Korea University, Center for Korean Studies · University of Hawaii, Aug. 2000.

◈ 〈이생규장전〉 "Student Yi Peers Over the Wall"

*〈홍길동전〉 "The Tale of Hong Kiltong", trans. Marshall R. Pihl

*〈구운몽〉 "A Dream of Nine Cloulds", trans. Richard Rutt

〈허생전〉 "The Story of Master Hŏ"

〈양반전〉 "The Story of a Yangban"

〈장끼전〉 "The Story of a Pheasant Cock"

〈한중록〉 "From a Record of Sorrowful Days"

*〈춘향전〉 "A Song of a Faithful Wife, Ch'unhyang", trans. Richard Rutt

Lee, Peter H. *Anthology of Korean Literature*, Honolulu: University of

Hawaii Press, 1981; 1990.

◈ 〈허생전〉 "The Story of Master Hŏ"

McCann, David R. *Early Korean Literature—Selections and Introductions*, Columbia University Press, 2000.

◈ 〈심청전〉 *The Song of Shim Ch'ŏng*

Pihl, Marshall R., *The Korean Singer of Tales*, Harvard-Yenching Institute Monography Series, Vol. 37, Harvard University Press, 1994.

◈ 〈구운몽〉 "A Nine Cloud Dream", trans. Richard Rutt
*〈인현왕후전〉 "The True History of Queen Inhyŏn", trans. Kim Chong-un
〈춘향전〉 "The Song of a Faithful Wife, Ch'un-Hyang", trans. Richard Rutt

Rutt, Richard & Kim Chong-un, *Virtuous Women: Three Masterpieces of Traditional Korean Fiction*, Seoul: Korean National Commission for UNESCO, 1974.

Rutt, Richard & Kim Chong-un, *Virtuous Women: Three Classic Korean Novels*, Seoul: The Kwang-myong Printing Co. Ltd., 1974.

Richard Rutt, *Virtuous Women; Three Classic Korean Novels*, Asian Humanities Press, Dec. 1980.

◈ 〈심청전〉

Taylor, Charles M., *Winning Buddha's Smile: A Korean Legend*, Boston: Gorham Press, 1919.[1]

◈ 〈장화홍련전〉 "The Two Sisters, Rose and Lotus"
〈홍길동전〉 "The Story of Hong Gil-Dong"
〈전우치전〉 "The Legend of Zŏn U-Czi"

Zŏng, In-Sŏb, *Folk Tales from Korea*(우리고담), London: Routledge &

1) 김재현 지음, 『번역의 원리와 실제—우리 시의 영문 번역을 중심으로』, 한신문화사, 1995, p. 2에서 참고. 필자는 미확인.

Kegan Paul Ltd., 1952.

2. **국내출판**

◈ 〈춘향전〉

Chin, In-sook translated with annotation, *A Classical Novel Chun-hyang*, Seoul: Korean Centre, International P.E.N. 1970.

◈ 〈콩쥐팥쥐전〉

Ewha Womans University English Language and Literature Department, *The Story of Kong Ji and Pat Ji—Korean Folklore and Classics*, Vol. 7, Ewha Womans University Press, 1978.

◈ 〈흥부전〉

Ewha Womans University English Language and Literature Department, *The Story of Hungboo—Korean Folklore and Classics*, Vol. 10, Ewha Womans University Press, 1977.

◈ 〈배비장전〉

Ewha Womans University English Language and Literature Department, *The Story of Bae Beejang—Korean Folklore and Classics*, Vol. 8, Ewha Womans University Press, 1976.

◈ 〈구운몽〉

Ewha Womans University English Language and Literature Department, *The Nine Cloud Dream—Korean Folklore and Classics*, Vol. 5, Ewha Womans University Press.

◈ 〈운영전〉 "The Story of Woon Young's Rommance"

〈양반전〉 "The Story of a Yang Ban"

Kim Yu-mi 외, *A Korean Classic: The Nine Cloud Dream*, Seoul: Korea Herald Publishing Co., 1975.

English Student Association, Department of English Language and Literature Ewha Womans University, *Woon Young's Romance and Other Stories—Korean Folklore and Classics*, Vol. 2, Ewha Womans

University Press, 1970.

◈ 〈사씨남정기〉

The Story of Mrs. Sah's Journey to the South—Korean Forklore and Classics, Vol. 6.

◈ 〈심청전〉

Ewha Womans University English Language and Literature Department, *The Story of Shim Chung—Korean Folklore and Classics,* Vol. 4, Ewha Womans University Press.

◈ 〈춘향전〉

Gale, James S., "Ch'unhyang", *Korea Magazine*, 1917-1918.

◈ 〈춘향전〉 "Spring Fragrance"
〈콩쥐팥쥐전〉 "Kongjwi and Padjwi"
〈장화홍련전〉 "Janghwa and Hongnyun"
〈심청전〉 "Sim Chung, the Dutiful Daughter"
〈흥부전〉 "Nolbo and Heungbo"
〈토끼전〉 "The Hare Liver"
〈이춘풍전〉 "Mr. Springwind"
〈옹고집전〉 "Mr. Ong and His Double"
〈장끼전〉 "Mr. and Mrs. Pheasant"

Ha, Tae-hung, *Folk Tales of Old Korea*, Seoul: Yonsei University Press, 1958.

◈ 〈흥부전〉

Rehashed and Recreated by Samuel Kimm, *The Story of Two Brothers: Nol-bu and Hŭng-bu—One Story of an Ancient Korean Trilogy*, IL JI SA Publishing House, 1998.

◈ 〈춘향전〉

Rehashed and Recreated by Samuel Kimm, *The Pure Hearted Lady,*

Ch'un-Hyang Story－One Story of an Ancient Korean Trilogy, IL JI SA Publishing House, 1998.

◈ 〈심청전〉

Rehashed and Recreated by Samuel Kimm, *The Filial Daughter, Shim Ch'ŏng Story－One Story of an Ancient Korean Trilogy*, IL JI SA Publishing House, 1998.

◈ 〈춘향전〉

Sim, Chai Hong, *The Waiting Wife*, The International Cultural Association of Korea, Seoul, Mar. 1950.

Chai Hong Sim(심재홍), *Fragrance of Spring*, Seoul: The International Publicity League Of Korea(국제보도연맹).

◈ 〈임경업전〉

Landis, Eli. Barr, "A Pioneer of Korean Independence", *The Imperial & Asiatic Quarterly Review* VI, 1898.

◈ 〈金剛誕游錄〉 安瑞羽 "The Fairy Joke", trans. Ryung Hoon K. Rhee

〈四劍僧傳〉 申光洙 "The Swordsman Priest", trans. Ryung Hoon K. Rhee

〈五臺劍俠傳〉 金祖淳 "A Swordsman's Artistry", trans. Ryung Hoon K. Rhee

〈蔣生傳〉 金鑢 "A Life of Sorrow and Regret", trans. Ryung Hoon K. Rhee

〈捕虎妻傳〉 李鈺 "The Charcoal Seller's Wife", trans. Ryung Hoon K. Rhee

Lee, Tae-Dong edited, *The Classical Novels of Korea*, Seoul: The Korean Culture & Arts Foundation, 1981.

◈ 〈춘향전〉

Urquhart, Edward J., *The Fragrance of Spring*, 時兆社, 1929.

Frances Carpenter, *Tales of a Korean Grandmother*, Tuttle Publishing,

2000.
Shirley Climo, *The Korean Cinderella*, A Trophy Picture Book, 1993.

가람本『인현셩모민시덕힝녹』.
一蓑本『민즁뎐덕힝녹』.
金東旭 校注, 「三說記」, 『短篇小說選』, 韓國古典文學大系 第13卷, 民衆書館, 1978.
金東旭 編, 「禽獸傳 京板 20張本」, 『古小說板刻本全集』 一, 韓國學振興院, 1982.
金東旭 編, 「沈淸傳 完板 71張本」, 『古小說板刻本全集』 二, 韓國學振興院, 1982.
金東旭 編, 「열여츈향슈절가」, 『古小說板刻本全集』 三, 韓國學振興院, 1982.
金東旭 編, 「홍길동젼」, 『古小說板刻本全集』 三, 韓國學振興院, 1982.
金東旭・W. E. Skillend, D. Bouchez 共編, 「三說記 下 京板本 26張本 大英博物館本」, 『古小說板刻本全集』 四, 韓國學振興院, 1982.
金東旭・W. E. Skillend, D. Bouchez 共編, 「沈淸傳 京板本 26張本 大英博物館本」, 『古小說板刻本全集』 四, 韓國學振興院, 1982.
金萬重 著, 李家源 校注, 『九雲夢』, 德基出版社刊, 4288. 4.
「九雲夢(한글筆寫本・서울대本)」, 『九雲夢－한글本』, 高麗書林, 1986.
金時習, 『梅月堂集』 3, 세종대왕기념사업회, 1978.
김진영 외, 「정권진 창본 심청가」, 『심청전 전집』 ②, 박이정, 1997.
김진영 외, 「경판 26장본 심청전(일명 '대영B본')」, 『심청전 전집』 ③, 박이정, 1997.
김진영 외, 「완판 71장본 심청전」, 『심청전 전집』 ③, 박이정, 1997.
설성경 역주, 「열녀춘향수절가」, 『춘향전』, 한국고전문학전집 12, 고려대학교 민족문화연구소, 1995.
蘇在英 編, 『韓國諷刺小說選』, 正音文庫, 正音社, 1975.
소재영・장경남 역주, 『임진록』, 한국고전문학전집 4, 고려대학교 민족문화연구소, 1993.
蘇在英・張庚男 共編, 「님진녹(國立中央圖書館 한글本)」, 『壬辰倭亂 史料叢書 ①文學』, 國立晉州博物館, 2000.
李家源, 「九雲夢評攷」, 『九雲夢』, 연세대학교출판부, 1970.
李家源 譯, 『燕巖・文無子小說精選』, 博英社, 1974.

李家源 校注, 『李朝漢文小說選』, 教文社, 1984.
李秉岐・金東旭 校注, 『한듕록』, 韓國古典文學大系 14, 民衆書館, 1961.
張志暎 註釋, 『洪吉童傳・沈淸傳』, 正音社, 1964.
정규복・진경환 역주, 「구운몽(노존본)」, 『구운몽』, 한국고전문학전집 27, 고려대학교 민족문화연구소, 1996.
정하영 역주, 『심청전』, 한국고전문학전집 13, 고려대학교 민족문화연구소, 1995.
洪起元 校註, 「惠慶宮 洪氏 親筆典本(寶藏一)」, 『泣血錄(읍혈녹)』, 民俗苑, 1992.

◇ 단행본

刊行委員會, 一葦 禹快濟 博士 華甲記念 論文集, 『古小說硏究史』, 月印, 2002.
강원대학교 인문과학연구소 엮음, 『번역의 이론과 실제』, 강원대학교출판부, 2003.
金惪煥, 『文體學』, 宣明文化社, 1964.
金相泰, 『文體의 理論과 解析』, 새문社, 1982.
김재현 지음, 『번역의 원리와 실제－우리 시의 영문 번역을 중심으로』, 한신문화사, 1995.
김종길 외 28인 지음, 『한국문학의 외국어 번역』, 민음사, 1997.
金用淑, 『閑中錄硏究』, 韓國硏究院, 1983.
김흥규 편, 『한국문학 번역서지 목록』, 고려대 민족문화연구원, 1998.
더글러스 로빈슨 지음, 정혜욱 옮김, 『번역과 제국－포스트식민주의 이론 해설』, 東文選, 1997.
박갑수, 『국어문체론』, 대한교과서(주), 1994.
박갑수, 『현대문학의 문체와 표현』, 집문당, 1998. 6.
번역문학연구소, 『문학과 번역』, 나남출판, 1996, 가을창간호.
B. 조빈스키 지음, 이덕호 역, 『문체론』, 한신문화사, 1999.
설성경 외, 『세계 속의 한국문학－통일 한국문학의 진로와 세계화 방안－』, 새미, 2002.
薛重煥, 『金鰲新話硏究』, 高麗大學校 民族文化硏究所, 1983.
송기중 편, 『한・영 우리문화용어집 Glossary of Korean Culture』, 지문당, 2001.
수잔 배스넷 맥과이어 지음, 嚴宰鎬 옮김, 『번역학 개론』, 도서출판 인간사랑, 1993.

수잔 바스넷 지음, 김지원·이근희 옮김, 『번역학 이론과 실제』, 한신문화사, 2004.

심재기, 『국어문체 변천사』, 집문당, 1999.

쓰지 유미 지음, 이희재 옮김, 『번역사 산책』, 궁리출판, 2001.

안정효 지음, 『번역의 공격과 수비』, 宇石, 2002.

안정효, 『번역의 테크닉』, 현암사, 1996.

안정효 지음, 『안정효의 영어 길들이기-영역편』, 현암사, 1998.

H. N. 알렌, 신복룡 역주, 『조선견문기』, 한말 외국인 기록 4, 집문당, 1999.

유영난 지음, 『번역이란 무엇인가-박완서의 「엄마의 말뚝1」 영역을 중심으로-』, 태학사, 1991.

유영대, 『심청전 연구』, 문학아카데미사, 1991.

J. S. 게일, 신복룡 역주, 『전환기의 조선』, 한말 외국인 기록 5, 집문당, 1999.

川本浩嗣·井上 健 編, 이현기 옮김, 『번역의 방법』, 고려대학교출판부, 2001.

Allen, Horace N., *Korea; Fact and Fancy*, 서울 Methodist Publishing House, 1904.

Cho Dong-il, *Korean Literature-In Cultural Context and Comparative Perspective*, Jipmoondang Publishing Company, 1997.

Kim, Hung-Gyu, Robert J. Fouser, *Understanding Korean Literature*, M. E. Sharpe, 1997.

Lee, Peter H., *Korean Literature: Topics and Themes*, The University of Arizona Press, 1965.

Lee, Peter H., *Explorations in Korean Literary History*, Institute for Modern Korean Studies, Yonsei University, 1998.

Lee, Peter H. ed., *A History of Korean Literature*, Cambridge University Press, 2003.

Park, On-Za, *A Bibliography of Korean Literature in English or Translated into English*, Hanshin Publishing Co., 1993.

Skillend, W. E., 古代小說, *Kodae Sosŏl: A Survey of Korean Traditional Style Popular Novels*, School of Oriental and African Studies, University of London, W.C.I., 1968.

Suh, Doo Soo, *Korean Literary Reader with a Short History of Korean Literature*, Dong-A Publishing Company, 1965.

The Korea Literature Translation Institute, *An Annotated Bibliography of*

Korean Literature in Translation 1980~2002, 한국문학번역원, 2002.
The Korean Culture and Arts Foundation, *Classical Literature & Modern Plays*, The Korean Culture and Arts Foundation, 1978.
Underwood. Horace H. "The Korean Literature in English: a Critical Bibliography" *Transactions.*, Seoul: Royal Asiatic Society, Korea Branch, 1976.2)
Zŏng, In-sŏb Litt. D, *An Introduction to Korean Literature*, Hyangnin-Sa, 1970.

◇ 논문

具滋均, 「Korea: Fact and Fancy의 書評」, 『亞細亞硏究』 第六卷 第二號, 1963.
권영민, 「한국문학의 세계화, 그 가능성의 모색」, 『문학사상』, 1996. 1.
김영희, 「문화차이의 번역에 관한 고찰」, 『불어불문학연구』 제50집, 한국불어불문학회, 2002.
김윤진, 「문화충돌과 번역의 문제점」, 『불어불문학연구』 제45집, 2001.
김정란, 「한국문학 해외소개의 현주소」, 『문화예술』, 1991. 10.
김종길, 「씨애틀 한국문학 번역회의 참관기」, 『문화예술』, 1991. 10.
마샬 필, 「미국에서의 한국문학 교육과 한국문학 교과서」, 『문학사상』, 1996. 1.
박일용, 「〈홍길동전〉의 문학적 의미 재론」, 『영웅소설의 소설사적 변주』, 도서출판 월인, 2003.
서지문, 「한국문학 해외소개의 의미」, 『문화예술』, 1991. 10.
서지문, 「한국문학의 해외선양 사업을 위한 건의」, 『문화예술』, 1993. 4.
설성경, 「유럽한국학회(AKSE)를 통해 본 국학연구 현황」, 『동방학지』 제94집, 국학연구원, 1996.
蘇在英, 「閑中錄」, 『韓國古典小說作品論』, 集文堂, 1990.
오윤선, 「〈許生傳〉의 英譯本을 통해 본 한국 고소설 英譯의 문제」, 『古小說硏究』 17집, 韓國古小說學會, 2004.
이가림, 「한국문학의 세계화를 위하여」, 『문화예술』, 1993. 4.

2) 김재현 지음, 『번역의 원리와 실제-우리 시의 영문 번역을 중심으로』, 한신문화사, 1995, p. 5. 1976년도까지 한국의 영문 작품(창작 포함)에 대한 서지학적 비평이다.

李敬惠, 『仁顯王后傳 異本考』, 고려대 교육대학원 석사학위논문, 1976.

李明九, 「九雲夢攷」(其一), 『成均學報』 第2輯, 成均館大學校, 1955.

이성일, 「우리 고전 번역의 필요성」, 『民族文化硏究』 第31號, 高麗大學校 民族文化硏究院, 1998. 12.

이승권, 「번역 단위란 무엇인가?」, 『불어불문학연구』 제45집, 2001.

인권환, 「한국 민속학 100년, 그 연구 성과와 과제」, 인권환 외, 『고전문학연구의 쟁점적 과제와 전망 上』, 월인, 2003.

장효현, 「韓國 古典小說 英譯의 제 문제」, 『韓國古典小說史硏究』, 고려대학교 출판부, 2002. 11.

전숙희, 「한국문학의 세계화를 위한 제안」, 『문화예술』, 1993. 4.

정규복, 「구운몽 영역본고-Gale博士의 The Cloud Dream of the Nine」, 『국어국문학』 21호, 국어국문학회, 1959.

정우봉, 「영어권 한국문학 교재 현황과 앞으로의 개발 방안-고전문학을 중심으로」, 『Journal of Korean Culture』 Vol. 2, 고려대학교 민족문화연구원, 2002.

鄭恩任, 「〈仁顯王后傳〉 硏究史」, 『古小說硏究史』, 月印, 2002.

鄭夏英, 「沈淸傳」, 『韓國古典小說作品論』, 集文堂, 1990.

정현기, 「한국문학 해외소개 작품선정의 의의」, 『문화예술』, 1991. 10.

조은희, 「해외에서 번역 출간된 우리의 문학도서」, 『문화예술』, 1993. 4.

曾天富, 「대만에서의 한국 고전문학 번역현황과 그 전망」, 『民族文化硏究』 第31號, 高麗大學校 民族文化硏究院, 1998. 12.

최 윤, 「문학작품 번역의 몇 가지 문제점」, 『문화예술』, 1993. 4.

피터 리, 「세계문화 속에서의 한국문학」, 『문학사상』, 1996. 1.

John B. Duncan, 「韓國學의 國際化를 위한 敎材開發」, 『21세기 한국학의 국제화 학술회의 발표문』, 고려대학교 BK21 한국학 교육·연구단, 2000.

Robert J. Fouser, 「Selection and Stylistics in Translating Classical Korean Literature」, 『民族文化硏究』 第31號, 高麗大學校 民族文化硏究院, 1998. 12.

Tikhonov Vladimir, 「韓國 古典 漢文 텍스트 露譯의 諸問題」, 『民族文化硏究』 第31號, 高麗大學校 民族文化硏究院, 1998. 12.

Gale, J. S. "Language Study-The Question of Translation", *The Korea Magazine*, 1919. 1.

Yun, Chang Sik, "The Structure of the Kuun Mong(A Dream of nine clouds)", *Korean Studies*, Vol. 5, The Center for Korean Studies at U. of Hawaii, 1981.

찾아보기

ㄱ

게일 22, 33, 34, 35, 36, 37, 38, 39, 41, 42, 43, 69, 70, 126, 140, 142, 149, 152, 155, 165, 171, 178, 205, 206, 209
계축일기 67, 86, 172
광대 28
구로다한 출판사 36, 37
구운몽 8, 23, 25, 26, 27, 33, 35, 36, 38, 39, 40, 43, 46, 51, 69, 70, 73, 78, 115, 123, 124, 139, 146, 147, 164, 169, 171, 178, 186, 189, 208
구자균 8, 21
국역 매월당집 60
閨中七友爭論記 66
그란트 26, 61, 63, 86, 87, 88, 89, 90, 109, 110, 119, 135, 136, 137, 144, 153, 156, 162, 166, 172, 173, 176
金東旭 63
禽獸傳 49
금오신화 60
金剛誕游錄 29
김기동 47
김기청 28, 44, 58, 59, 60, 184, 186
김동욱 49, 50, 63
金鰲新話 191
김용숙 65
김자현 27, 62, 65, 76, 87, 88, 89, 90, 92, 109, 110, 119, 135, 136, 138, 145, 146, 150, 152, 156, 157, 162, 166, 173, 176, 196, 200, 208
김종길 9
김종운 25, 67, 93, 151, 208
김진만 26, 61
김홍규 47, 184, 185, 187

ㄴ

南炎浮洲志 191
老蟾上坐記 49

ㄷ

달천몽유록 48
동명일기 172
東溟日記 66

ㄹ

랜디스 22
러트 25, 27, 30, 35, 37, 38, 39, 43, 54, 55, 67, 69, 70, 72, 79, 80, 97, 105, 117, 126, 140, 142, 149, 151, 154, 157, 159, 163, 165, 171, 177, 178, 202, 205, 206, 207
레드 퀸(The Red Queen) 182, 210
로니 198

ㅁ

마거릿 드래블 182, 210
마샬 필 27, 28, 45, 46, 50, 51, 73, 75, 77, 96, 103, 105, 116, 119, 131, 158, 162, 165, 196, 206, 207
萬福寺樗蒲記 191
梅月堂集 60

매칸 28, 56, 57, 58, 59, 82, 83, 108, 126, 129, 133, 159, 168, 184, 200
문회경 28, 56, 59, 82, 83, 101, 108, 109, 124, 127, 128, 129, 130, 133, 154, 167, 168, 200
민즁뎐덕힝녹 68

ㅂ

박유선 67
박지원 56
朴趾源小說研究 60
배비장전 26
빅터 메어 158

ㅅ

四劍僧傳 29
사무엘 김 29
사씨남정기 26
삼국지 165, 166
삼국지연의 186
삼설기 28, 48
서두수 185
서전 165
서포 36
선상탄 48
설중환 152
소재영 47, 86
소학 165, 166
수궁가 187
수호전 165
수호지 186
숙영낭자전 186
스콧 34, 38, 39, 43
스킬렌드 28, 48, 50, 51, 53, 76, 77, 97, 117, 124, 150, 152, 154, 160, 206, 207
심재홍 24
심청전 21, 26, 28, 29, 50, 51, 75, 76, 115, 169, 186, 189, 190, 205, 207

ㅇ

안정효 169, 173
알렌 8, 21, 29, 205
양반전 8, 25, 27, 28, 56, 58, 59, 83, 100, 109, 154, 167, 207
어쿼트 23, 30
연암소설 28
연암집 56
燕巖集 60, 84
열녀전 166
열녀춘향수절가 54, 77, 79, 177, 207
열녀함양박씨전 60, 84, 187, 207
烈女咸陽朴氏傳幷序 60, 84
열하일기 56
영조실록 91
五臺劍俠傳 29
玉匣夜話 56
와일드사이드 출판사 37
완판 심청가 28
龍宮赴宴錄 191
雲英傳 191
운영전 25, 186
유씨삼대록 165, 166
윤창식 44
이가원 40, 57, 60, 101, 125
이광수 58
이명구 40
이병훈 29
이생규장전 27, 178, 207
李生窺墻傳 84, 191
이성원 170, 174, 176
이인직 27
李朝漢文短篇集(下) 60
이태동 185
인현셩모민시덕힝녹 68
인현왕후셩덕현행록 68

인현왕후전 43, 67, 86, 92, 114, 121, 172, 208
일동장유가 48
임경업전 22
임진록 28, 48, 69, 73, 105, 141, 202, 206

ㅈ

장경남 47
장끼전 27, 69, 74, 122, 206
장덕순 47
蔣生傳 29
장지영 45
장화홍련전 24
장효현 8, 40, 46, 57
적벽가 187
전광용 61
전우치전 24
정권진 50
정규복 8, 40, 41
정인섭 24, 185
정종화 27, 51, 56, 59
제망매가 9
조선왕조실록 91
조안 67
弔針文 66
좌전 165, 166
周生傳 191
진인숙 24

ㅊ

최양희 26, 61, 64, 66, 87, 88, 90, 92, 110, 135, 136, 138, 145, 153, 154, 156, 157, 162, 170, 174, 176, 200, 208
崔陟傳 191
春秋 166
춘향가 187
춘향전 8, 21, 23, 24, 25, 27, 29, 43, 46, 54, 55, 75, 78, 105, 121, 169, 171, 177, 186, 189, 190, 198, 202, 205, 207

ㅋ

케싱어 출판사 36, 37
콩쥐팥쥐전 26

ㅌ

태평사 48
테일러 22
토끼전 190

ㅍ

파우저 8, 46, 87, 96, 131, 170, 189
판소리 28
페슬러 35
捕虎妻傳 29
프란시스카 조 35, 36
피생명몽록 48
피터 리 17, 27, 28, 44, 45, 46, 49, 55, 57, 59, 62, 66, 69, 70, 72, 79, 80, 83, 84, 87, 100, 101, 102, 108, 116, 120, 124, 126, 128, 129, 130, 138, 141, 153, 154, 158, 159, 167, 168, 176, 179, 184, 186, 187, 189, 199, 200, 206

ㅎ

하태홍 24
한·영우리문화용어집 133
韓國諷刺小說選 49
한듕록 63, 136, 165
한중록(閑中錄) 26, 27, 51, 61, 62, 63, 64, 66, 67, 86, 87, 89, 91, 98, 109, 112, 115, 118, 119, 120, 122, 126, 128, 143, 145, 146, 147, 150, 153, 154, 156, 161, 169, 170, 172, 174, 182,

186, 202, 208, 210
허생 8
허생전 27, 28, 56, 57, 58, 83, 84, 105, 124, 126, 132, 155, 159, 160, 167, 207
혈의 누 27
호질 8, 28, 56, 58, 59, 84, 101, 207
홍길동전 8, 21, 24, 27, 46, 69, 73, 104, 130, 138, 168, 186, 189, 205, 206
홍루몽 36
황새결송 28, 48, 69, 74, 85, 117, 206, 207
효경 165
흥부가 187
흥부전 21, 26, 29, 190, 205

A Dream of Nine Cloulds 69, 70, 72
A History of Korean Literature 17, 47, 187
A Nine Cloud Dream 25, 38, 69, 70, 126
A Pioneer of Korean Independence 22
A Record of Sorrowful Days 87
An Introduction to Korean Literature 28, 185
Anthology of Korean Literature 72
Ch'unhyang 23
Chun Yang－The Faithful Dancing Girl Wife 8
Classical Korean Literature－From Hyangga to P'ansori 186
Classical Korean Literature 184
Early Korean Literature 28
Folk Tales from Korea 24
Folk Tales of Old Korea 24
Fragrance of Spring 24
Han Joong Nok－Reminiscences in Retirement 26, 86, 87
Han Joong Nok 63
'Hozil' or 'The Tiger's Admonition' 84
Korea in Transition 34
Korea; Fact and Fancy 22
Korean Classical Literature 27
Korean literature: Topics and Themes 184, 186
Korean Tales 21, 22, 29, 205
Korean-English Dictionary 34
Kuunmong 37
Kuunmong－The Cloud Dream of the Nine 34
Memoirs of a Korean Queen 26, 64, 87, 170
Student Yi Peers Over the Wall 60, 84, 102, 120, 161
Tales of a Korean Grandmother 195
The Bamboo Grove 38
The Cloud Dream of the Nine 8, 22, 33, 34, 35, 36, 37, 39, 43, 69, 155, 205
The Filial Daughter 29
The Fragrance of Spring 23, 30, 77
The Korean Cinderella 195
The Korean Novels of Korea 185
The Korean Singer of Tales 28
The Life of Mrs. Pak of Hamyang, a Faithful Wife, With Comments 84
The Memoirs of Lady Hyegyŏng 27, 62, 66, 76, 87, 196
The Pure Hearted Lady 29
The Record of the Black Dragon Year 28, 47, 73, 103, 120, 158
The Song of a Faithful Wife, Ch'un-Hyang 25, 78, 79, 97, 157
The Song of Shim Ch'ŏng 46, 50, 75, 96, 105, 196
The Stork Decides a Case 48, 74, 155

The Story of a Pheasant Cock 49, 74
The Story of a Yangban[Yangban chŏn] 83
The Story of Hungboo 25
The Story of Master Hŏ[Hŏsaeng chŏn] 82
The Story of Sim Chung 49, 50, 51, 76, 77, 97, 155, 160
The Story of Two Brothers 29
The Tale of a Yangban 83
The Tale of Hong Kiltong 45, 46, 73, 103, 163
The Tale of Huh-saeng 57, 82
The True History of Queen Inhyŏn 25, 67, 92, 93, 151, 163, 208
The Waiting Wife 24
Understanding Korean Literature 184, 185
Virtuous Women 25, 28, 38, 43
Winning Buddha's Smile: A Korean Legend 22

저자: 오윤선(吳倫鮮)

서울 출생
고려대학교 국어국문학과 졸업
고려대학교 대학원 문학박사
U. of Hawaii의 Center for Korean Studies 객원연구원
고려대학교 민족문화연구원 연구교수
서울대학교 기초교육원 전임대우강사
한국학중앙연구원 한국학기획연구사업단 전임연구원
현재 한국교원대학교 국어교육과 조교수

논저

『고소설 연구사』(공저)
「〈춘향전〉 영역본의 고찰」
「세계의 신데렐라 유형 이야기군 속에서의 〈콩쥐팥쥐 이야기〉 고찰」
「〈허생전〉의 영역본을 통해 본 한국고소설 영역의 문제」 외 다수

한국 고소설 영역본으로의 초대 값 13,000원

2008년 10월 1일 1판 1쇄

저 자 오 윤 선
발 행 인 임 삼 규
발 행 처 **지 문 당**
주 소 413-756 경기도 파주시 교하읍 문발리 514-7(본사)
110-360 서울시 종로구 와룡동 95번지(서울사무소)
등 록 1997. 12. 30. 제1-2268호
영 업 부 (02)743-3192~3 팩스(02)742-4657
전자우편 sale@jimoon.co.kr
편 집 부 (02)743-0227 팩스(02)743-3097
전자우편 edit@jimoon.co.kr
홈페이지 www.jimoon.co.kr

ISBN 978-89-88095-27-0

이 도서의 국립중앙도서관 출판시도서목록(CIP)은 e-CIP 홈페이지
(http://www.nl.go.kr/ecip)에서 이용하실 수 있습니다.(CIP제어번호: CIP2008002621)